超実践! ブランドマネジメント入門

品牌管理
实战入门

[日]上条宪二　著

郑诗雨　译

中国原子能出版社　中国科学技术出版社
·北 京·

超実践ブランドマネジメント入門
CHOJISEN BURANDO MANEJIMENTO NYUMON
Copyright © 2022 by Kenji Kamijou
Illustrations © 2022 by Kenji Kamijou
Original Japanese edition published by Discover 21, Inc., Tokyo, Japan
Simplified Chinese edition published by arrangement with Discover 21, Inc. through
Shanghai To-Asia Culture Communication Co., Ltd.
Simplified Chinese translations copyright © 2024 by China Science and Technology Press Co.,
Ltd. and China Atomic Energy Publishing & Media Company Limited
All rights reserved.
北京市版权局著作权合同登记　图字：01-2022-4202。

图书在版编目（CIP）数据

品牌管理实战入门 /（日）上条宪二著；郑诗雨译
. — 北京：中国原子能出版社：中国科学技术出版社，
2024.1
ISBN 978-7-5221-2948-8

Ⅰ.①品… Ⅱ.①上… ②郑… Ⅲ.①品牌—企业管
理 Ⅳ.① F273.2

中国国家版本馆 CIP 数据核字（2023）第 161612 号

策划编辑	杜凡如	
执行策划	陈 思	
责任编辑	付 凯	
版式设计	蚂蚁设计	
封面设计	东合社·安宁	
责任校对	冯莲凤 焦 宁	
责任印制	赵 明 李晓霖	

出　　版	中国原子能出版社　中国科学技术出版社	
发　　行	中国原子能出版社　中国科学技术出版社有限公司发行部	
地　　址	北京市海淀区中关村南大街 16 号	
邮　　编	100081	
发行电话	010-62173865	
传　　真	010-62173081	
网　　址	http://www.cspbooks.com.cn	

开　　本	710mm×1000mm　1/16	
字　　数	574 千字	
印　　张	26	
版　　次	2024 年 1 月第 1 版	
印　　次	2024 年 1 月第 1 次印刷	
印　　刷	北京盛通印刷股份有限公司	
书　　号	ISBN 978-7-5221-2948-8	
定　　价	128.00 元	

品牌管理

品牌管理的十步

步骤	1	2	3	4	5
做什么	学习基础知识	创造最佳时机	创建组织	分析环境	思考前进方向
为什么	打牢基础，行稳致远	贸然行事则一无所成	齐心协力，效率更高	如果对自身所处的环境一无所知，品牌化将寸步难行	明确前进的方向，脚步才会更加坚定

怎样做

步骤1：
学习相关品牌、品牌化的基础知识

• 最基础的品牌知识

人人都要了解的品牌知识

步骤2：
- 想象你的公司要做品牌化管理
- 为品牌化打造合适的氛围（耕耘）
- 寻找开始品牌化的契机（播种）
- 为品牌化营造环境（发芽）
- 寻找共同推动品牌化的伙伴

步骤3：
- 成立品牌化推进组织
- 在团队内建立共识
- 寻找公司外部的合作伙伴
  - 咨询公司
  - 设计公司
  - 调查公司
  - 广告公司
  - 制作公司
  - 印刷公司
  ……

步骤4：

宏观环境四要素分析
宏观环境：• 市场机会（O）• 威胁（T）

外部环境

微观环境	业界	• 行业内部机会（O）• 行业内部威胁（T）
	竞争对手	• 竞争的优势（S）• 竞争的劣势（W）
	顾客	• 面对顾客的优势（S）• 面对顾客的劣势（W）

内部环境
• 内部环境优势（S）
• 内部环境劣势（W）

步骤5：

SWOT 分析

		外部环境	
		机会（O）	威胁（T）
		• 宏观环境中的机会 • 微观环境中的机会	• 宏观环境中的威胁 • 微观环境中的威胁
内部环境	优势（S）• 竞争的优势 • 面对顾客的优势 • 面对内部环境的优势	品牌的优势区	
	劣势（W）• 竞争的劣势 • 面对顾客的劣势 • 面对内部环境的劣势	需要引起品牌关注的区域	

拟定主张清单
（列举品牌的自豪之处）

讨论品牌的目标形象

对应页码	1-64	65-84	85-114	115-158	159-180

	6	7	8	9	10
	打造品牌 基础	**明确传达 方式**	**策划个性 活动**	**推出 品牌**	**活用 成果**
	品牌基础是 一切活动的根基	品牌个性要传达 到公司内外	每一次个性活动 都会塑造品牌	最初阶段即最关 键的阶段	提高品牌价值

品牌基础

品牌元素		A	B	C	D
品牌基础 / **品牌、平台** — 创业理念、企业理念、行动方针		○	○	○	○
品牌愿景		○	○	○	○
品牌使命		○	○		
品牌价值		○	○	○	○
品牌个性		○	○		
品牌宣言（口号、主题句）		○	○	○	○
其他要素 — 关键信息		○			
基调		○			
调性		○			
品牌故事		○			
世界观、形象		○			

整理企业、组织的理念体系

中长期品牌战略

个性外观
（VI：视觉识别）

个性表达

品牌传播指南

内部渗透活动
（品牌内化）

策划对外
传播方案

策划个性活动

●公司内部政策
●产品、服务
●店铺、流通
●宣传
……

推出品牌

提高品牌期待感

具体的品牌个性
活动

推进传播战略

向外部公司明确
传达自身的品牌
个性

旨在提高品牌存
在感的传播活动

制定指标提高品
牌价值

定期评估品牌
个性活动

定期检查

| 181-228 | 229-292 | 293-316 | 317-348 | 349-390 |

作 者 序

值此中文版出版之际

我非常高兴能有机会将我的著作《品牌管理实战入门》介绍给中国的读者朋友，也想借此机会表达我的感激之情！我现在是一名大学教师，但在此之前，我曾在一家日本广告公司和一家全球品牌咨询公司工作。当我还在广告公司工作的时候，就曾多次因公来中国出差，与中国的朋友一起进行广告制作和宣传活动。我自己也曾多次来中国旅行，游历过中国各地，切身感受到了中国的地大物博，同时也接触了中国的历史、传统和文化。

全球最大的品牌咨询公司英图博略（Interbrand）每年都会公布年度全球最具价值的 100 个品牌榜单。在去年公布的《2022 年全球最佳百强品牌报告》中，中国品牌小米（第 84 位）和华为（第 86 位）相继入榜，其中小米是首次入选榜单。此外还有包括日本和韩国品牌在内的 12 个亚洲品牌上榜，亚洲品牌入榜数量为历年之最，预计今后可能还会有更多的亚洲品牌进入榜单。目前，中国品牌的发展势头非常迅猛，相信未来一定会有更多的中国品牌入选全球百强品牌。

同时，正如我在本书中所写，品牌管理不仅适用于大企业和 B2C（Business-to-Customer）企业，而且可能更适用于中小型企业和 B2B（Business-to-Business）企业。企业的品牌概念是什么？企业的特点是什么？为了让企业活动更能体现出自身的特点，每个员工应该做什么？不应该做什么？只有反复地进行这些基础的企业活动思考，才能成就一个有稳固市场地位的品牌。

作为本书的作者，如果这本书能够成为您开展品牌管理工作的指南，能够为我喜欢的中国的商业发展做出贡献，我将深感荣幸。

在此，我要感谢中国科学技术出版社社长申永刚先生和 Discover21 公司的王庭先生为本书中文版的出版所付出的努力。

最后，再次表示我的感激之情！

上条宪二

前 言

问 　 根本问题——"品牌"真的有作用吗?

有关品牌的常见疑问

我们在生活中常常听人谈到"品牌""品牌化"。然而,对于这些耳熟能详的词语的含义,我们往往不能信手拈来。何谓品牌? 下面列举了一些大家很容易想到的回答。

何谓"品牌"?
- 品牌就是形象。
- 品牌不就是包装吗?
- 品牌是广告炒出来的,交给广告公司做一条广告大片就可以了吧?
- 品牌就是高级感。
- 让产品走高级路线并使之溢价。
- 品牌就是命名。
- 品牌的产品只面向消费者销售,不适用于企业和企业之间的交易(B to B)。
- 先做外观再做内容,构思简单。
- 品牌是大企业考虑的事情,好像和中小企业无关。

以上的回答确实都有一定的道理。

对品牌的误解

已经有调查结果表明,"品牌是有作用的""公司品牌化之后业绩有了提升""品牌有利于经营"……此外,关于品牌作用的相关书籍也不胜枚举。

实际上,我们对品牌感到疑惑的问题往往都是对品牌的误解。
对于品牌的每一种解读都不全面,因为品牌本身就是一种含糊不清的概念。

既然品牌是一种含糊不清的概念,又怎么能确定它真的有作用呢? 下面我将对这个问题进行详细解析。
首先,从结论来看,品牌是有作用的,并且其作用非同小可。

答 品牌是有作用的

知名品牌咨询公司发布的品牌排行榜

作为世界上最大的品牌咨询公司，英特品牌（Interbrand）公司每年都会发布"全球最佳品牌榜（Best Global Brands）"。而该公司的日本法人每年也会发布"日本最有价值品牌榜（Best Japan Brands）"。英特品牌公司利用一种独特的方法将各大品牌换算成价值制成该排行榜。

英特品牌公司通过分析品牌价值高的企业，研究出品牌具有以下作用。

品牌有百利而无一害
CPL/ARM 效果

对外作用

- 选择（Choice：被顾客选择）
  →成为顾客的首选。
- 溢价（Premium：产品价格高）
  →顾客愿意购买其高价产品。
- 忠诚（Loyalty：顾客忠诚度高）
  →顾客持续购买。

对内作用

- 吸引（Attract：吸引员工）
  →员工认为品牌有魅力。
- 保留（Retain：留住员工）
  →员工不跳槽。
- 动力（Motivate：给员工动力）
  →员工充满活力。

（上述材料出自英特品牌公司"品牌会议"。）

健康作用

最近的研究表明，品牌有益于内部员工的身体健康（详情见专栏 7）。

每一个品牌都有其特定的品牌概念（或品牌理念），这也是品牌的核心（也有人认为是品牌愿景、品牌使命、品牌价值等）。员工与自家品牌概念（或品牌理念）产生共鸣，便会从工作中体会到生存价值和工作价值，进而促进其身心健康。

品牌的作用

对外作用
- 选择（成为顾客的选择）
→成为顾客的首选
- 溢价（产品价格高）
→顾客愿意购买其高价产品
- 忠诚（顾客忠诚度高）
　→顾客持续购买

对内作用
- 吸引力（吸引员工）
→员工认为品牌有魅力
- 保留（留住员工）
→员工不跳槽
- 动力（给员工动力）
→员工充满活力

健康作用
- 员工与品牌概念（品牌理念）产生共鸣
→生存价值、工作价值
→身心健康

对内作用、对外作用、健康作用→公司长期利益的源泉。

品牌
是企业资产

品牌并不是 4P 营销理论的一部分

作为市场营销战略，4P 营销理论为众多企业所青睐。

4P 理论即市场营销组合理论。4P 指的是产品（Product：产品策略）、价格（Price：价格策略）、渠道（Place：渠道策略）、促销（Promotion：广义上的促销策略）。服务业的营销理论为 7P 营销组合，在 4P 的基础上再加三个要素，即人员（People：人才策略）、过程（Process：服务及销售过程）、有形展示（Physical Evidence：物质环境）。

其中，促销策略由广告、（狭义的）促销（SP）、公关（PR）、人员推销四部分组成。

简单来说，广义上的促销就是品牌想办法让更多的消费者了解其产品或服务，并增强消费者的好奇心和购买欲、使用欲。

如果品牌只有一个作用，即通过广告和促销等活动赢得更多的顾客，那么我们便可以认为品牌是市场营销战略，或者说是促销策略的一部分。

但不尽然，人们的认识已经发生了变化。

品牌关乎整个企业的经营战略

"品牌是企业资产，影响企业经营策略和业绩。"这种看法最早出现在 20 世纪 80 年代后期的美国，已有一段历史［这种看法特别受到美国学者、营销战略理论和品牌理论鼻祖戴维·阿克（David A. Aaker）教授的提倡］。

英特品牌公司发布的排行榜始于 1988 年，当年该公司首次将品牌视为一种资产并将之换算成了数值。这为"品牌即经营资产"的观点奠定了基础。

综上所述，现如今人们已经不再认为品牌是促销策略的一部分，而是将品牌看作企业资产的一部分，换言之，品牌关乎整个经营策略。

用品牌做管理

随着品牌与经营策略的关系越来越受到人们的重视，人们对品牌化的认知已经发生了巨大的变化。

一直以来，很多公司都在"管理品牌"。企业确实需要对品牌的运用是否正确、营销战略的实施是否遵循品牌基础进行管理。然而，目前多数企业的品牌化活动只限于检查品牌标志和设计是否正确。

我们不妨换一种思维方式，摒弃"管理品牌"的想法，而要考虑"用品牌做管理"，也就是基于品牌概念的企业运营和企业管理。本书称为"品牌经营"。

"管理品牌"与"用品牌做管理"两者之间有天壤之别。纵观品牌价值高的企业，我们可以发现其经营战略都是以独特的品牌概念（品牌理念）作为基础的。

企业要想打造自己的品牌，首先要判断什么是自己"应该做的事情"和"绝对不能做的事情"。

企业通过利用自身的固有资产（即"品牌"）实施经营战略，不仅可以赢得公司内外的认可，还可以促进其内部员工的身心健康。

品牌经营，何乐而不为？

注："品牌概念"补充说明

品牌概念范围较广，表达方式也不尽相同。例如，品牌理念、品牌平台（品牌愿景、品牌使命、品牌价值），品牌承诺、品牌主张、品牌精髓、企业"约定"……

为了便于读者理解，本书使用"品牌概念"或"约定"表示影响品牌核心的概念。

此外，本书将品牌的决定性要素称为"品牌基础"。第六章会对相关内容进行详解。

与品牌相关的词汇多来源于英语，对于一些专业术语后续章节会进行详解。

对品牌看法的转变：过去和现在

	过去	现在
看法	品牌是促销的一部分	品牌是企业的资产
管理	管理品牌	用品牌做管理
内容	● 标志、符号 ● 命名 ● 设计 ● 广义的促销 （广告、狭义的促销、公关、人员推销等传播活动） ……	经营策略 ● 一切遵循品牌概念（品牌理念）的经营活动
定位	品牌促销策略	品牌经营

本书的写作契机

从我的经验来看，品牌管理确实有效。

当然，品牌化的过程并不会一帆风顺，结果也不一定都是成功的。但是总有一些方法使我们可以接近成功。

我想通过本书带领品牌管理小白走进品牌管理的大门，并见证他们一步步走向成功。这便是我写本书的契机。

我有多年的广告公司工作经验，主要负责做企业传播策略的策划与执行。

"什么样的广告策略可以提升企业形象？"

"我想要让更多消费者了解并购买我们的产品或服务。"

"怎样才能让顾客持续购买我们的产品和服务呢？"

我之前一直致力于解决此类问题，以帮助公司向顾客进行传播。

后来，我又到了品牌咨询公司工作。我为不同行业、经营状况、企业规模的公司做过品牌顾问。我在实践过程中不断学习，积累了丰富的经验，于是对品牌管理这门学问有了更深入的了解。

积累了一定的经验之后，我便走进了大学校园，开启了我的执教生涯。

我一边潜心研究品牌学，一边在为执教大学做品牌管理。我校位于爱知县，规模也不大，知名度也不算高，但在品牌管理方面却取得了丰硕的成果。

在本书的写作过程中，笔者以"研究人员""顾问""实践者"的三重身份，力图为大家讲解品牌、与品牌化相关的理论知识和实践经验，同时为大家提供可以锻炼自己的模拟演练项目。本书内容简单易懂，并且实践性极强，相信读过本书后，你一定会行动起来！

欢迎来到品牌的世界，请拾起这把开启品牌管理大门的钥匙。

上条宪二

【编辑注】

本书专栏由不同作者分工合作完成，未标注作者名的专栏即为本书署名作者所写。

本书的功能

本书写作主题为"决心（Will）""技能（Skill）""现实（Actuality）"。

有"决心"做某事

无论做什么事情，只有当你心里产生一种想要尝试做某件事情的冲动时，才会开始做这件事。这种冲动和决心是很重要的。没有任何人要求你做这件事情，而是你自己想要从零开始做些什么，并为之发动自己的想象力，尝试为你的目标构思。这个过程是很快乐的。

实际上，这个想法能否得到认可并不重要，重要的是你因此拥有了自己构思的一部"作品"。这部"作品"将成为你的"撒手锏"。

希望本书能够带给大家下定决心做某事的勇气，并且使大家开始行动起来。

培养"技能"

做一件事情的决心固然重要，但如果没有进一步的行动，这种决心也不过是一种自我满足罢了。所以，让我们从学习基础知识和实践的方法做起，首先掌握品牌知识吧！

本书并不局限于理论知识，我们还精心选择了很多可以用在实践当中的技巧。这是一本人人都可以学会、人人都可以应用于实践的技能手册。

把"决心"变"现实"

想要做成一件事，光下了决心、学习知识还是不够的。

你构思的"作品"还要落到实处，否则就是纸上谈兵。这个世界上不存在微不足道的想法，只要你能将自己的想法转变成现实中的具体存在，它就是有价值的。

要想将想法逐渐转变为现实，不能只停留在理论和技巧的学习上。因此本书特别设置"演练（Work）"环节，旨在帮助大家将心中的想法代入现实场景中。

决心（Will）、知识与技巧（Skill）、现实（Actuality）

【决心：想要做】（内心）
- 想要自己试一试
- 想要挑战
- 产生勇气

【知识与技巧：怎样做】（知识与技能）

- 全面学习与品牌相关的知识和技能
- 不懂之处可以通过查询本书得到讲解
- 从本书的事例中学到知识

【现实：实现你的想法】（现实中的具体存在）

- 通过回答"演练"部分设置的问题，为你所在的组织打造品牌
- 构思一部自己的"作品"
- 可以从自己感兴趣之处做起

本书框架

本书共 10 章，每章由多组问答（Q & A）组成，每一组问答构成一个模块，而每一个模块又有以下几个组成部分。

理论篇（Theory）

利用文本、图形及表格对品牌以及与品牌管理相关的知识和技能进行解析，内容简单易懂。

实践篇 灵感、演练（Hint / Work）

将大家在实践中可以参考的内容编入"灵感"环节。该部分的内容是一些精选的优秀案例，为大家分享一些出彩的想法、具体的实践方法和秘诀。

每一个模块的最后一部分为"演练"环节。只要你跟随每一个模块的步伐，用心地回答每一个问题，到最后一定会建立一个独特的品牌。

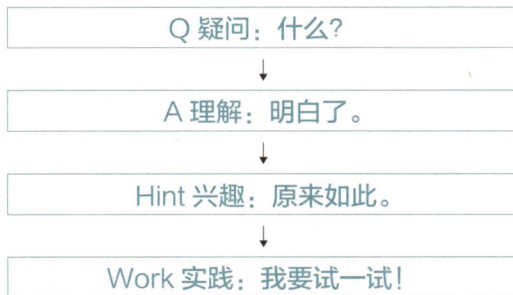

Q 疑问：什么?
↓
A 理解：明白了。
↓
Hint 兴趣：原来如此。
↓
Work 实践：我要试一试!

C o n t e n t s

目 录

第 一 章
学 习 基 础 知 识

何谓"品牌"?
最基本的品牌知识

本 章 要 领

第 一 章 主 题
与品牌相关的基础知识

步骤	做什么	怎样做
▶ 1	学习基础知识	• 学习与品牌、品牌化相关的基础知识
2	创造最佳时机	• 营造可以开始品牌化的氛围、寻找伙伴
3	创建组织	• 打造推进品牌化活动的组织
4	分析环境	• 宏观环境（政治、经济、社会、技术）分析 • 微观环境（业界、竞合、顾客）分析 • 内部环境分析 • 了解外部环境中存在的机会与威胁、自身的优势及劣势
5	思考前进方向	• 使用态势分析法（SWOT）分析外部环境和内部环境中的机会与威胁、自身的优势及劣势 • 品牌主张清单（企业主张） • 讨论品牌追求的状态 • 构思未来发展方向

6	打造品牌基础	• 打造品牌基础（品牌概念）
		  • 品牌愿景、品牌使命、品牌价值
		  • 品牌个性
		  • 品牌宣言
		  ……
		• 整理企业和组织的理念体系

7	明确传达方式	• 决定品牌的展示方式和表达方式 • 品牌传播指南 • 策划对内宣传活动 • 策划对外传播计划
8	策划个性活动	• 思考能够展现品牌个性的具体活动
9	推出品牌	• 开展能够提高人们对品牌的期待感的活动
10	活用成果	• 定期检查各类活动

准备

浓缩

扩散

检验

品 牌 管 理

1

答 ....

品牌是
人们心中
特定的形象。

T heory
[理 论 篇]

▎品牌存在于人们的心中

常言道，"产品在工厂、商品在店面、品牌在心中"。工厂中诞生的产品一旦进入店铺就变成了商品，但残酷的是如果消费者没有选择某个公司的商品，就意味着该公司没有成功地树立自己的品牌。

一个成功的品牌，首先要在顾客心中树立一个特定的形象，这样消费者才会选择该品牌的产品。

自不待言，广告、标志、包装设计等外在形象在一定程度上是可以体现品牌形象的。但是，单凭这些并不能在顾客心中树立一个特定的形象。

本书后续章节会对品牌触点进行详细阐述，一个品牌不仅是以广告和外在形象出现在人们眼前的，还有很多影响受众体验的要素，比如产品、服务的质量、营业员的性格、店铺环境、公司领导层的形象、官方网站、社交媒体上的评论……人们是在不知不觉中接触到品牌的。

▎**品牌是由认知、联想、忠诚构成的**

戴维·阿克首次提出"品牌是影响企业战略的资产"的观点。他从"品牌即资产（品牌的资产价值）"的角度定义了品牌的决定性要素。

- 品牌认知：品牌是否为人所知？
- 知觉品质：顾客从购买目的的角度所感受到的购买对象的品质。
- 品牌联想：从品牌中衍生出的联想。可以加强品牌与顾客的关系。
- 品牌忠诚度：品牌价值的核心。指顾客对该品牌的喜爱度与忠诚度。忠诚顾客将成为长久的顾客。

（参考《管理品牌资产》《品牌大师》钻石出版社 ① ）

综上所述，品牌要想在人们心中树立一个特定的形象，不仅需要获得广泛的认知，还要让受众享受高品质的产品和服务，使人们对该品牌产生联想，最终收获顾客的喜爱。

换言之，品牌要通过触点在人们心中储存良好的形象。

品牌 = 人们心中特定的形象 = 人们心中储存良好印象的"存钱罐"

品牌
（Brand）

▎**品牌标志是打开"良好印象存钱罐"的钥匙**

品牌标志、标识或品牌符号是指有关企业、产品和服务名称的设计作品。

人们看到品牌标志，就会联想到该品牌的形象。比如，我们看到可口可乐的标志会联想

---

① 钻石出版社（Diamond）为这两本著作的日文版图书出版社；中文版图书出版社分别为机械工业出版社、中信出版社。

到"红色""清爽""美国"，看到宝马的标志会想到"高级""德国""飞驰的快感"，看到星巴克的标志则会联想到"摩登""气质"和"知性"。

　　品牌符号使用了何种图案或文字并不能决定一个品牌在受众心中的印象，真正起决定性作用的是品牌背后"独特的形象"。

　　总体来说，我们可以得出以下结论。

品牌 = 人们心中一种特定的形象 = "良好印象存钱罐"
标志 = 品牌在人们心中留下的烙印 = 打开"良好印象存钱罐"的钥匙

　　表达得更专业一点儿，我们可以说品牌标志是储存品牌价值的容器。

品牌标志 = 品牌在人们心中留下的烙印 = 打开"良好印象存钱罐"的钥匙

以下国旗会让你联想到该国家的什么特征？

自由女神
好莱坞
总统
……

大本钟
王室
披头士乐队
……

足球
狂欢节
桑巴舞
……

※ 品牌标志是品牌使用图片或其他元素表达企业、团体或服务特点。
国旗也是一个国家的象征，其性质与品牌标志相同，都发挥着引发人们产生联想的作用。

[实 践 篇]

品牌标志是储存品牌价值的容器

文字的辨识度较低

Nikon	UNIQLO	NIKE
Nintendo	Coca-Cola	SUBARU

图形和色彩使人产生更加丰富的联想

[实 践 篇]

这些品牌名会让你想到什么呢？用形容词或名词表达你的想法。

完成以下表格填空，说一说"谈到这个品牌，就会让我联想到……"。

品牌	你联想到的内容（可列举多项）
迪士尼	开心、愉快、笑脸、放松、兴奋、激动、惊喜、感动、亲切、忘却烦恼 ➡ 迪士尼是梦幻世界…… 　魔法王国
Nintendo	➡ 任天堂是……
Coca-Cola	➡ 可口可乐是……
TOYOTA	➡ 丰田是……
NIKE	➡ 耐克是……

这就是以上品牌在你心中的形象

如果你能用"（品牌名）是……"来描述一个品牌，就证明该品牌的形象已经确立好了。

品 牌 管 理

2

问

**人们从什么地方
认识一个品牌?**

答

**人们是从各种
地方认识品牌、
感受品牌的。**

Theory

[**理论篇**]

▌ **人们接触品牌的场景即品牌的触点**

假设你想到家附近的商店买一些日用品,或者和家人到餐厅庆祝生日,或者高考填报志愿、出国旅行……我们在购买或使用商品以及作其他决定之前,一定会接触大量的信息,然后以自己的判断方式处理这些信息。

比如,如果你想乘坐飞机去旅行,在那之前你会经历哪些场景呢?

首先你在电视、报纸、社交网站上看到了一条飞机旅行的广告。于是你……
→想坐飞机去旅行
→在网上搜索
→浏览航空公司的主页
→对比各航空公司
→确定一家航空公司
→订机票
→如果想问一些细节就要给咨询中心打电话

→和咨询中心的工作人员通话

→乘飞机那天你要去机场

→去机场的路上看到航空公司的广告

→去咨询台

→前往候机室

→登机

→收到空乘的问候

→坐到自己的座位上

→翻看座椅前的小册子

→体验空乘提供的服务

→收到机长问候

→使用飞机内部的休闲设备

→着陆，在空乘的目送下离开飞机

→到达另一个机场

→如果你是该航空公司的会员，过几天还会收到邮件……

以上所有场景都是品牌触点，即顾客与品牌接触的场景。

▌品牌体现在细节之中

　　假设你在街边发现一家很棒的餐厅，不仅外观漂亮，看起来氛围也不错。你计划下次等到家人过生日的时候可以考虑来这里聚餐，于是你搜索了这家店的主页。你查过之后觉得很安心，这家餐厅看起来很有品位，而且饭菜应该也不错。总之，你的期待值很高。

　　家人过生日的那天，你们来到了这家餐厅。

　　到了之后，你觉得好像跟官网给你的感觉相去甚远。店里有些杂乱，空间也比较狭窄。你向店员咨询菜品的具体做法时，他们也没能清楚地回答你的问题。

　　主菜不算难吃，但是比预期要差一些。

　　用餐完毕后主厨过来向你们问好，你以为主厨很在意自己的菜品，但实际上他也没有多考究。最后，你以为餐厅会为你们的生日宴会准备一些小惊喜，但结果期待又一次落空。就这样，你们离开了这家餐厅。

　　正因为你来之前对这家餐厅产生了期待，所以你在实际体验的时候才会感到失望。

　　在这个事例中，你在前期的期待值越高，后期失望的程度就会越大。这类情况时有发生。对于品牌来说，让顾客一次次失望就意味着品牌一步步走向灭亡。

　　如果企业或其他组织让受众觉得现实与预期不符，或让顾客感到失望，就说明它还没有在受众心中树立一个特定的形象。一个触点的影响力也许是有限的，但是每一个触点都具有向品牌的"良好印象存钱罐"充值的作用。

出色的广告和精美的官网设计只是华美的空壳，如果品牌没有让受众体验到高品质的商品、店铺和服务，那么一切宣传都是毫无意义的。反之亦然，品牌只提供高品质的内容也是不够的。如果宣传方式不正确或员工的态度令人感到不满意，就不会在人们心中留下良好的印象。

品牌需要照顾到每一个品牌触点，使所有触点保持一致。虽说知易行难，但为此付出的一切努力都是值得的，因为品牌体现在细节之中。

品牌触点（餐厅事例）

交通广告

店铺外观

菜单

内部装潢

酒水介绍

菜品名称

入口处的菜单

当天的迎宾、经理

餐具

菜品介绍

结账

宣传手册

官网

主厨

惊喜

预约、电话沟通

店内空间、氛围

品牌

服务员的服务

事后回访

……

人们在各种品牌触点中感受品牌。
品牌体现在细节之中。

灵感

[实 践 篇]

用户旅程

用户旅程即顾客接触品牌触点的路径。沿着用户旅程反思品牌可以达到改进品牌的效果。

用户旅程事例（以航空公司为例）

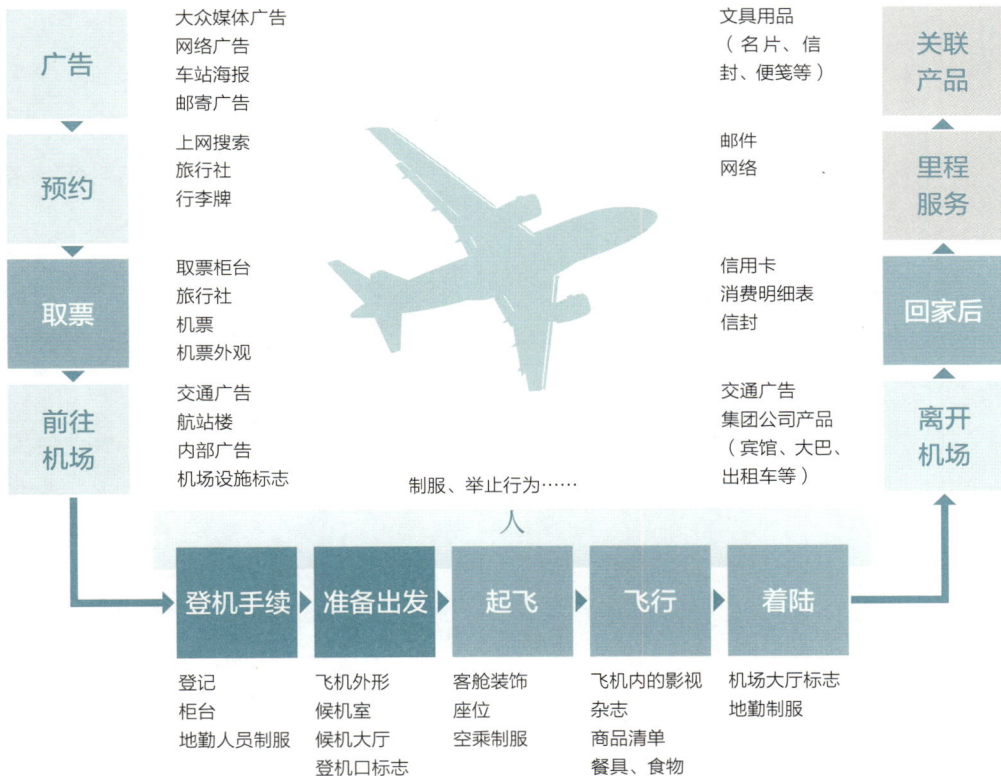

广告	大众媒体广告 网络广告 车站海报 邮寄广告
预约	上网搜索 旅行社 行李牌
取票	取票柜台 旅行社 机票 机票外观
前往 机场	交通广告 航站楼 内部广告 机场设施标志

文具用品
（名片、信封、便笺等） | 关联
产品

邮件
网络 | 里程
服务

信用卡
消费明细表
信封 | 回家后

交通广告
集团公司产品
（宾馆、大巴、出租车等） | 离开
机场

制服、举止行为……

人

登机手续	准备出发	起飞	飞行	着陆
登记 柜台 地勤人员制服	飞机外形 候机室 候机大厅 登机口标志	客舱装饰 座位 空乘制服	飞机内的影视 杂志 商品清单 餐具、食物	机场大厅标志 地勤制服

列举你的品牌受众
在品牌体验中的所有触点。

品牌	品牌触点
公司 或 商品、服务等	请写出全部触点。 请按照"用户旅程"的形式，按顺序写出顾客或客户接触品牌的全部场景。

品 牌 管 理

3

问 ....

品牌是怎样
诞生的？

答 ....

功能价值
和情感价值
孕育品牌。

T heory
[理 论 篇]

▎何谓功能价值？何谓情感价值？

我们在选择商品或服务之前，往往会从其功能价值和情感价值两方面进行判断。

功能价值（Functional Value：左脑）
- 可视的
- 可比较的
- 有判断的具体依据
- 贵、便宜、远、近、重、轻等可衡量的
- 规格

情感价值（Emotional Value：右脑）
- 不可视的
- 无法比较的
- 喜欢或讨厌

● 无法量化的、感性的

情感价值更能说明问题

品牌诞生于功能价值和情感价值之中。功能价值是品牌诞生最基本的条件。例如"企业基本功能有缺失""企业所在行业或其商品和服务等达不到要求"这些问题已经是过去时。

品牌的功能价值越高，被选择的可能性就越大。同样的东西，价格越低、规格越高则越容易受到顾客的青睐。

但是，由于情感价值关乎人们的情感，因此是无法用语言准确表达的。比如人们会说"说不清楚为什么，但我就是喜欢它。""不知不觉间就成了这家品牌的粉丝。""也不知道是哪一点，反正它就是很吸引我。"实际上，相比于功能价值，受众心中这些飘忽不定的想法代表的情感价值对品牌来说更为重要。

英特品牌公司通过对品牌价值高的品牌进行分析，发现品牌的情感价值越高，其品牌价值就越高。

一个品牌的功能价值有可能被模仿，但情感价值是无法复制的。因此，情感价值决定了品牌的个性。

> 如果想要评估品牌作用力，就要了解购买要因中有多少是由"右脑"决定的，也就是要判断顾客购买该品牌产品或服务的情感要因。（《品牌化的 7 个原则》【修订版】日经商务出版社 日经报纸出版总部）

是故事而非事物

情感价值的源头不在于物品本身，而是物品背后的故事。我们在选择一件物品的时候，不仅会关注它的功能，还会在不知不觉中被与它相关的故事所吸引。

想一想你喜欢的电影、音乐、艺人，最喜欢的偶像明星，以及你喜欢的朋友、熟人，总结你喜欢这些人和事物的原因。

品牌故事不仅可以体现一个品牌的历史、内涵、佳话，也可以体现其独特的世界观。

品牌故事是不可能被复制的。即便是刚刚成立不久的企业也不例外，因为就算一个企业没有历史，但也一定有其创业初衷。创业初衷就是品牌故事的序幕。

"是故事而非事物"
"做最优不如做最爱"
这是树立品牌的重点之一。

品牌诞生于功能和情感之间

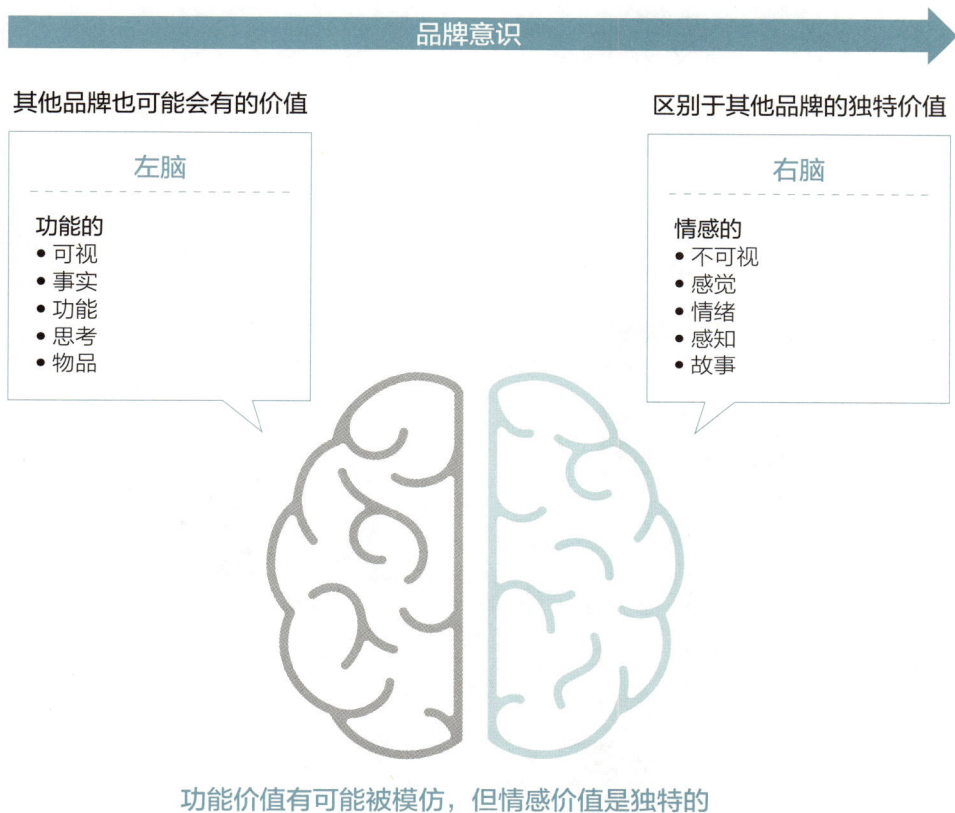

品牌意识 →

其他品牌也可能会有的价值

左脑

功能的
- 可视
- 事实
- 功能
- 思考
- 物品

区别于其他品牌的独特价值

右脑

情感的
- 不可视
- 感觉
- 情绪
- 感知
- 故事

功能价值有可能被模仿，但情感价值是独特的

作者注：笔者参照《品牌化的 7 个原则》（修订版）第 277 页的图标制成此图。

[实 践 篇]

功能价值和情感价值共同造就品牌

- 英语能力
- 计算机操作熟练程度
- 沟通技能

功能价值突出
但是，会被功能价值更突出的员
工取代。

- 具备一切必备的能力
- 有个人魅力

"职场氛围会因为他的存在而变得
更加和谐。""他很招人喜欢。""他
的人缘很好。"

情感价值高、有魅力
此类员工是不可替代的

功能价值＜情感价值
物品＜故事
最优＜最爱

演练 ［实践篇］ ⟫

列举你喜欢的事物，
谈一谈你为什么喜欢它。

	喜欢的理由	
	功能价值	情感价值
例如： （汽车）品牌	• 引擎性能优良 • 操控顺畅 • 驾驶起来不会感到疲惫 • 配备驾驶辅助装置	• 开车时心情好 • 感到安心、放心 • 帅气 • 引以为傲
喜欢的公司		
喜欢的商品		
喜欢的地方		
喜欢的 （　　　　　）		

品 牌 管 理

4

答 ·····························

所有利益
相关者。

T heory

[理 论 篇]

▍顾客并非唯一的目标受众

常言道,品牌是"人们心中"一种特定的形象。这里是指谁的"心中"呢?

毫无疑问,首先我们会想到对品牌来说最为重要的顾客,即我们所说的客户、最终消费者等。但事实并不仅限于此。

品牌还会对其内部员工发挥作用。因此,员工也是品牌的受众。若某品牌想在顾客心中树立的形象是"A",而员工却认为自家品牌的形象是"B"。这样下去,"A"的品牌形象将永远无法树立。

除最终消费者、经销商及内部员工外,品牌的目标受众范围更为广泛,涉及全体利益相关者。

注:利益相关者

利益相关者是指与企业利益息息相关的一切人或组织。不同企业和团体的利益相关者有所不同。总体来说它指的是最终消费者(即顾客)、经销商、老客户、股东、社区、行政机关等。

▌"两情相悦"造就品牌

品牌并不是单凭一方（利益相关者）在"心中"打造而成的。无论自家人如何强调"非常好""非常推荐这款"，如果没有得到对方的认可，这些都毫无意义。恕我直言，这就是"单相思"。

"我们是这样的品牌，为您提供以下服务。"品牌是一种"承诺"。对方点头后即产生"期待"。

以上公式成立之时，便是品牌诞生之日，从此品牌会发展得更加强大。换言之，两情相悦孕育品牌、造就品牌。

本书后续章节将会对这些进行详细介绍，此处的"承诺"被称为品牌概念（品牌理念）等。

我们可以认为"品牌是与顾客的承诺"，但价值高的品牌所具备的品牌概念明显区别于其他品牌。

品牌诞生于公司和利益相关者之间

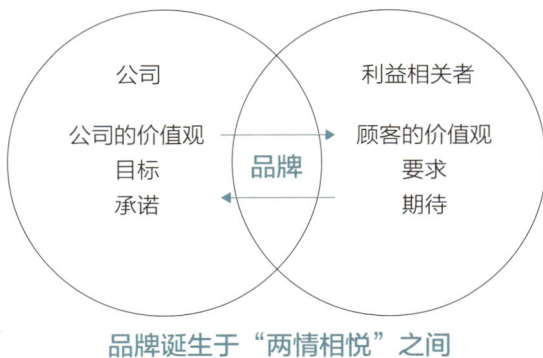

公司
公司的价值观
目标
承诺

利益相关者
顾客的价值观
要求
期待

品牌

品牌诞生于"两情相悦"之间

▌破坏"承诺"即损坏品牌

如果"承诺"与"期待"形成了良性循环，品牌就会越做越强。但是，正如上文提及的餐厅事例，不遵守"承诺"将会让对方感到"失望"，或觉得现实"不符合预期"。

总之，这是人们"心中"产生的想法，所以纵使品牌使出浑身解数也难以将其改变。

打造品牌费时费力，但损害品牌却不费吹灰之力。到目前为止，因以某种形式"破坏承诺"而毁掉品牌的例子数不胜数。

- 我们品牌的"承诺"是什么？
- 我们可以为对方提供什么？
- "该做的""不该做的"事情都有什么？
- 顾客（利益相关者）对我们品牌的期待是什么？
- 品牌触点是否遵守了"承诺"？

品牌要想实现与顾客之间的"承诺"，需要考虑的事情不胜枚举。

思维的转变绝非朝夕，请大家一定要将这种思维方式应用于今后的实践当中。

概念是"承诺"与"期待"的循环

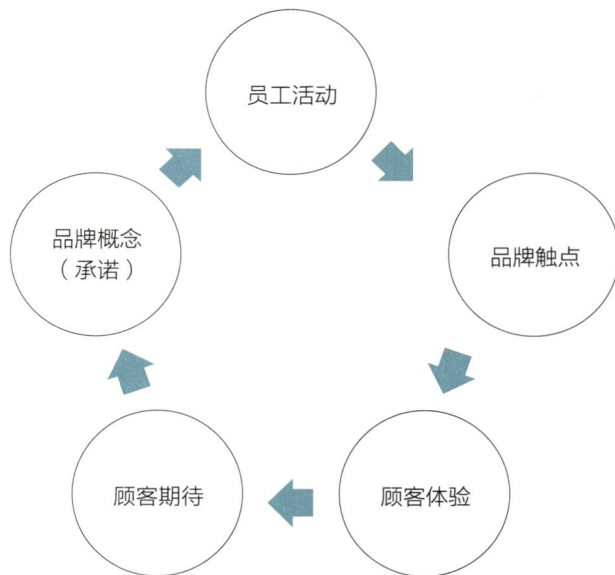

[实践篇]

▌期待源自人们的认可——"不愧是……"

你有过这样的经历吗？

- 当你做了某件事的时候，别人对你说"不愧是你"。
- 当某人为你做了一件事时，你觉得这件事不愧是他才能做到的事情。
- 当你做事出现失误的时候，别人对你说"你竟然也会出现这种状况！"
- 当别人碰到一些意外状况时，心想对方竟然也会出现这种状况。

"不愧是……""竟然也会出现这种状况"，与此相似的表达可以作为判断品牌是否成功的标准。这两种表达都可以说明人们心中对于该品牌期待值的变化。

前者代表期待值提升，而后者代表的是期待值下降。总之，只要品牌收到这两种评价，就说明该品牌曾经在人们心中形成了固定的期待值。

然而，如果品牌连一句评价都没有收到过，便说明该品牌尚未在消费者心中形成一个特定的形象。

如果你被人评价过"不愧是你"，便说明你的个人品牌已经成功树立了。反之，就说明你的名字仍处于"命名"（识别符号）的阶段。

对方期待值提升
→"不愧是……"

对方期待值下降
→"你竟然也会出现这种状况！"

对方没有评价
→期待值为零
　品牌尚未形成

·参考·

　　日本历史悠久的五星级酒店"××酒店"于1999年推出了一个名为"不愧是××酒店"的特色推广活动，并设有九大主题的个人奖、团体奖、年度大奖，涉及主题分别是问候、清洁、仪表、感谢、周到、谦虚、知识、创意、挑战（引自××酒店官网）。

[**实 践 篇**]　　　⋮▸

你的公司（或你的工作）
有没有被人称赞过"不愧是……"？

常常有人对我们的公司说 "不愧是……" 曾经被人评价过"不愧是 ……"	是哪种情况下收到的这个评价？ 你认为这句话背后有什么含义？ →说明对方心中对你有一个特定的期待值。 你具有品牌的基本要素。
没有人对我们的公司说过"不愧是……" 暂时还没有人这样评价过我们。	对方心中没有任何期待。
我被人称赞过： "不愧是你"。	你为什么会被这样称赞？ 你认为这句话背后有什么含义？
没有人对我说过： "不愧是你"。	你在对方心中期待值为零。 寻找属于你自己的"闪光点"吧！

品 牌 管 理

5

问 ·············

品牌是
可以打造
出来的吗？

答 ·············

可以。
我们将这个过程称
为品牌化。

Theory

[**理 论 篇**]

▌何谓品牌化？

- 只有大公司才可以品牌化吧？
- 不就是改一改公司标志、在各方面做一做新的设计吗？
- 必须委托广告公司。
- 我完全不具备相关知识。
- 总觉得会花费很多钱。

以上担心纯属多余。品牌是利益相关者心中的一种特定的形象，所以通过企业活动就可以进行品牌化。

在这个过程中，如果品牌标志和设计等与品牌概念（品牌理念）不相符，可以对其进行修改，但如果与之相符则不必大动干戈。

说到底，换标志、设计、广告等只是一种方法，并不是最终目的。然而在品牌化的过程中，却有很多企业在这方面下了很大功夫。

毫无疑问，任何组织品牌化都需要成本，但并不是说花了钱就万事大吉了。此外，能否品牌化与公司规模、所在行业、经营情况毫无关联。

一切企业活动都要服务于企业与顾客之间的"约定"（再次补充说明，约定即品牌概念或品牌理念）。如果所有利益相关者都能通过企业活动了解一个企业的约定和该企业提供的价值，则说明该企业已经形成了一个特定的形象，这就是品牌化的最终目的。

特别是整个企业的品牌化被称为"企业品牌化"。

英特品牌公司对企业品牌化的定义如下：

> 品牌化是组织管理所有业务活动，以实现将品牌价值（业务资产）最大化为目标的活动。

▋企业品牌化从"寻宝"做起

"企业品牌化"这个表达让人望而却步，但如果我们换一种说法呢？比如"打造品牌文化"或"刷新企业文化"。

企业文化诞生于企业成立之时，想要改变绝非易事，优秀的文化一旦确立便很难丢失，而不好的文化也将成为企业的顽疾。

我之前为很多企业做过品牌化，依我过去的经验来看，企业品牌化要在企业独特的历史、文化、初衷、创业者的观念中寻找其精髓所在，这个过程就是"寻宝"的过程。

这个宝藏对于企业来说十分重要，企业需要思考如何解读这个宝藏才能使之成为该公司与利益相关者的约定。品牌化的实质就是将企业的宝藏应用在现实当中。

企业完全可以凭借自己的力量品牌化。当然，也可以咨询专业公司。但是，品牌化基本是凭借自身的力量完成的。

再次强调，品牌化与组织投入的成本、规模、所处行业、经营状况等毫无关联。

因为企业的宝藏是存在于其自身的、仍未被发掘的财富。

而且，企业的宝藏与约定（品牌概念、品牌理念）息息相关，因此十分重要。第八章会对该问题进行详细解读。

品牌是可以打造出来的

品牌化即企业寻找并利用自身"宝藏"的过程。最后你的品牌会成为人们心中的首选。

品牌形成的过程

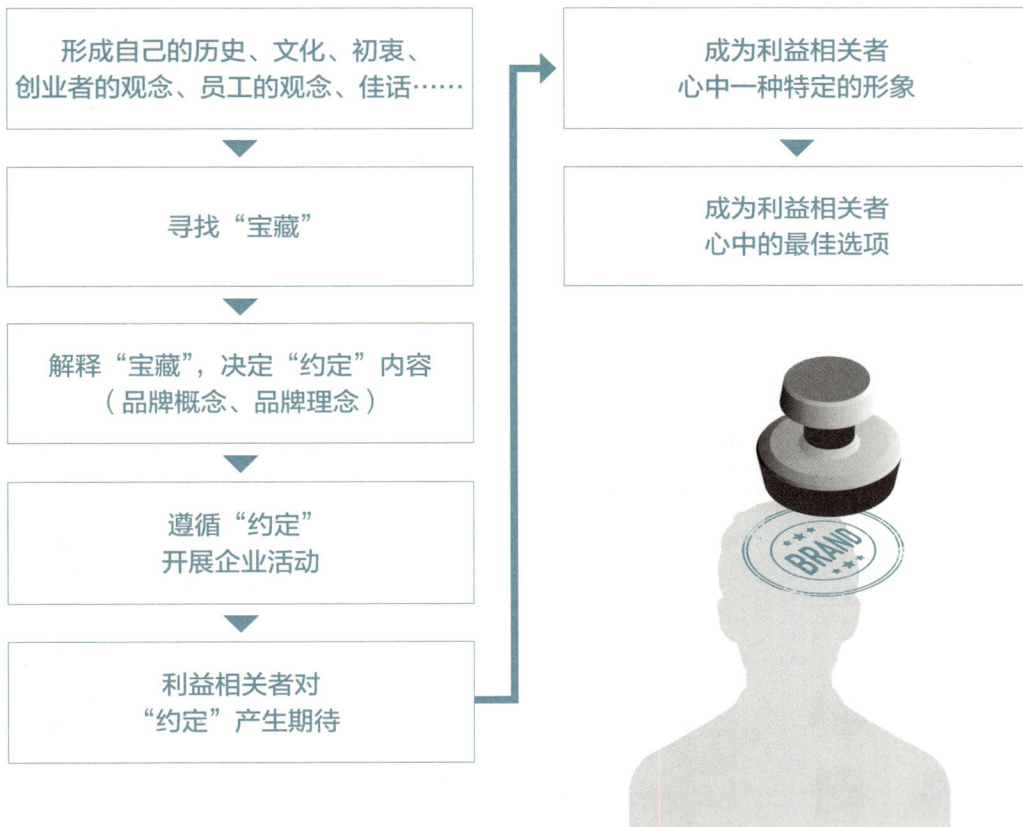

形成自己的历史、文化、初衷、创业者的观念、员工的观念、佳话……

▼

寻找"宝藏"

▼

解释"宝藏"，决定"约定"内容（品牌概念、品牌理念）

▼

遵循"约定"开展企业活动

▼

利益相关者对"约定"产生期待

成为利益相关者心中一种特定的形象

▼

成为利益相关者心中的最佳选项

[实 践 篇]　　　　　　　　　　**成功的品牌与尚未成功的品牌之间的差别**

成功的品牌

		员工	触点	顾客的想法
有明确的"品牌约定（品牌理念、品牌概念）"	研究 / 产品开发			
	渠道			
	促销			
	服务			
	营业、人事、管理			在人们心中储存了价值

品牌尚未形成

		员工	触点	顾客的想法
没有明确的"品牌约定（品牌理念、品牌概念）"（想法有很多，但是没有一个特定的"约定"）	研究 / 产品开发		?	
	渠道		?	
	促销		?	
	服务		?	
	营业、人事、管理		?	尚未在人们心中储存任何价值

演练 ［实践篇］

检查你的品牌承诺。

不同公司"约定"的表达方式各不相同。请写下你的品牌承诺。

每个品牌承诺都是独一无二的。品牌的成功与否即在于品牌承诺是否明确。

（如果本页书写空间不足，请自行补充纸张。）

	等同于品牌承诺的表达
与理念相关的表达	• 创业理念、企业理念、信条、精神、行动方针、信仰、作风……
与品牌相关的表达	• 愿景、使命、价值、企业信息、企业标志、品牌宣言、标语、品牌概念、品牌识别……
其他	

你认为自己的品牌承诺是否具有独特性？请完成以下选择题。

我们品牌承诺

1. 具备独特性 　　　　3. 基本没什么独特性

2. 具备一些独特性 　　4. 完全没有独特性

品 牌 管 理

品牌与企业的
业务活动
有什么关系？

两者相辅相成、
融为一体。

Theory

［ 理 论 篇 ］

▌ 苹果公司的故事——不同凡想（Think Different）

为何品牌与企业的业务活动相辅相成、融为一体？

在解释这个问题之前，先看一个例子。1997 年，在苹果公司即将破产之际，其创始人史蒂夫·乔布斯回归公司，发起了一项名为"不同凡想"的广告活动。

> ……我们公司存在的理由，不是为了制造一些"盒子"，帮助消费者完成工作或者其他事情——尽管在这方面我们做得比谁都好，甚至在某些领域，我们达到了登峰造极的程度。
>
> 但苹果不止于此，苹果的核心价值观在于，我们坚信有激情的人能让这个世界变得更美好。这是我们的信仰。
>
> 这次营销的主题是"不同凡想"，我们要赞美想法不同于他人的人，他们是推进这个世界前行的人。这是苹果公司存在的理由，也是苹果公司的灵魂。

▌ 品牌确立承诺（存在的理由）、业务活动履行约定

史蒂夫·乔布斯去世后，苹果公司的品牌价值仍然连续九年位居世界第一（英特品牌公

司"全球最佳品牌榜"，截至 2021 年 10 月）。

正如上文所述，世界排名第一的品牌于 1997 年明确表明其存在的理由并不在于制造计算机，"不同凡想"的价值观才是苹果公司存在的理由。苹果公司利用其独特的价值观确立了企业活动的基调。所谓的"存在理由"正是苹果公司向整个社会做出的"承诺"，这也是苹果公司的品牌概念。

"不同凡想"始于广告宣传，但并不止于此，该活动引领着整个品牌的发展。

与此相似的例子比比皆是。

我们再来看一家日企的例子。该企业名为"荏原食品工业"，其中"荏原"为其品牌名称。荏原公司以烤肉酱料、火锅调料等产品而著名。该品牌将自己定义为"我们不是生产酱料、调料的品牌，而是为大家送去天伦之乐的品牌，我们提供的是'心意''心动''美味'。"该企业的一切活动都是以此作为基本方针开展的，如产品开发、生产、经营、销售、沟通、人才培养、企业公益活动等。

如前文所述，品牌并非促销策略的一部分，品牌不是广告。品牌价值高的或正在用心经营品牌的企业一致认为品牌与企业活动的关系是密不可分的。

在本模块的实践篇中将会介绍日本具有代表性的品牌。对于这些企业来说，在品牌化的过程中，品牌位于企业经营的中心，而所有企业活动都是围绕着这个中心展开的。

品牌承诺与业务活动

品牌
企业"承诺（存在的理由）"
业务活动
企业在品牌观念的指导下开展的活动

市场营销中品牌定位的变迁

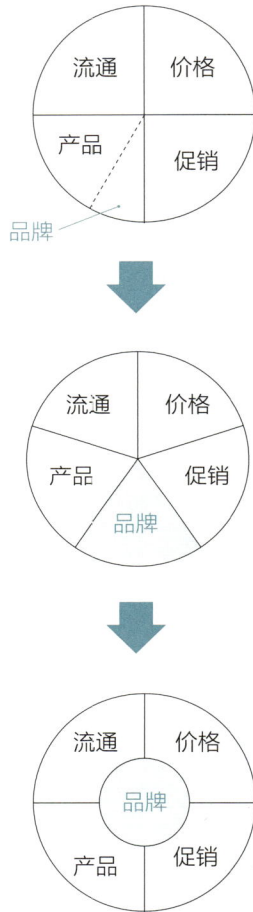

[参考《市场营销》（第 2 版）日经文库制成]

灵感

[实践篇]　　　　**各大企业对企业品牌的看法**

味之素（AJINOMOTO）股份有限公司

味之素将"提高企业品牌价值"作为新中期管理计划的目标之一。味之素的企业价值有三个维度，即味之素集团共享价值（ASV: Ajinomoto Group Shared Value）、企业品牌价值和市值。我们相信，如果通过员工体现ASV，公司品牌的价值将会提高，市值也会随之扩大。

卡乐比（Calbee）株式会社

在全球范围内进行品牌化的过程中，卡乐比专注于开展由当地主导的产品本地化工作，但约从两年前开始，我们一直在做"卡乐比"的企业品牌推广活动。

在此过程中，我们认识到品牌就像一种可以跨越国界与语言障碍的"共同语言"。在开发、制造、销售、沟通等各种活动中，无论遇到什么问题，都要思考怎样做才能朝着我们心目中的品牌方向发展。我认为品牌是企业做一切判断的基准。

工作者（Workman）株式会社

我认为品牌是无形资产的一部分。产品可以被复制，但品牌永远不会被复制。这就是工作者品牌建立百年竞争优势的关键所在。

大和房屋（Daiwa House）工业株式会社

大和房屋集团的标志是一个心形图案，名为"心心相连（endless heart）"，它代表着利益相关者对我们的信任和期望，该标志也象征着连接集团所有员工的纽带。到目前为止，我们通过为顾客提供住宅、商业设施、生活设施等各种建筑，为人们居住的城市和生活提供了基本的保障。大和房屋旨在为人们提供舒适的生活、工作和建筑设施。我们力求公司与社会的发展保持一致，为此我们将提供对社会有意义的产品和服务。每一个触点都设有"心心相连"标志，它象征着所有利益相关者（包括顾客在内）对我们的信任和期望。满足大家的信任和期待就是我们最大的使命。

株式会社资生堂

今后我们面临的将会是哲学问题，而不是产品和服务本身价值的问题。品牌体现了产品和服务背后的哲学，因此品牌本身就是企业的价值，尤其是对于消费品品牌来说更是如此，我们要在为顾客提供产品和服务的过程中不断提高顾客的满意度，以此来促进品牌本身的可持续发展。品牌是我们与顾客相连的纽带。

注：引用自日本HP品牌领袖访谈。

[**实 践 篇**]

> 回顾上一个
> 模块中你填写的品牌约定
> 并回答问题。

问 1　总体来说你们品牌承诺能够应用在实际业务中吗？

（1）能够充分用在实际业务中

（2）能够用在一些实际业务中

（3）基本不能用在实际业务中

（4）完全不能用在实际业务中

问 2　你负责的活动中体现了品牌承诺吗？

（1）能够充分体现

（2）比较能够体现

（3）基本没有体现

（4）完全不能体现

问 3　你在工作的过程中是否注重企业约定？

（1）十分注重

（2）较为注重

（3）基本不注重

（4）完全不注重

问 4　你的公司或部门以及你本人是否以品牌承诺为基准开展活动？

（1）确实以品牌承诺为基准

（2）大体上以品牌承诺为基准

（3）基本没有以品牌承诺为基准

（4）完全没有以品牌承诺为基准

　　如果你的公司（或组织、团体）按照品牌承诺开展业务活动，即可判断你们公司是在用品牌进行管理，也就是正在进行品牌经营（是否使用"品牌"二字暂且不论）。

品 牌 管 理

7

问 ....

有没有一个通俗
易懂的词语可以
代替"品牌"二字?

答 ....

"个性"。

Theory
[理论篇]

▌"品牌"即"个性"

依我做品牌顾问的经历来看,很多人在品牌的理解问题上都持有一些疑惑。我拜访客户企业之后,就会要求对方与我讨论对方公司的品牌战略。面对我的提议,大家会给出各种各样的回复。

- 品牌咨询要怎么做?
- 品牌战略又不是经营战略,我们会把经营战略交给专业公司来做。
- 我们公司的品牌是由广告公司负责的……
- 品牌化不就是设计和命名之类的活动吗?
- 品牌战略指的是"遵循品牌的企业活动"吗? 我们公司的企业活动是围绕经营战略开展的,比如人事、开发、生产、流通、市场营销、广告,等等。但是品牌战略要靠什么支撑呢?

正如前言内容所述,品牌是一个说不清道不明的词语,不同人的解释各不相同。因此面对我的提议，大家给出以上回复并不稀奇。

我们可以换一个角度思考。

品牌即公司存在的理由
→不同公司的品牌各不相同
→品牌的独特之处存在于顾客心中
→人们是因为品牌才选择你的产品或服务
→也就是说，"个性""特性"是人们选择品牌的原因
→个性是使品牌被选择的决定性因素

品牌 = 个性
品牌化 = 按照企业个性开展活动

现在，人们普遍认为"品牌即个性"。

【个性】
（名词）表示人或事物的特征
【有个性的】
表示充分具备某种特性

（引自《大辞泉》①）

个性也可以用于消极的表达中，但是在品牌管理领域意为"利益相关者能够接受的个性"。

▎没有"品牌"二字的品牌化战略

一些企业的品牌化战略中并没有使用"品牌""品牌化"几个字。不同的人对于品牌的理解各不相同。

有些企业将品牌化战略称为"打造……个性化战略""……个性化推广活动"。合适的表达方式能够聚焦品牌化的重点，往往可以促进品牌化活动的开展。

• 何谓个性
• 何谓个性化活动

---

① "个性"一词在日文中为"らしさ"，"有个性的"是"らしい"。原文中对这两个词语的解释引自日语词典《大辞泉》。——译者注

- 何谓个性化产品、个性化服务、个性化商业模式、个性化设施
- 何谓个性化人才
- 何谓个性化经营者
- 何谓个性化广告、个性化传播

如果你觉得品牌和品牌化不能准确地表达你的想法，那么便没有必要纠结于这两个词。我们不是品牌化的研究者，作为品牌化的实践者，为了品牌化活动的顺利进行，最重要的是让大家理解品牌战略。

公司或组织在品牌化之前首先要深度剖析自身，找到自身"个性的源泉"之后再思考如何策划个性化活动。

顺便一提，品牌顾问的工作内容是帮助客户确立个性，在此基础上策划个性化概念、表达个性和开展活动。品牌顾问既要做商业顾问，又要负责品牌的传播活动（这也是广告公司、设计公司、广告制作公司等专业公司的工作内容）。

▌决定个性的三要素

1. 企业要有能力、有决心

首先企业要有能力，或者至少要有潜力。然后思考目标形象，明确发展方向。这是企业站在品牌化起跑线上的必要条件。

2. 企业活动要满足社会及利益相关者的需求

如果企业只是具备能力、意愿和决心，而无法满足社会需求、利益相关者的需求，那么它就会成为一座孤岛。

3. 与其他企业有明显区别

在有能力、有决心、能够满足需求的基础上，如果你的品牌与其他品牌没有区别，那你的品牌又有什么存在的意义？

请思考自家品牌与其他品牌的区别，寻找自身的品牌个性。

人们心中特定的形象 = 独特的价值 = 特性、特质 = 个性
→品牌

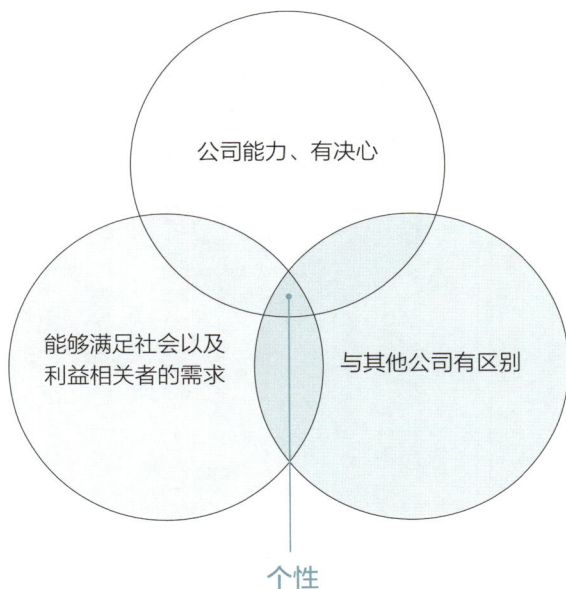

公司能力、有决心

能够满足社会以及利益相关者的需求

与其他公司有区别

个性

[实 践 篇]

个性的判断依据

人
通过各种要素判断一个人的个性

说话方式	表情	行为举止
服装		态度
性格		……

品牌
通过各种要素判断品牌个性

产品	服务	员工
广告		网站
建筑	店铺	经营者

无论是人还是品牌，
其个性都是通过触点判断的。

[实 践 篇]

请思考你们公司（组织、团体或工作岗位）的个性何在。

（这个问题有些难，现在不用进行深入思考，只需要想出一个大概即可。这个问题并没有标准答案。）

① 你们公司（组织、团体或工作岗位）擅长什么？最突出的能力是什么？最想做什么？

基于你对左栏三个问题的回答，总结你们公司（组织、团体或工作岗位）的个性。

→我们公司（组织、团体或工作岗位）的个性是……

② 你们公司（组织、团体或工作岗位）能够满足社会、利益相关者（顾客、客户等）何种需求？

③ 你们公司（组织、团体或工作岗位）所做的工作和业务内容与其他组织（企业、团体等）有何不同？

品 牌 管 理

8

答 ·······················

是的。

T heory
［理论篇］

▌商业对商业（B2B）领域的企业中也有很多品牌价值高的企业

企业品牌化是为了在人们心中树立一个特定的形象所进行的活动，与行业、经营情况、企业规模没有任何关系。

英特品牌公司发布的"全球最佳品牌榜""日本最具价值品牌榜"中，不乏商业对商业领域的企业。

获得"全球最佳品牌榜2021"荣誉的企业中，以下几家企业为商业对商业领域的企业（括号内的数字为排名）：

思科（Cisco 16）、英特尔（Intel 17）、国际商业机器公司（IBM 18）、思爱普（SAP 20）、通用电气（GE 31）、埃森哲（Accenture 32）、西门子（Siemens 60）

获得"日本最有价值品牌榜2021"荣誉的企业中，以下几家企业为商业对商业领域的企业（括号内的数字为排名）：

大 金（Daikin 26）、 小 松（KOMATSU 28）、 禧 玛 诺（SHIMANO 31）、 电 装

（DENSO 39）、富士通（FUJITSU41）、基恩士（KEYENCE 49）

▋ 并不是只有企业才能打造品牌

值得一提的是，英特品牌公司发布的"日本最有价值品牌榜"中，除了有企业，还有组织和团体荣登榜单。

获得"日本品牌奖"的团体：
2018 年度：日本篮球联盟（B.LEAGUE）
2019 年度：东京国际机场航站楼（TIAT、团体）、爱知东邦大学（大学）、樱猫（SAKURANEKO、公益财团法人）、雪峰（Snowpeak、露营业务）
2020 年度：东京放送（TBS、电视台）

▋ 技术、地区、服务等都可以品牌化

大家每天都在使用的"Wi-Fi（无线网络）"其实也是一种品牌。准确来说，它是一项技术品牌。开发该品牌名称的是英特品牌公司，相关内容在该公司官网也有记载。

> 1999 年，在无线网络变得家喻户晓之前，几名该领域领头羊开发了"WECA（无线网络受容卫星）"，旨在推动整个世界使用国际标准规格的高速无线网（LAN）。在推动一项新技术之前需要先为其命名。这项技术本来的名称为"IEEE 802.11"，但由于它将会成为一种随处可见的存在，因此还需要一个更容易被人记住的名称。
>
> 英特品牌公司从众多提议中选择了 Wi-Fi，该命名灵感来源于"High Fidelity"的略称"Hi-Fi"。Wi-Fi 既可以表达无线网络，又反映了该项技术的质量之高，即这种无线网在任何地方都不会断网。
>
> 在敲定最终名称之后，Wi-Fi 逐渐成为全世界无线网连接的代名词，并变为独一无二的存在。
>
> （摘自英特品牌日本公司官网）

"Wi-Fi"简单易懂，人们看到该名称便会联想到其个性与特征。因此它已经具备了品牌的必要条件。该公司为它制定了一个差异化的符号，也就是对该产品进行了命名，然后通过个性化活动赋予它一定的附加价值，最终将其打造成为一个独特的品牌。

品牌化的主体有很多，比如企业、组织、业务、团体、团队、个人、商品、服务、项目、店铺、技术、国家、地区、城市、乡村、特产……

1. 具备能力、有决心
2. 能够满足社会或顾客的需求

3. 与他人存在差异

以上条件就是品牌形成（即形成个性）的前提条件。

品牌化事例

商业对商业品牌

三重电子是以制造电子零部件为中心业务，面向商业对商业领域的中小型企业。2019 年，正逢三重电子成立 50 周年，于是借此东风开始进行品牌化。"最开始人们都觉得我们是很诚实的品牌，但总给人一种单纯的乡下好青年的感觉。"三重电子社长说，"我们想要改变这种形象，想要朝着更灵活、更令人自豪的方向发展。经过全体员工的多次讨论，我们制定了'让顾客绽放笑容'的企业愿景。由于我公司业务面向商业对商业领域，因此我公司产品不可能直接送到最终消费者手上。'让顾客绽放笑容'意味着我公司员工工作时要想到最终顾客使用产品时满意地露出笑容的样子。我们所有的企业活动都是以该愿景为基础展开的。"

技术品牌

2008 年，斯巴鲁（SUBARU，当时名为富士重工业）发布了一项名为"视驭（Eyesight）驾驶辅助系统"的技术品牌。该技术是汽车驾驶安全辅助技术，可以防止汽车发生冲撞事故。视驭品牌诞生以后，各大汽车公司也加快了改进汽车驾驶安全技术的脚步。

斯巴鲁公司发布视驭技术后出现了一个有趣的现象，即顾客购买其他品牌的汽车时也会问上一句："这辆车配备视驭技术了吗？"因此，视驭已经不再是一项技术名称，它已经成为汽车安全技术的代名词。简言之，视驭品牌已经深入人心。

区域品牌

在品牌化之后，江户时期山梨县富士川的日本酒品牌"本菱"时隔 120 年重获新生，同时为地区打造了品牌。我们的使命是"立志成为日本乡间名酒"。我们的一切活动都是在该使命的指引下进行的，参与实践的工作人员负责寻找地区宝藏并将其传达给当地居民。"本菱"在品牌化的第二年便斩获"伦敦酒品挑战 2018 银奖""国际红酒挑战奖 2018"，第三年即 2019 年获得"法国 Kura Master2019""伦敦酒品挑战 2019"金牌。截至"本菱"品牌诞生的第四年，共斩获 7 个国际大奖。

龙谷品牌

龙谷大学是一所拥有近 400 年历史的综合性大学，前身为西本愿寺学寮。龙谷大学于 2012 年度正式开始品牌化。龙谷大学得益于悠久的历史和优良的传统，旨在培养"追求本质，面向未来"的人才，这也是龙谷大学的品牌概念。学校的品牌标语为"你，永无止境（You, Unlimited）"。从 2020 年度起，学校按照新的办学计划开始打造品牌。学校发布了新的校徽和其他设计元素，并秉持着积极承担社会责任的方针开展个性化活动，为龙谷大学品牌赢得了无数称赞。学校最终获得"日本品牌奖 2021（Japan Branding Awards 2021）"中的最高奖项"最佳品牌奖（Best of the Best）"。

想一想还有什么组织可以成为品牌化的主体？

[实践篇]

为何商业对商业领域的
企业更需要品牌化

▋ 商业对商业领域的企业对信誉度的要求更高

相对于直接面向最终消费者的企业即商业对消费者（B to C）领域的企业，有更多的人质疑商业对商业领域的企业品牌化是否有效。实际上，后者才更需要品牌化。

在与企业交易时，我们往往只关注成交价格是否合理等问题。但其实更为重要的是企业风评和业绩等企业背后的信誉度。因此，如果信誉度低的企业为了赢得客户而把产品价格定得很低，那么客户在与之交流的过程中也会发现其中的问题所在，该企业最终将会失去客户。

▋ 商业对商业领域的企业管理目标更明确

一般来说，顾客在购买、使用产品或服务之前大概要经历以下几个步骤。

1. 看到或听说有促销活动（广告、促销、公关、人员推销）
2. 了解商品名、品牌名
3. 产生兴趣
4. 产生购买欲
5. 购买及使用
6. 使用之后感到满意
7. 继续购买、使用该产品并推荐给他人

商业对消费者的企业由于需要与众多消费者直接沟通，所以在前面两个步骤上需要派出大量员工，付出大量经费。当然，要排除那些受众固定的产品。总之，此类企业前面两个步骤所占比重还是很大。

然而，如果是商业对商业领域的企业，对方企业（也就是传播对象）是明确的，传播方法也比较简单。此类企业可以派遣销售人员到对方公司直接沟通或线上沟通，完全用不上电视广告、报纸广告等大型广告。

也就是说，商业对商业领域的企业可以直接从第三步做起，也就是从促进顾客购买、使用自家产品开始做起，这便意味着这种企业比直接面对消费者的企业离收益的距离更近一些。

商业对商业领域的企业不仅需要赢得对方企业购买负责人对自家品牌的信任，还要考虑到购买负责人背后的整个组织及其上位组织、经营者等与本次交易相关的所有人，力图使对方整个组织信赖自己的企业、产品、技术、服务。

▌人才能力 + 品牌能力 = 无穷的力量

商业对商业领域的企业有诸多品牌触点。如公司主页、宣传手册、名片、信封、演示文稿、产品及服务……更重要的品牌触点是企业的人才，如营业员、服务人员等。

员工的言谈举止在很大程度上影响着人们对品牌的看法。这也是影响品牌个性形成的重要因素。

商业对商业领域企业的业务能力越强，其企业约定往往更加明确。企业要有"我就是名牌""我们是靠自己的个性走到现在的"这种魄力。同时也以此为出发点，思考品牌应该如何与顾客接触，如何向顾客展示产品，如何进行售后跟踪。

商业对商业领域的企业一定要尝试品牌化。

品牌与传播

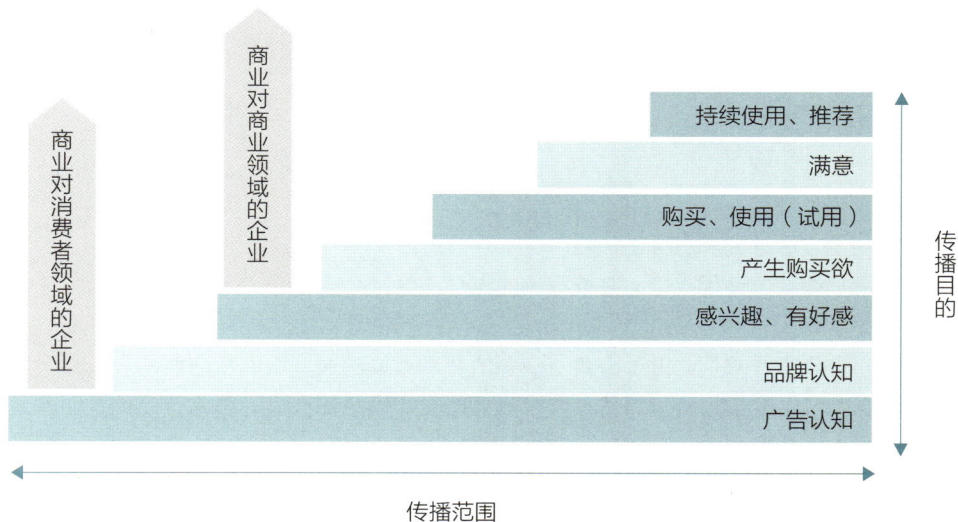

演练　[实 践 篇]　　想一想你知道的品牌
　　　　　　　　　　　　　在你心中的形象。

问题	回答
列举一家你知道的商业对商业领域的品牌（企业品牌），想一想该品牌在你心中的形象。	**商业对商业领域的品牌：** **在你心中的形象：**
列举你知道的技术品牌（不限个数）。	**例如：创驰蓝天（马自达）**
列举你知道的地区品牌（不限个数）。	**例如：安云野品牌**

品 牌 管 理

答 ....

即为了更好地
把握品牌化
进程的组织。

T heory

[**理 论 篇**]

▌ 企业品牌和产品品牌的关系

你有没有产生过以下想法?

- 我在广告上看过这个产品,但并没有注意是哪家企业的。
- 我一直在买这个产品,但并不知道是什么品牌的。
- 我听说过这个公司的牌子,好像也知道这家公司卖什么种类的产品,但没有见过实物。
- 我不知道这家企业具体叫什么名字,但是这家企业的子公司标志很有名,所以我想这家企业应该是一个集团企业吧。
- 没想到这两个产品竟然是同一家企业旗下的产品,所属领域完全不同。
- 我知道这个产品是哪家公司生产的。

人们之所以会这样想,是因为各品牌的管理体系即品牌化组织水平参差不齐。
因此,企业需要整理品牌体系来控制利益相关者(尤其是顾客)的品牌联想。

▌品牌体系的 3 个类型

品牌体系有多种类型。为便于讲解，本书以企业品牌与产品品牌两者之间的关系为切入点，将品牌体系分为三类进行说明。

我们可以把企业品牌比作"家风"，产品品牌比作"孩子"。

（为了方便讲解，本书将产品品牌比作"孩子"，但对于有些企业来说也可以将"业务品牌"比作"孩子"。）

1. 总品牌体系

总品牌体系是指由企业品牌引领的管理体系。即"家风"引导型体系，这个大家庭会孕育并培养自己的"孩子"（产品品牌）。

企业可以通过主推企业品牌来带动其旗下的独立品牌信誉度。该体系适用于单一化经营的企业。

例如宝马（BMW）、哈根达斯等国际品牌，还有日本的马自达（MAZDA）等品牌。

2. 背书品牌体系

"背书品牌"中的"背书"意为"保证"。意思是作为家风的企业品牌可以保证其孩子即产品品牌的信誉。在日本这种情况很常见。那些在宣传企业品牌旗下仍然追求产品品牌个性的公司比较适合该体系。

例如丰田旗下的皇冠、索尼旗下的漫步者、斯巴鲁旗下的力狮（Legacy）、明治（Meiji）旗下的益生酸奶 R-1 都属于背书品牌体系。

3. 独立品牌体系

在该体系下，企业品牌基本不会出现在产品上。而企业品牌的"孩子"即独立品牌百花齐放，追求自己独特的品牌个性。

这种体系适用于业务范围广的企业。

比如宝洁（P&G）。宝洁旗下品牌横跨多个领域，如碧浪、风倍清、SK-Ⅱ [①]、帮宝适、博朗、吉列等。

此外还有很多企业采用多种品牌体系共存的形式。比如，主业务采用总品牌体系，子业务采取背书品牌体系或独立品牌体系。各品牌要根据自己的个性确定适合自己的品牌体系。

▌确立合适的品牌体系

为品牌体系创造一个完备的环境非常重要。

很多公司都奉行产品至上主义，这类公司认为出名的产品一定要有量身定做的独特名

---

① 　SK-Ⅱ：日本创立的护肤品牌。——译者注

称、标志和设计，还会投入大量广告进行宣传。

有些企业即便在市场营销方面投入大量经费，并大范围开展传播活动，但是却没有企业品牌意识。此类企业的"家风"和"孩子"之间是存在差异的。换言之，如果不能充分利用企业品牌自身的财富，产品品牌就要自力更生。

你的企业、产品和服务适合哪种品牌体系，需要周全的思考和精心的设计。

主要品牌体系

	总品牌体系	背书品牌体系	独立品牌体系
基本体系			
作用	企业品牌是传播符号	在企业品牌的保障下推广独立产品品牌	产品品牌的传播符号是独立存在的
主要诉求点	企业品牌	推广企业品牌及独立产品品牌	各产品品牌都有各自的诉求
与业务之间的关系	适用于单一化经营的企业	适用于在企业品牌旗下以自己的个性展开活动的企业	适用于业务领域广的企业
与产品品牌的乘法效果	高	中	低
沟通效率	高	中	低
风险分散	低	中	高
业务扩张性	低	中	高

［实践篇］
品牌体系体现企业战略

▌ 怎样制定品牌体系才能提高品牌价值

　　品牌体系与企业经营情况息息相关。每种体系都有其适用的企业，因此在评价各品牌体系时不能一概而论。但对于想提高品牌价值的企业来说，具备下图所示的关系是较为理想的。尤其适用于"总品牌体系"和"背书品牌体系"的企业。

　　总体来说，企业品牌概念（"约定"）可以助力其旗下独立品牌（业务品牌或产品品牌等）的成长，而独立品牌又可以通过自己的活动为企业品牌添砖加瓦。这是比较理想的状态。

　　此外，同一个企业品牌旗下的独立品牌也不应该单独发挥作用，而要彼此促进以产生乘法效应，这样才会加强整个品牌的个性。

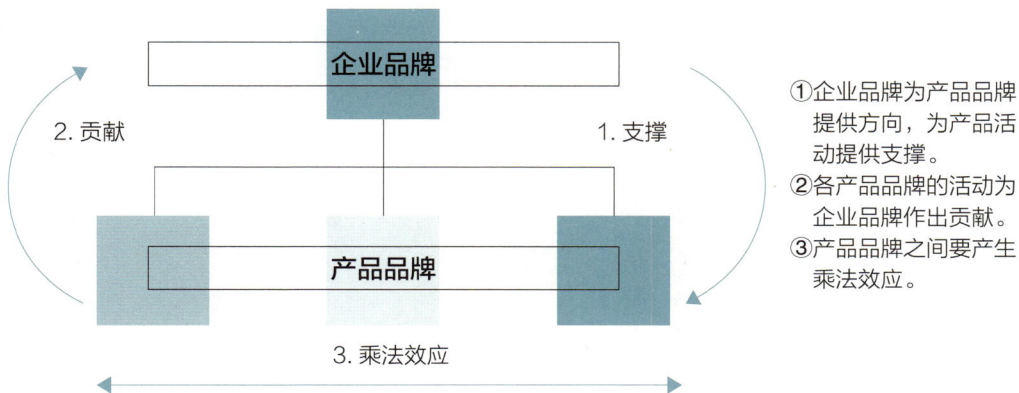

企业品牌

2. 贡献　　　　　1. 支撑

产品品牌

3. 乘法效应

①企业品牌为产品品牌提供方向，为产品活动提供支撑。
②各产品品牌的活动为企业品牌作出贡献。
③产品品牌之间要产生乘法效应。

注：品牌体系相关内容参考了《品牌化的 7 个原则》（修订版）"品牌体系"（P.59–P.64）。

[实 践 篇]　　　⟫　　　确认一下你的公司要用哪种品牌体系。

1. 请填写下面内容，并确认适合自己公司的品牌体系。

（另，不同企业要根据自身情况确定品牌体系，并不一定要完全按照某个特定的框架做决定。）

公司正式名称

集团品牌

企业品牌

业务品牌

产品品牌（服务品牌）

2. 以下哪个选项最接近你公司的品牌体系?

（1）(最接近)

总品牌体系

（2）(最接近)

背书品牌体系

（3）(最接近)

独立品牌体系

（4）没什么品牌体系

品 牌 管 理

10

问 ....

具体应该怎样推动品牌化的进程？

答 ....

一共需要10个步骤。

[理论篇]

Theory

▋ 通往品牌个性目的地的地图

所谓品牌化，即确立个性并在此基础上开展企业活动的过程。品牌化的最终目的是使组织成为人们心中的首选品牌。品牌个性是品牌无可替代的宝藏。

知易行难，并且万事开头难。假设你被丢到一个荒无人烟的地方，为了顺利到达你想要去的地方，此时你最需要的应该是一张通往你的目的地的地图。本模块将会为大家展示通往品牌化成功之路的地图。

▋ 秘诀是"浓缩"与"扩散"

从整体上来看，品牌化的诀窍用一句话概括即"浓缩与扩散"。品牌化就是从各种情况中抽取精华，一边精心呵护它一边开展活动。这个过程与酿造红酒、制作咖啡有异曲同工之处。

首先，我们来看"浓缩"的具体含义。

企业处于多重环境当中。首先是宏观环境，它不受企业的控制。其次是微观环境，比如业界、顾客、竞争对手。最后是企业自身的内部环境。企业在这些环境中会遇到合适的机会，也要面对残酷的威胁。在不同的环境中，企业既有优势也有劣势。

环顾自己身处的环境，企业可以从中"浓缩"出自己的宝藏，还可以找到自己的闪光点及独特之处。

接下来我们来看"扩散"的含义。

在企业浓缩出自己的"宝藏（个性）"（即"品牌概念""品牌约定"）之后，就要展开具体的活动。

企业评估企业活动的依据就是自己的个性。企业的每一个触点都应该体现品牌个性。

▌10 个步骤

以下是品牌化走向成功的 10 个步骤。

1. 学习基础知识

第一步要学习与品牌、品牌化相关的基础知识。

2. 创造最佳时机

如果你不给大家任何准备便宣布"我们品牌化吧"，恐怕会让人感到一头雾水。因此，我们需要找到一个最合适的时机迈出品牌化的第一步。

3. 创建组织

品牌化与整个企业（或整个组织，如整个业务部等）挂钩，单凭一己之力几乎寸步难行。想要大刀阔斧向前走，首先建立一个组织吧！

4. 分析环境

要清楚自己的定位，冷静分析所处环境，并判断其中的机会和威胁，了解自身优势及劣势。

5. 思考前进方向

经过各种各样的分析，接下来要思考你们未来发展的方向，想一想，你的组织有什么"宝藏"？

6. 打造品牌基础

这是决胜步骤。即确定品牌个性，找到品牌宝藏（等于个性），这是一切活动的基础。顺着前面几步确定的品牌发展方向打造品牌基础吧！为了方便讲解，本书将品牌基础称为"品牌概念"（与品牌概念相关的知识较为复杂，第六章会对其进行详细说明）。

7. 明确传达方式

按照需求决定能够展现自己品牌个性的标识、设计等（视觉识别）和独特的表达方式。接下来还要制定"品牌传播指南"，策划能够使品牌观念渗透整个组织内部的活动，构思对外传播沟通计划。

8. 策划个性活动

实际开展的活动内容决定品牌真正的价值。即便确定了品牌概念，如果没有在具体活动中体现那就毫无意义。这一步要求你思考怎样的活动才能体现品牌个性。

9. 推出品牌

历尽千辛万苦，你的品牌终于要问世了。你需要思考如何提高公司内外对品牌的期待，提高品牌的影响力。

10. 活用成果

推出品牌之后你的组织需要展开个性化活动。而取得的成果反过来还可以巩固品牌个性。此外，你还需要定期检查个性化活动，判断其是否与品牌具有一致性，是否符合品牌概念。

▌时间安排

每一个步骤所需的时间是不固定的，不能一概而论。比如，有的企业用了很多年观察环境、确立方向、打造品牌基础，而有的企业在决定品牌化的第二年就制定了新的管理体制。

时间安排示例

1. 学习基础知识 2. 创造最佳时机 3. 创建组织

企业在此阶段所用的时间各不相同。决策较快的组织几个月即可完成，而有的企业在此步骤要花费一年多的时间。

4. 分析环境 5. 思考前进方向 6. 打造品牌基础

分析调查企业环境所用的时间，加上基于调查结果进行分析讨论、确定发展方向、打造企业基础的时间，一般需要三个月以上的时间。

7. 明确传达方式 8. 策划个性活动

三个月以上。

9. 推出品牌

一个月以上。

10. 活用成果

持续进行。

品牌化的具体方法

步骤	做什么	怎样做		时间
1	学习基础知识	• 学习与品牌、品牌化相关的基础知识	准备	几个月不等
2	创造最佳时机	• 营造可以开始品牌化的氛围、寻找伙伴		
3	创建组织	• 打造推进品牌化活动的组织		
4	分析环境	• 宏观环境（政治、经济、社会、技术）分析 • 微观环境（业界、竞合、顾客）分析 • 内部环境分析 • 了解外部环境中存在的机会与威胁、自身的优势及劣势	浓缩	3 个月
5	思考前进方向	• 使用态势分析法（SWOT）分析外部环境和内部环境中的机会与威胁、自身的优势及劣势 • 品牌主张清单（企业主张） • 讨论品牌追求的状态 • 构思未来发展方向		

6	打造品牌基础	• 打造品牌基础（品牌概念）
		  • 品牌愿景、品牌使命、品牌价值
		  • 品牌个性
		  • 品牌宣言
		  ……
		• 整理企业和组织的理念体系		

7	明确传达方式	• 决定品牌的展示方式和表达方式 • 品牌传播指南 • 策划对内宣传活动 • 策划对外传播计划	扩散	3 个月
8	策划个性活动	• 思考能够展现品牌个性的具体活动		
9	推出品牌	• 开展能够提高人们对品牌的期待感的活动		1 个月
10	活用成果	• 定期检查各类活动	检验	持续进行

[实 践 篇]

品牌化的要点是找到"沉睡的宝藏"

无论是什么公司都有其独特的"宝藏"。品牌化的关键即寻找宝藏。而且这个宝藏也是品牌个性的来源。

"寻宝"秘诀

1. 向你的朋友展示你的公司让你感到自豪之处。

自豪之处：

切入点有很多，例如历史、文化、传统、商品、服务、产品制造、人才、故事、创业者、经营者、员工创意等。

从公司的功能价值和情感价值判断，你的公司有哪些令你感到自豪的地方。

例如：

"我们公司销售额达到了数亿元，有一部分上市了，拥有数万名员工……"△

"我们公司的业务可以刷新整个业界的认知。"○

"我们公司是商业对商业领域的企业。我们支撑着社会上的多家企业，这令我无比自豪。"○

2. 假设你的公司上报纸了，请想象一下新闻的标题是什么？

例如：

"打破业界传统！某公司的某体系引领新潮流"

"某公司脚踏实地。某技术的占有率高达……《匠人精神 2.0》"

3. 如果你的公司得到了人们或媒体的夸赞，什么样的夸赞会让你觉得"真的很开心""他懂我们公司""我们自己倒是没有这样认为，原来在别人看来是这样的"。

4. 你认为你们公司将来会成为怎样的企业？请写下来。

在你畅想的过程中，企业在你心中的目标形象就会逐渐浮出水面。

例如：

"期待我们公司成为某行业内的苹果公司。"

"想要公司成为对某业务来说二十四小时不歇业的便利店。"

"想要公司成为某地不可或缺的企业，客户络绎不绝。"

5. 和你的伙伴一起讨论以上四个问题吧。

你一个人思考可能会错失一些宝贵的灵感，和大家一起畅所欲言吧，你一定会发现自己没有注意过的问题。

[实 践 篇]   寻找你们公司的"宝藏"吧。

1. 向你很久未见的朋友介绍你的公司令你感到自豪之处。

2. 如果你的公司（或所属组织、产品和服务等）登上了报纸，什么样的标题比较合适呢？请发挥你的想象力。

3. 如果你的公司得到了人们或媒体的夸赞，什么样的夸赞会让你觉得"真的很开心""他懂我们公司""我们自己倒是没有这样认为，原来在别人看来是这样的"。

4. "即使现在还没有实现，但我觉得我们公司将来会成为这样的公司"，你对公司有怎样的期待？在你畅想的过程中，你的目标和想法便会逐渐浮出水面。

这四道题的答案也许就是你们公司的"宝藏"！

品 牌 管 理

11

问······················

什么时候是开始
品牌化的最佳时机？

答······················

虽说决定的那一刻就是一个
不错的时机，但最好还是找
到一个最适合开始的时机。

T heory

［理 论 篇］

▍品牌化的契机

下面是我做品牌顾问时的经历。

"我知道品牌化十分重要，但是不知道什么时候开始比较好。"
"在决定的那一刻就应该立即开始品牌化才对吧。"
"品牌化没那么容易进行下去。公司内部员工尚未理解我们公司的品牌化是什么意思，而且
企业品牌化还要牵动整个公司……所以如果大家没有达成共识的话，恐怕很难进行下去……"

品牌化要尽早开始，但很多公司都不清楚具体应该在什么时候品牌化。尤其是企业品牌
化，整个企业的所有业务和各岗位的工作人员都要与此挂钩，因此，如果没有得到所有人的
理解，企业品牌化是很难进行下去的。更何况是在企业员工如果对"品牌"和"品牌化"这
两个词的理解都成问题的情况下，企业的品牌化将会变得更难起步。

想一想，你有没有过类似的想法？

- "新的一年，我一定要完成这个目标！"
- "4月是新年度的开端，^① 为了拿到这个证书开始努力吧！"
- "我打算到国外旅行，去之前要练好英语口语。"
- "既然要搬到新的地方住，不如干脆换一种新的生活方式吧！"
......

其实，什么时候开始做一件事情都没问题。但是如果有一个更为充分的理由，你就会有更大的动力。

寻找品牌化的契机

当你提议品牌化时，公司内部可能会出现以下声音。

- 品牌化？不是在开玩笑吧？现在做还有必要吗？
- 宣传部负责不就行了吗？不需要动员整个公司的员工吧？
- 有效果吗？业绩会提升吗？公司能赚更多的钱吗？
- 在那之前还不如先打造经营战略、经营计划、具体战术。
- 这是大型企业和商业对消费者领域的公司需要考虑的事情吧，与我们公司有什么关系吗？
- "品牌化即个性化？"现在寻找个性还来得及吗？

员工不理解品牌和品牌化才会产生消极观点

- 单纯的解释说明不足以使对方信服。
- 是否能取得成效，要看公司内部员工是否建立了共识。
- 一味地动员大家是毫无意义的。
- 品牌化需要全公司上下一心，因此需要全部员工的参与。

因此，你要寻找一个契机

- 一个正当化的理由更有说服力。
- 这个特别的理由相当于一个跳板。品牌化可以通过这块跳板向前迈一大步。
- 探索开始品牌化的契机。

---

① 编者注：日语中的"年度"一词就是指为特定目的而设置的一年的划分方式。比如在政府单位以执行预算为目的划定"会计年度"，学校等以学年的更替为目的划定"学校年度"。两者都是从4月1日起到下一年的3月31日为一个年度。

[实践篇]

开始品牌化的 7 类最佳时机

1. 周年

利用公司成立或开始创业的纪念性年份，如 5 周年、10 周年等 5 的倍数周年。这样一来，可以将品牌化作为周年目标或周年纪念推行开来。许多企业以公司的名义将品牌化编入周年计划中，这样可以达到增强说服力的效果。

例如：公司成立 30 周年

在迎来 30 周年的 2 年前开始品牌化。或者在 30 周年宣布开始品牌化，在其后 1~2 年间推出品牌。

2. 制订经营计划

制订中期或长期计划时就是开始品牌化的大好时机。经营计划要与品牌个性挂钩。在品牌个性不明确的情况下制订的经营计划一定是不完备的。

3. 公司乔迁

公司迁址之时刚好是动员员工改变的最佳时机。此时，要在细节上体现品牌个性，如新公司的广告牌、室外设施、环境装饰、室内装潢、各类设备、备用物品……

4. 创业者卸任、新的领导层上任、组织重组

创业者隐退、新的经营者上任、领导层更替、组织重组等都是开始品牌化的好时机。尤其是创业者隐退，作为一直以来支撑自己公司的创业者，他们一旦卸任，公司就面临着如何继承已有财富并创造新的财富的课题。因此，此时公司需要确定品牌的发展方向。

5. 公司初创

对于初创企业来说，确立今后的发展方向、思考如何打造品牌是不可或缺的。

6. 并购（M＆A 合并、收购）

企业合并正是建立新组织、创造新文化的好时机。此时正需要企业更换名称、标志、设计、品牌宣言等品牌个性化表达，还要确立品牌个性，策划个性化活动。

7. 划时代的新产品、新服务的开发

新产品和新服务不仅可以让内部员工眼前一亮，还可以促进品牌的对内渗透与对外传播。抓住公司内外发生变化的时机，让员工思考公司存在的意义。

想一想，你的公司（或部门）有哪些可以开始品牌化的契机？

	品牌化的契机	检验
1	周年（或与之类似的时间点）	
2	发布中长期经营计划前后	
3	公司迁址	
4	创业者卸任、新的管理层上任、组织重组	
5	创业	
6	并购（合并、收购）	
7	开发划时代的新产品、新服务	
8	此外你还能想到什么契机？	

小　结
第 一 章

主　题
学习基础知识

问 **何谓品牌？**

答 **品牌是人们心中特定的形象。**

品牌不在于广告、命名、高级感和设计，它是人们心中一个特定的形象。单凭更换外观是无法打造品牌的。

问 **人们从什么地方认识一个品牌？**

答 **人们是从各种地方认识品牌、感受品牌的。**

人们与品牌接触的场景被称为"品牌触点"。品牌触点横跨多个领域。为了让人们正确地认识自家品牌，统筹全部品牌触点，使之具有一致性是非常重要的。品牌在于细节。

问 **品牌是怎样诞生的？**

答 **功能价值和情感价值孕育品牌。**

功能价值和情感价值共同孕育品牌。这两种价值缺一不可，但后者更为重要。情感价值是品牌与生俱来的财富，它是无法被其他公司模仿的特质。品牌要用故事而非物品打动人心，相比生产最好的产品不如成为人们心中最爱的产品。这是打造品牌的重中之重。

问 **品牌的目标受众是谁？**

答 **所有利益相关者。**

企业利益相关者是指与企业、产品和服务利益相关的所有的人。我们说"品牌是人们心中一个特定的形象"，那么品牌到底存在于谁的心中呢？不仅是顾客，还包括公司内部员工、客户等全部利益相关者。品牌要履行承诺给对方的"约定"（品牌概念），以此来满足对方内心的期待。你承诺一个约定，然后对方产生期待，像这样双方两情相悦才有利于打造品牌。

问 **品牌是可以打造出来的吗？**

答 **可以。
我们将这个过程称为品牌化。**

品牌是可以打造出来的，这与公司的规模、业务种类、营业状态毫无关系。

打造品牌与投入的成本关系也不大。改变品牌标志、设计、口号等只是品牌化的方法，而不是其目的。重要的是要决定好向对方许下什么"约定"（品牌概念），并在业务活动中履行这个约定。此外，整个企业的品牌化被称作"企业品牌化"。

问 品牌与企业的业务活动有什么关系？

答 两者相辅相成、融为一体。

许下"约定"后，品牌接下来要通过不断地满足利益相关者的期待来夯实品牌影响力。为此，企业要在具体的业务活动中履行品牌约定。品牌即约定，企业开展符合约定的业务活动即企业履行约定。

问 有没有一个通俗易懂的词语可以代替"品牌"二字？

答 "个性"。

品牌这个词语拥有多个释义，可以用"个性"表达品牌的含义，这有利于人们更好地理解品牌的意思，相关活动也更容易推进下去。实际上，有一些组织在做品牌化管理时，完全不会用品牌或品牌化的字眼儿，他们会用"某组织个性战略""推广某组织个性活动"等。

问 无论何种行业、何种经营状况的组织都可以品牌化吗？

答 是的。

由于品牌是人们心中一种特定的形象，所以不论是商业对消费者领域的企业还是商业对商业领域的企业都可以进行品牌化。另外，不仅是企业，其他类型的组织也可以打造自己的品牌。可以品牌化的主体有很多，比如企业、组织、业务、团体、团队、个人、产品、服务、策划、店铺、技术、国家、地区、街道、乡村、土特产，等等。

问 何谓品牌体系？

答 即为了更好地把握品牌化进程的组织。

品牌体系旨在统筹企业品牌及其旗下的业务、产品、服务等品牌（产品品牌等）并且在整体上对其进行控制。
大体上可分为三大类。
1. 总品牌体系
2. 背书品牌体系
3. 独立品牌体系
根据各企业不同的经营战略采用不同种类的品牌体系。

问 具体应该怎样推进品牌化的进程？

答 一共需要 10 个步骤。

品牌化的秘诀在于"浓缩与扩散"。"浓缩"指的是对周边环境进行详细分析，并从中找出自己的独特之处和宝藏。"扩散"指的是将这些浓缩的精华体现在以后开展的活动当中。这个秘诀共需要10 个步骤，用心完成效果更佳。

ⓠ **什么时候是开始品牌化的最佳时机？**

ⓐ 虽说决定的那一刻就是一个不错的时机，但最好还是找到一个最适合开始的时机。

　　凭借一个人的力量不会完成品牌化的目标。企业品牌化自然要求整个企业参与，而产品品牌（或业务品牌）也需要很多领域的人参与。因此，要想迈出品牌化的第一步，需要找到一个正当理由才更有说服力。

专 栏 ①

品牌
最初的含义

起源于"烙印"

"品牌（Brand）"这个词源于那维亚语"brandr"，意思是"燃烧"。与英语单词"burn（燃烧）"词源相同。

从前，人们为了识别自己家的家畜便在家畜身上印烙印，这就是一种"识别标记"。

古时，日本也有很多传统企业会在产品上标注家徽或商号。

由识别标记转变为品牌

一个识别标记从何时起成了人们心中一种特定的形象呢？即品牌到底是如何形成的？为了方便大家理解，下面我会换一个更简单的方式来解释这个问题。

举一个例子。假设有一名新员工（暂且称呼他为 OK 先生）刚刚入职，公司刚给他发了工作名片，他见客户的时候向对方递交了名片。对方拿到名片后说道："您就是负责本次项目的 OK 先生啊，请多关照。"在这个阶段，"OK"只是一个名字，在对方心中只不过是一种识别标志。倘若交流过程中发生了不愉快，对方很快就会忘记"OK"这个名字。

作为职场新人，OK 先生认为只让对方记住自己的名字是远远不够的，他还想赢得对方的信任和认可。

OK 先生非常努力，他总是在思考"我能做什么事情？""只有我才能做到的事情是什么？""我做什么事情会让对方感到开心？""什么事情能够超出对方期望？"……

就这样很多年过去了。慢慢地，他负责的业务越来越多，后来就可以直接与客户商谈了。有一次，客户给他打来一通电话。

"OK 先生，我们有一个涉及整个公司的大项目想要交给你来做。我们认为能够成功完成该项目的人非你莫属。一提到你的名字公司董事也都很放心。"

OK 先生负责了很多业务，最后他的名字从一种识别记号变成了客户公司负责人

乃至整个公司心中 "特定的形象"。也就是说，"OK" 已经发展成为一个品牌。

名片上的 OK 先生（识别标记）+OK 负责的活动、取得的成绩（附加价值）=品牌

人们会因为品牌个性活动而爱上一个品牌

我们再看企业活动与品牌的关系。企业的名称、标志或产品、服务的名称、标志等都是一种烙印，人们可以通过这个烙印识别一家公司及其产品、服务。在这个阶段，这些烙印是一种用于区别其他公司产品和服务的识别标志。这是新公司、新产品、新服务的必经之路。

在今后展开业务活动的过程中，企业怎样做才能获得对方的认可？怎样才能让对方接受自家产品或服务？

正确答案就在本章内容中——企业既要有能力、有决心，还要满足社会（顾客）的需求，并且要区别于其他公司（产品或服务）。也就是说，企业要基于品牌个性开展一切活动。

在这个过程中，业务（产品、服务）会产生附加价值。附加价值作用于顾客身上，就会使品牌获得更多粉丝，并成为顾客心中的首选。

企业的名称、标志及产品、服务的命名（即 "烙印"）最初都只是一种识别标志，但最终要发展成人们心中一种特定的形象。

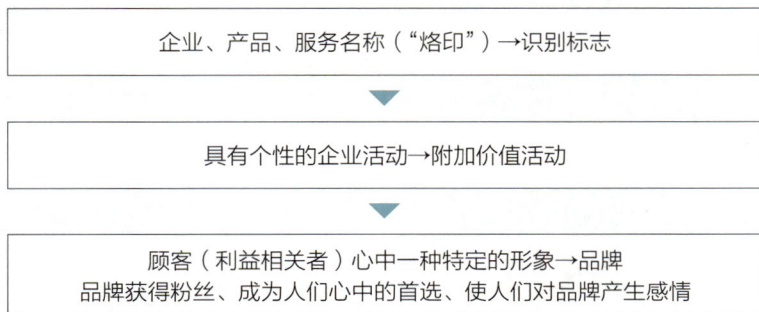

```
┌────────────────────────────────────────┐
│  企业、产品、服务名称（"烙印"）→识别标志      │
└────────────────────────────────────────┘
                    ▼
┌────────────────────────────────────────┐
│     具有个性的企业活动→附加价值活动            │
└────────────────────────────────────────┘
                    ▼
┌────────────────────────────────────────┐
│  顾客（利益相关者）心中一种特定的形象→品牌       │
│ 品牌获得粉丝、成为人们心中的首选、使人们对品牌产生感情 │
└────────────────────────────────────────┘
```

第 二 章
创 造 最 佳 时 机

首先应该做什么？
为品牌化打基础的
要点

本 章 要 领

第 二 章 主 题
创造品牌化的最佳时机

步骤	做什么	怎样做	
1	学习基础知识	• 学习与品牌、品牌化相关的基础知识	准备
2 ▶	创造最佳时机	• 营造可以开始品牌化的氛围、寻找伙伴	
3	创建组织	• 打造推进品牌化活动的组织	
4	分析环境	• 宏观环境（政治、经济、社会、技术）分析 • 微观环境（业界、竞合、顾客）分析 • 内部环境分析 • 了解外部环境中存在的机会与威胁、自身的优势及劣势	
5	思考前进方向	• 使用态势分析法（SWOT）分析外部环境和内部环境中的机会与威胁、自身的优势及劣势 • 品牌主张清单（企业主张） • 讨论品牌追求的状态 • 构思未来发展方向	浓缩
6	打造品牌基础	• 打造品牌基础（品牌概念） 　• 品牌愿景、品牌使命、品牌价值 　• 品牌个性 　• 品牌宣言 　…… • 整理企业和组织的理念体系	
7	明确传达方式	• 决定品牌的展示方式和表达方式 • 品牌传播指南 • 策划对内宣传活动 • 策划对外传播计划	扩散
8	策划个性活动	• 思考能够展现品牌个性的具体活动	
9	推出品牌	• 开展能够提高人们对品牌的期待感的活动	
10	活用成果	• 定期检查各类活动	检验

品 牌 管 理

12

如何创造品牌化的最佳时机?

答

首先想一想自己能做什么，然后营造一个适宜的氛围。

Theory

[理 论 篇]

▌ "第一人" 的灵感

世界上所有的方案无不诞生于某个人一闪而过的灵感或心血来潮的想法，比如策划、活动方案、业务，等等。每一个方案的制定都要经过头脑风暴和激烈的讨论，但究其根源，一定是有一个人产生了某种想法，然后才会有后续的发展。

"我们要不要试试做这个?"

"啊? 真的能做到吗?"

"我觉得很有趣。"

"但是我们公司恐怕办不到，应该会有很多反对的声音……"

"反正光是想想又不用花钱，我们就尽情地讨论讨论吧……"

"说的也对，那我们来想想吧。"

并非所有的讨论都会有结果，也不是所有的想法最终都会实现。但一定会有一些想法发展成为一个完备的方案。作为公司或组织的一员，或者是某业务的负责人，大胆地构思一定是有价值的。

品牌化也是如此。再大的企业开始品牌化都是因为有一个"最初想到这个创意的人"，即品牌化的"第一人"。

我在做品牌顾问的时候，有幸结实了一些品牌化的"第一人"，我常常为他们丰富的想象力所折服。在积累了丰富的实战经验的基础上，我来到爱知东邦大学（这是一所拥有近百年历史的院校，但品牌影响力较弱）执教，在面试的时候我便下定决心：我要成为爱知东邦大学品牌化的第一人！

▍首先要"耕地"

然而，就算你决心要做品牌化的第一人，也万万不可操之过急。如果你身边的人不理解你的想法，又怎么会支持你呢？

品牌化就好像种植农作物。首先你需要耕地，让干燥的土壤接触空气。然后播种、浇水，种子发芽后你要继续呵护它。过一段时间它才会长大，最终结出果实。

品牌化也是同样的道理，要想收获成功，首先需要营造一个品牌化的氛围。如果没有伙伴的支持，单凭一己之力是不会取得任何成果的。所以，在正式开始品牌化活动之前，先为你所在的组织"耕地"吧。

如果正在阅读本书的你是某公司的管理层或董事，也许会想"直接给下属下命令让他们照做不就好了吗？"但实际上这并不是上策。品牌化活动的实质是直击人心、赢得共鸣。首先我们要相信人们的主观能动性和个人意志，然后思考如何才能让每个人都打心眼儿里认同你的想法。

▍多种多样的"播种"方式

"播种"的方法有很多。不同组织有不同的文化和习惯，因此要选择适合自己所在组织的方法播种。

想一想你可以通过什么方式播种？比如，可以在小组学习会、个人经验分享会、公司早会上演讲，也可以向公司内部报刊投稿、邀请公司外人员发表演讲、调查员工的想法……只要能达到一石激起千层浪的目的即可。

在此阶段，不宜全权委托专业公司，不然这块"大石头"就会砸到自己的脚。因此，要经过周密的思考，然后寻找合适的伙伴，得到他们的认可之后，如果有必要的话，可以去寻求外部公司的帮助。

如果公司内部员工尚未做好品牌化的准备，即便外部公司提供了适合你们公司的方案，恐怕也很难扎根于组织内部，甚至会土崩瓦解。

创造品牌化的最佳时机

假设你是品牌化的"第一人"

为组织"耕地"
为便于大家接受品牌化的想法而营造组织内部氛围

播下品牌化的种子
向公司内部、组织提出品牌化的想法

不要让品牌化的幼苗枯萎
公司如果没有自己的思考，单凭外部企业的帮助是没有用的

细心培育品牌化的幼苗
对品牌化感兴趣的人越来越多

[实 践 篇]

▍先有"第一人"再有品牌化

由本模块理论篇内容可知，要想在企业或组织当中展开品牌化活动，首先要存在一个"第一人"。

以我个人经验来看，我接触过的品牌化第一人之间有一个共同点，即他们都会通过某种方式唤醒自己的问题意识。比如有的员工或管理层会参加品牌小组讨论，有的人通过阅读与品牌相关的书籍自学，还有的人在研究生阶段学习相关专业（有一个人在某大学的研究生院学习了与"品牌价值"相关的知识，他的上司听了他的学习报告之后表示很有兴趣，于是就在部门内部开展了学习交流会，最终开展了整个公司的品牌化活动）。

"第一人"的特点

下面是我接触过的"第一人"的特征。但并不是每个人都具备以下所有特征，而是说他们都有类似的倾向。

- 喜欢有趣的事情
- 乐观
- 喜欢谈论梦想或愿望
- 享受工作
- 认真
- 果敢
- 爱出风头
- 鹤立鸡群
- 总是对公司有自己的看法
- 总想为公司解决问题
- 勤于学习
- 喜欢收集信息
- 在公司里有可以无话不说的朋友
- 在其他部门有熟人
- 与董事、经营者等关键人物有交流

演练 [实 践 篇]

想一想，品牌"第一人"要做些什么准备？
如果你正在阅读本书，那么恭喜你，
你已经具备成为"第一人"的资格了。
接下来为了成为"品牌化第一人"来做一些
准备吧！

小试牛刀

1. 学习品牌基础知识。

2. 和别人聊一聊与品牌化相关的知识。

3. 如果你想要成为第一人，请尝试把你的决心写下来。

我想要成为第一人

品 牌 管 理

13

答 ....

让更多的人与你产生共鸣
吧。首先寻找两个共鸣者，
或在你所属的组织中找到
3%的共鸣者。

[理论篇]
Theory

▌"探险"需同伴

品牌化"第一人"若想以一石激起千层浪，应该先做什么准备呢？

前文已经解释过，品牌化是无法凭一己之力取得成功的。尤其是企业品牌化，最终是要涉及整个公司、组织的。因此，没有同伴的支持，一个燃烧的想法就会被一盆冷水浇灭。为此，我们需要找到共同探险的伙伴。

想一想，如果"第一人"将自己的想法分享给同伴，然后一传十、十传百，逐渐地将会有越来越多的共鸣者加入品牌化的队伍当中来。

当然，如果你的提议能够得到上司或管理层的认可，并且能够在整个部门的支持下开展品牌化活动，这自然是再好不过的。"理想很丰满，现实很骨感"，因此在最开始最好开展一些贴近员工的活动，以吸引更多的共鸣者。

▌最开始只需要找到两个伙伴即可

一鼓作气收获很多共鸣者自然是再好不过的。只是万事开头难，我们要一点儿一点儿积累共鸣者。

最开始找到两个伙伴即可。比如同侪、后辈、前辈、管理层、部门主管以及其他部门的人……不论同伴的部门与职位，只要是志同道合者即可。

这样一来，品牌化队伍就有三个人了。正所谓"铁三角""三重奏""三个臭皮匠胜过一个诸葛亮"。因此，寻找另外两位能够任你畅所欲言的人吧。

这两个最初的伙伴会进一步拥有自己的伙伴，共鸣者的范围就会越来越大。

有一些企业的品牌化是由经营者或者管理层组织的，品牌化活动也是自上而下推行的。虽然在这种形式的案例中，"第一人"一开始就不需要寻找伙伴，但是也需要在所有成员之间建立共识。

▎参考标准：要先在组织中寻求约 3% 的共鸣者，然后是 16%

若你所属的组织规模不大，可以参照下面我的经验。

我执教的大学教职员工一共有 80 人，我的目标是先收获 3% 的共鸣者，算下来就是 3 个人，接下来要找到 16% 的共鸣者，也就 13 个人（包括最开始的 3 个人）。

这个数字来自"创意者理论"。1962 年，美国斯坦福大学的埃弗里特·M. 罗杰斯（Everett M. Rogers）教授在他的著作《创新的扩散》（*Diffusion of Innovations*）中介绍了"创新扩散理论"，该市场营销理论包括新产品、服务在市场中的普及率。我当初就是想利用这个理论实践一番。

根据该理论，在新产品扩散的过程中，最先使用新产品或服务的人被称为"创新者"，占总人数的 2.5%；紧接着的一批使用者即"早期采纳者"占比 13.5%；前期大众（早期追随者）占比 34%；后期大众（后期追随者）占比 34%；落伍者（未使用者）占比 16%。

该理论中还细分出一个"鸿沟理论"。指的是早期采纳者和晚期大众之间的"鸿沟"，跨越这个鸿沟是开拓市场的必经之路。

关于"创新扩散理论"是否适用于品牌化过程中寻求共鸣者阶段，以及该理论是否适用于市场营销理论的问题不乏质疑。但是，如何为完全不懂品牌化知识的人普及品牌化的想法，这一点与该理论有共通之处，因此我认为可以将其作为一种参考。

所以，我先找了另外两个共鸣者，即本校的校长和理事长，为了得到两位的理解我多次向他们表明了我的想法。

接下来，我要再找 10 个人（共 13 个人），这个阶段费了不少时间。我分别找了 5 名教师、5 名其他岗位的员工。经过我的不懈努力，最终得到了大家的理解。

我并不能确定这种方法是否适用于全部组织，因为不同组织的规模各不相同。

总之，切忌不经过任何思考就去寻找共鸣者。如果想要今后的品牌化活动顺利进行，最重要的是你要分析自己所属的组织，确定共鸣者人数，还要思考如何才能得到大家的认可。具体来说，即事先考虑清楚该选择谁作为伙伴是必要的。

从最初的三个人开始不断
扩大共鸣者的圈子

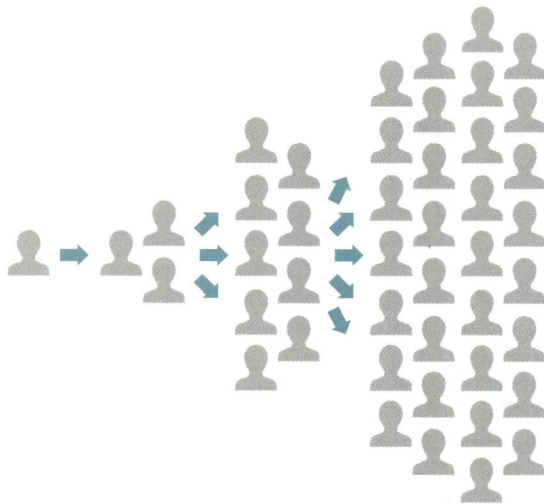

创新扩散理论

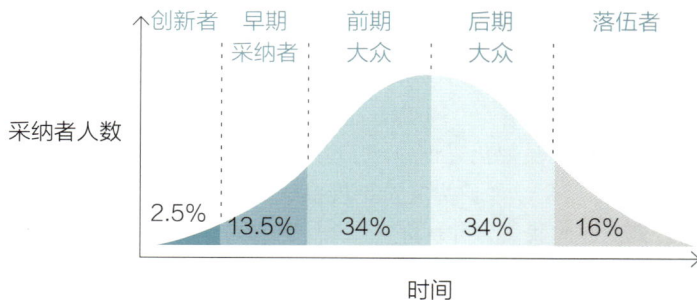

采纳者人数

创新者	早期采纳者	前期大众	后期大众	落伍者
2.5%	13.5%	34%	34%	16%

时间

（引自《创新的扩散》埃弗里特·M. 罗杰斯）

注：按照组织规模确定共鸣者人数

　　在确定共鸣者人数的时候，各组织需要视情况而定。有的组织人数不及10人，有的组织有50人或500人，甚至有成千上万人。书中给出的3%和16%，放在1000人的组织当中就相当于160人。想要一口气获得160个共鸣者是不现实的。但是，这种大规模组织可以按照班、科、部、小组进行分类。因此大家可以提前设定合适的人数单位，一步一个脚印地寻找共鸣者。

[实 践 篇]

寻找伙伴的秘诀

1. 不要硬讲道理，不要采取居高临下的态度

单方面地讲道理，或者采取居高临下的态度都会招致对方的反感。共鸣者是你探险路上的同伴，因此你们要建立一种平等的关系，不要从最开始就建立上下等级关系。而且，你的理论在当前并不能得到验证，所以硬讲道理很可能招致对方的反驳。

2. 保持"轻松快乐的、友好的"姿态

寻找共鸣者并不是交代员工处理业务，你的目的是让别人倾听你的想法，并与你产生共鸣，所以要保持友好的姿态。虽说在职场与同事交流不能太随意，但也不能一上来就是一张扑克脸。品牌化关乎你们的愿景与未来，所以轻松快乐地、热情澎湃地向对方诉说你的愿景吧！

3. 重视主观能动性

每个人都有自己擅长和不擅长的事情，也都有自己能做到的事情和做不到的事情。即便你和你的伙伴拥有共同的想法，也不能强迫别人去做他们不擅长、做不到的事情。否则你们之间就会产生排斥反应。因此，你要尊重每一个人的主观能动性，试着和你的伙伴聊一聊自己的长处吧！

4. 信赖伙伴

"信用是一个人过去的财富，信赖是别人对他的期待。"阿德勒研究者岛尾佳野子提倡将该心理学理论应用于组织运营领域。她阐述了提高品牌对内管理意识的四要素。第一项就是信赖。

（1）信赖：相信对方的潜能，愿意委以重任。

（2）尊重：尊重对方的想法。

（3）共鸣：换位思考，站在对方角度表达想法。

（4）共同体：提高员工的参与度，组成一个团队。

（《促进企业理论渗透的品牌实践的概念与机制》2020. 日本市场营销学会论文集 深泽了、岛尾佳野子）

5. "最初的伙伴"最佳人选

要想找到从一开始就能与你共同掀起一阵浪潮的人，最好从那些看起来胸怀大志的人当中寻找。

- 享受眼下的人
- 乐观的人
- 积极的人
- 不轻易否定的人
- 浪漫主义者
- 最好是人缘好的人

[实 践 篇]　　⯈　想一想，谁可以成为你的伙伴？

名字	部门	他是什么样的人 （职位、人品、与自己的关系等）

品 牌 管 理

14

创造机会有什么方式？

想办法在组织内部做一些能引起热议、引人关注的事情吧。

T heory

[理 论 篇]

▌ 没有捷径，第一步要探索自己能做到的事情

作为品牌化的"第一人"，你通过不断的努力，终于收获了足够多的共鸣者。那么接下来，怎样才能达到"一石激起千层浪"的效果呢？首先你需要客观、冷静地思考一番，切忌急于求成。你要营造适合品牌化的舆论，以便后期的行动。为此，一定要留一个缓冲的过程。

1. 企划书自主提案

你可以自己写一份品牌化企划书，主动分享给你的同事。直接向领导提议也是可以的，但是要保证你的企划书内容简单明了，让领导一读即懂。

企划书结构（示例）

• 企划书宗旨（为什么要写这份企划书）

• 品牌、与品牌化相关的内容

• 品牌化的效果

• 公司存在的问题

- 达到品牌化效果的可能性
- 今后的做法
- 其他公司的事例（参考）

2. 晨会、公司内部会议

有些公司设有晨会或部门级别的会议，每个人都有机会上台发言，你可以利用这类会议为大家介绍一些与品牌化相关的内容。若有人听了你的发言后产生了兴趣，则可以进一步向他们解释说明。

3. 公司内部报刊、可以共享公司信息的网络途径

积极利用公司内部信息共享工具。将自己打造为一个有口皆碑的"品牌化大师"。

4. 学习会、说明会

如果有人向你表示对你的提议有兴趣，就果断召开学习说明会吧！既然大家是自愿来学习的，你完全可以自信满满地为大家讲解。当然，要做好充分的准备和疏通工作。

5. 演讲（面对面、线上形式皆可）

邀请外部人员来公司内做演讲，例如专家、有品牌化经验的企业负责人等。这种方法尤其适用于展示品牌化全貌的阶段。不仅可以开办面对面的演讲，还可以利用线上演讲的形式，这样既可以扩大可选择的演讲者的范围，还能扩大听众范围，并且可以更好地控制演讲人数和演讲场地。越是自由的演讲形式越有挑战的价值。开办演讲可以有效引起与组织管理关系密切的人们的重视，例如经营者、管理层等。

6. 只面向关键人物的活动

针对与企业经营关系最为密切的人举办一些特定的活动。你可以邀请相关专家或品牌化取得成功的企业负责人，为他们创造一个交流的机会。这种方法会加速品牌化的进程。

此外，你还可以动员公司的关键人物参加其他公司举办的品牌化活动。来自其他公司的刺激更有可能引起公司内部关键人物对企业品牌化的关注。

7. 小调查

这是一种比较直接的方式，对于唤醒组织内部人员的问题意识来说是非常有效的。首先你需要设计一个调查问卷，发布问卷并公布问卷结果。为与你的公司、业务、产品、服务等有关的人设置一个简单的调查即可。主要的调查目的是了解公司形象。特别是对于公司内部员工要调查"公司现在在你心中的形象""你期待公司是什么形象"。只要对比这两项回答，就能清晰地看到公司"现有形象"与"期待形象"之间的差距。

接下来要将调查结果制成一个简要汇报文书，可以直接提交给上司或先在组织内和同事讨论一番。

▋ 如何为品牌化创造最佳时机笔者亲身经历

我是如何从一张白纸开始为爱知东邦大学的品牌化创造最佳时机的呢？以下是我的亲身经历。

1. 入职两个月后，我向校长解释了品牌化的基本概念。同时在学校里宣传品牌化的作用。

2. 在校长的支持下，我在全校教职员工大会上介绍了与品牌化相关的知识。但是，在这个阶段，几乎所有听众都是第一次接触与品牌化相关的知识，因此我没有期待大家会立即理解我的发言内容。

3. 我向比较熟悉的教职员工介绍了品牌化，试图让对方感兴趣。

4. 我为大三学生第一次小组讨论设定的主题为"大学品牌化"。该小组共有四名学生，他们进行了一项调查，主题为"在校生对本校形象的认知"，并在全校范围内发布了调查问卷。问卷调查的问题是"现在学校在你心中的形象""你期待的学校形象""满意度""推荐度"。

5. 本次调查样本共 130 人，占全校学生总数的 10%。据调查结果显示，总体来看，学生在描述对学校的印象时用词单一，且学生心中的目标形象与学校的现状相差较远，学生的满意度和推荐度也较低。也就是说，本校尚未确立自己的品牌。

6. 该小组内成员在小组集体展示会中就"在校生对本校形象的认知"作了报告。

7. 与此同时，我将调查报告处理成附声音素材的演示文稿，发送给了学校的关键人物，例如理事长和校长等人。

8. 东邦大学品牌化的基础已经建设完成。

以上 8 个步骤用了 1 年左右的时间。

9. 我作为宣传负责人修改了学校的宣传手册和官网内容。

10. 入职一年半之后，我拟定了一份企划书，名为"大学品牌战略相关思考"，并向理事长提议。

11. 几个月后，经过理事会的决定，爱知东邦大学正式开始品牌化。

12. "品牌化推进组织"正式成立。

为品牌化创造最佳时机、赢得共鸣的方法

拟定企划书、主动提议

企划书要求清晰易懂。

演讲（面对面、线上形式皆可）

邀请外界专家分享真知灼见。

晨会、部门级会议

与部门内部员工讨论。

只面向关键人物的活动

引起经营者的注意。

公司内部报刊、网上公司信息共享工具

要达到只要提及品牌化人们就会想到你的程度。

小调查

让小调查成为开始品牌化的契机吧。

学习会、说明会

偶尔办一次正式的学习会。

[**实践篇**]

▌成功的小调查有助于提高问题意识

1. 目的
- 明确品牌形象的现状，确定品牌未来的发展方向。
  调查企业、产品、服务需要解决的问题。

2. 调查对象
- 公司员工
- 无须设置正式的调查问卷，因为该步骤的目的是调查员工心中的公司形象，最好不要设置岗位名称、年龄、姓名等（不能一概而论）。

3. 手段
- 简单的调查问卷（匿名）
- 在线表单
- 记录式问卷调查等

4. 分析项目
- 员工心中的品牌形象
- 员工心中期待的品牌形象
- 两者比较即可看到差距
- 不存在差距的地方
- 存在差距的地方

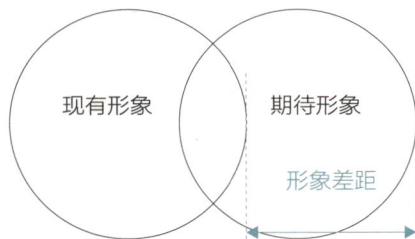

现有形象　期待形象

形象差距

5. 调查项目
注意将公司"现有形象"与"期待形象"设置同样的调查项目。

（1）品牌形象

亲切、自由、智慧、具有挑战精神、有品位、社会贡献大……

尽可能多地设置与品牌形象相关的关键词。为了不给回答者增添负担，最好将关键词的总数控制在 30 个以内。

（2）满意度（5 个程度）

"你对某品牌满意的程度是什么？"

很满意、满意、一般、不太满意、一点儿都不满意

（3）推荐度（5 个程度）

与推荐程度相关的问题设置要视情况而定，最好添加一些问题。

"你会向他人推荐我们公司吗？"

一定会推荐、会推荐、一般、不太会推荐、完全不会推荐

[**实 践 篇**]

想一想，怎样做才能为品牌化创造最佳时机、获得员工的共鸣？
你有具体的方法吗？请把你的想法写下来。

为品牌化创造最佳时机、获得员工共鸣的活动（具体的想法）

1. 拟定企划书、主动提议

5. 演讲

2. 晨会、部门级（科、班、小组）会议

6. 面向关键人物的活动

3. 公司内部报刊、网上公司信息共享途径

7. 小调查

4. 学习会、说明会

8. 其他

主 题
创造最佳时机

问 如何创造品牌化的最佳时机？

答 首先想一想自己能做什么，然后营造一个适宜的氛围。

世界上所有的方案无不诞生于某个人一闪而过的灵感或心血来潮的想法。也就是说，一定存在着"第一人"。但是，切忌在有想法后就贸然行动。如果你身边的人没有意愿，又怎么会与你一起努力呢？

这就好像种植农作物一样，首先要耕地，即你要先为你所属的组织打造一个合适的氛围，以便人们愿意倾听你想要介绍的与品牌化相关的内容。

问 怎样找到品牌化的伙伴？

答 让更多的人与你产生共鸣吧。首先寻找两个共鸣者，或在你所属的组织中找到 3% 的共鸣者。

品牌化不是凭一己之力就能做到的事情。这就好像探险的时候怎么能没有伙伴呢？

首先要找到两个伙伴。同侪、后辈、前辈、管理层、普通员工、其他部门的人……没有必要设限，只要是志同道合者皆可。

另外，大家可以参照市场营销领域的"创新扩散理论"。最初对新信息有兴趣的人即"创新者"要占总人数的 2.5%，有了这些共鸣者之后，将来的活动才会顺利进行。

问 创造机会有什么方式？

答 想办法在组织内部做一些能引起热议、引人关注的事情吧。

创造机会有以下几种方式。

（1）拟定企划书、主动提议

（2）晨会、部门级会议

（3）公司内部报刊、网上公司信息共享途径

（4）学习会、说明会

（5）演讲

（6）面向关键人物的活动

（7）小调查

第 三 章
创建组织

如何推动组织
前进？推动组织
前进的要点

本 章 要 领

第 三 章 主 题
创建组织

步骤	做什么	怎样做	
1	学习基础知识	• 学习与品牌、品牌化相关的基础知识	
2	创造最佳时机	• 营造可以开始品牌化的氛围、寻找伙伴	
▶ 3	创建组织	• 打造推进品牌化活动的组织	准备
4	分析环境	• 宏观环境（政治、经济、社会、技术）分析 • 微观环境（业界、竞合、顾客）分析 • 内部环境分析 • 了解外部环境中存在的机会与威胁、自身的优势及劣势	
5	思考前进方向	• 使用态势分析法（SWOT）分析外部环境和内部环境中的机会与威胁、自身的优势及劣势 • 品牌主张清单（企业主张） • 讨论品牌追求的状态 • 构思未来发展方向	浓缩

6	打造品牌基础	• 打造品牌基础（品牌概念）
		  • 品牌愿景、品牌使命、品牌价值
		  • 品牌个性
		  • 品牌宣言
		  ……
		• 整理企业和组织的理念体系	

7	明确传达方式	• 决定品牌的展示方式和表达方式 • 品牌传播指南 • 策划对内宣传活动 • 策划对外传播计划	扩散
8	策划个性活动	• 思考能够展现品牌个性的具体活动	
9	推出品牌	• 开展能够提高人们对品牌的期待感的活动	
10	活用成果	• 定期检查各类活动	检验

15

T heory

[**理论篇**]

▍创建品牌化推进组织的必要性

如果你已经收获了足够的共鸣者，就以公司（团体、组织）的名义正式创建一个品牌化推进组织吧！品牌化是涉及整个公司、横跨整个组织的活动，因此品牌化推进组织是必要的。

此后，在推进公司层面的品牌化的活动中，该组织将会占据中心地位。

组织形态通常是以下①＋②的形式。

① **统筹全局的事务处**
- 在你公司现有的部门中为品牌化促进组织设立一个事务处。
  （比如在经营企划部、总务处、广告宣传部等）
- 或者新设一个事务处专职负责人（团队）。
② **讨论活动内容，切实推进活动开展**
- 从公司（团体、组织）内部选择人才组建团队。
  （人数不固定，但是要注意人数过多会导致队伍整体前进缓慢，因此人数要适量。）

▌ 品牌化推进组织发挥着对内品牌化的作用

品牌化其实包含两层含义，即对内品牌化和对外品牌化。后续章节会对其进行详细说明，对内品牌化的对象是内部员工，对外品牌化的对象是外部人员。

"对内品牌化"

即面向组织内部成员（员工、客户等）的品牌个性化活动，旨在使内部成员理解品牌概念。对内品牌化也被称为品牌的内部渗透。

"对外品牌化"

旨在向外界（一般社会）宣传公司的品牌个性，并促进受众的理解和共鸣。

一般来说，对内品牌化要在确定品牌概念之后再进入内部渗透的阶段。很多与品牌相关的书籍对此持有相同观点。但是我认为不必纠结于这一点。

没必要先制定完品牌概念，然后开始对内品牌化。莫不如试试趁着品牌化推进组织成立就开始对内开展品牌化活动。此时恰逢大家热情高涨，时机刚好。

这是我作为资深品牌顾问以及品牌化实践者的经验之谈。

有的组织会直接把制定好的文件丢到员工面前，说一句"这就是我们品牌化的内容，背下来吧！"（文件中确实不乏真知灼见）；还有的组织会对内部员工说"接下来就进入学习阶段了。我们先一起讨论一下具体学些什么吧！"后者的表达方式能够让员工更想参与到品牌化活动当中。我在打造爱知东邦大学品牌时采用的就是后者的方式。

这种方式能够有效鼓励员工参与到品牌化活动当中。品牌化推进组织能够起到推动对内品牌管理的作用。

品牌化推进组织发挥对内品牌化的作用

品牌化推进组织	品牌化
事务处 **1 人至多人** **统筹全局** • 新设事务处专职负责人（团队） • 或者在你公司现有部门中为该组织设置一个事务处 （例如经营企划部、总务处、广告宣传部等）	**对内品牌化** 主要对象为组织内部成员（员工、客户等），旨在使其理解自家品牌的观念、概念，以促进品牌个性活动的开展。 ⬇ **品牌的对内渗透活动**
项目团队 **几人至十几人（根据不同组织的规模而决定人数）** **讨论活动内容，切实推进活动开展** • 从公司内部选择人才组建团队	**对外品牌化** 旨在向外界（一般社会）宣传公司的品牌，以促进大家对公司品牌的理解及对其产生共鸣。主要方法为广告宣传活动。 ⬇ **品牌的对外传播活动**

[实 践 篇]

▌组织成员即志同道合者

品牌化推进组织当中的所有成员要一起度过整个品牌化之旅,他们是相互协作的志同道合者。在品牌化这个领域人人平等,不要过度在意推进组织中管理层的看法。

创建推进组织

1. 组织定位

- 不同企业情况不同。有些企业的品牌化得到了高层的重视,因此将推进组织设置为社长直辖、社长室直辖、管理人员直辖的组织,并赋予其一定的权力。
- 如果品牌化还没有得到广泛的认同,那么你可以在公司内现有的部门(经营企划部、总务部、广告宣传部等)中设置一个附属的品牌化专题团队。

2. 组织成员人数、结构、管理者

- 推进组织的人数要根据企业规模决定,但不要过多,否则运行起来会有些困难。大型企业也不例外,很多大型企业的推进组织在成立之初其成员总数也不过是个位数。最多不要超过 20 人。
- 公司的部门负责人多为青年员工、中坚员工,他们需要为各部门的发展设定愿景,与部门内的成员共同讨论公司(组织)的未来。推进组织也需要此类负责人讨论公司(组织)的发展前景。
- 如果管理层在推进组织内部任职,切忌以上司的身份向其他成员下达命令。而且,最好也不直接评价其他成员的发言,应该营造可以自由讨论的氛围。

3. 经营者、董事的参与

- 在品牌化过程中,经营者的领导是十分重要的因素。但是,如果推进组织中有经营者或董事参与,恐怕会影响自由讨论的氛围。
- 经营者、董事可以将自己的想法传达给推进组织,并鼓励推进组织成员讨论自己的提议。
- 如果企业规模小或者品牌概念就是经营者的想法,这种情况就另当别论了。但是,对于此类公司来说,自由发言的氛围同样是必要的。

4. 人才选拔方式

- 组织成员的选拔要根据企业自身情况而定。但总体来说,你想要选择什么样的人作为推进组织的成员是要靠你自己决定的,不要在意对方的年龄、性别、资历、在公司内

的职位、是否具备发言权、业绩等问题。简单来说，就是你要用自己的"第六感"选择推进组织的成员。

成员特点

依据我的经验判断，品牌化推进组织的成员一般具备以下特征。

- 平时常常表达一些积极的想法
- 擅长活跃氛围
- 乐观、开朗
- 在公司里人缘很好
- 有问题意识，且并不会站在旁观者的角度看问题，总想要解决问题
- 发表的言论总是很客观，有大局意识
- 了解公司内部情况和公司结构
- 除工作以外还对很多事情感兴趣
- 话题丰富
- 喜欢闲聊
- 勤于学习

[实　践　篇]　　　　　　　　　想一想，
　　　　　　　　　　　　　　　如何建立品牌化推进组织？

项目	内容	
组织定位	（直接与决策部门或管理层挂钩） 将其置于什么位置？	➡
	（附属于公司内已有的部门） 将其置于什么位置？	➡
	其他	➡
人数	组织一共有多少人？	➡
职位分布	从什么部门中选拔人才？	➡
普通员工、管理层	怎样安排普通员工和管理层的结构？	➡
事务处	负责统筹全局的事务处 应该置于什么位置？	➡
经营者、董事的参与	经营者和董事如何参与本组织？	➡
人才选拔方式	怎样选拔人才？	➡

品牌管理

16

问

加入品牌化
推进组织
会有什么收获？

答

可以锻炼
你的分析能力、
想象力、感染力。

Theory

[理论篇]

▌品牌化推进组织即经营知识小课堂

要想顺利推动品牌化的进程，组织成员不仅需要从多个角度分析问题，还需要发挥想象力，为组织活动开辟新的领地。

推进组织的成员需要以全新的角度观察各种环境。比如宏观环境，它是不受个人控制的；还有微观环境，它与公司产品和服务息息相关，例如市场环境、顾客环境、竞合环境；此外还有公司（组织、团体）内部环境。

推进组织成员也许并不是公司的经营者，但却需要他们站在经营者的视角分析问题。

如果有人向你问起公司的情况，你却回答"我跟这个职务没什么关系""我不太清楚该业务的情况""我不清楚宏观环境和微观环境是什么意思"……这种一问三不知的态度是没办法胜任品牌化推进组织工作的。

没有人从一开始就对公司的所有问题了如指掌。但是，正因为如此，推进组织的成员才要更加主动地学习。我们可以读书、收集信息、咨询公司内部资深人士、查询公司沿革和文化来了解与公司相关的信息，然后和推进组织的成员共同谈论。

品牌化推进组织成员即公司的候补干部

实际上品牌化推进组织发挥着"经营知识小课堂"的作用，有利于推进组织成员成长为公司的经营者。

有些公司的推进组织成员确实得到了提拔，有的成员成了高层管理人员或者中层管理者、部门负责人，等等。也就是说，品牌化推进组织对于公司来说，发挥着培养优秀员工的作用。

当然，这并不是推进组织的最终目的，不过从结果上来看确实如此。

▌提高分析能力、想象力和号召力的大好机会

冷静、客观地分析是做成一切事情的必要条件。但是，分析的结果如果不能指导实践，那么一切都是毫无意义的。

但是，环境分析是推进组织成员一定要做的一件事情，但并不是唯一要做的事。不要将环境分析之后的一切事务都交给经营者去做。品牌化推进组织成员需要发挥自己的想象力，要站在经营者或责任人的角度看问题。

除了想象力以外，推进组织的成员还可以提升自己的感染力，因为他们要感染身边的人参与到品牌化活动中去。

一个人的分析能力和想象力是可以自己训练的。但感染力并非如此，感染力的培养是需要有其他人参与的。无论你是想动员身边的人做一件事情，还是让他们对一件事情感兴趣，或者让他们对你策划的活动产生共鸣，无不需要他人的参与。推进组织的成员在策划和开展活动的过程中，可以提高自己的分析能力、想象力和感染力。

在一些企业中，品牌化推进组织开展的活动会被当作一个普通的业务来看待，并不会有任何津贴或额外的薪酬。其实这是一个普遍的情况。但是，品牌化推进组织成员在为组织做品牌化的过程中可以锻炼自己的能力，这也不失为一种收获。

品牌化推进组织即经营知识小课堂

宏观环境的现状是什么？
- 政治、经济、社会、技术……
- 国际关系……
- 人……

微观环境的现状是什么？
- 顾客……
- 市场环境……
- 竞争公司的动向……

你的公司有什么问题和课题？
- 经营情况、业绩……
- 回归历史
- 公司员工是怎样想的……

公司未来的目标是什么？

该从哪里迈开脚步呢？

怎样向公司内部员工传达？

[实 践 篇]

▌推进组织成员有望成为公司的优秀员工!

推进组织成员将来会成为公司(团体、所属部门、组织)的优秀员工。推进组织内的成员应该以此作为工作目标。

在品牌化的过程中,推进组织成员会面临着各种各样的问题,其中不乏从未经历过的事件。但是,在此过程中推进组织的成员将会有很大的收获(无形的和有形的)。

品牌化推进组织成员会有什么收获?

1. 市场分析能力变强

- 了解宏观环境
- 了解微观环境(市场环境、顾客环境、竞合环境)
- 了解市场中存在的机会与威胁

2. 掌握公司内部环境

- 了解公司的现状
- 了解公司的历史、传统、文化、创业者的思维、经营者的思维
- 了解公司员工的想法
- 了解公司的优势及劣势
- 了解公司未来发展方向

3. 提升作为商业人士的综合能力

- 锻炼分析能力、提出新课题的能力、企划能力、感染力
- 讨论问题的能力增强
- 引导能力增强
- 展示能力增强
- 公司内人脉变广
- 与经营者、公司关键人物直接对话的机会增多
- 公司外人脉变广

演练 [实践篇]

▶ 把自己算在内，
想一想品牌化推进组织内还有什么成员？

名字	职位	特性	作用
例如：先生 / 女士	普通员工、中层员工	他是一个乐观且可靠的人	决策者

品 牌 管 理

17

问 ....

品牌化
推进组织到底是
做什么的？

答 ....

处于品牌化的中心位
置，处理有关品牌化
的所有事务。

[理 论 篇]
Theory

▌ 品牌化推进组织是品牌化的主动力

  品牌化推进组织是推动品牌化的主动力，就好像引擎对于汽车一样重要。推进组织需要制定品牌化策略并保证其在公司内部的顺利落地。可以说，推进组织发挥着巨大的作用。况且，企业的品牌化策略涉及很多全新的概念，所以需要获得更多人的理解和共鸣。

  为此，有些企业特别为推进组织成员制定了证书，相当于职业培训证书。该证书赋予了组织成员代替公司下达部分相关指示的权力。这是对企业品牌化寄予厚望的表现。

品牌化推进组织的主要工作

A：管理
- 制定品牌化整体策略

- 日程管理
- 组织间的协调工作
- 结算手续
- 拟定资料
- 提案、展示
- 召开说明会
- 企业内信息共享
- 预算管理
- 与其他企业进行协调
- 宣传品制作和管理
- 对外传播进度管理……

B：品牌化内容
- 宏观环境分析、微观环境分析、内部环境分析（假说）
- 优势与劣势、机会与威胁分析；顾客、竞合企业、企业内部分析（假说）
- 品牌目标（假说）
- 拟定品牌概念（假说）
- 讨论视觉效果
- 讨论独创性、决定方向
- 讨论活动内容
- 评估效果与反馈……

▌ 首先，从营造适合聊天的氛围做起

　　无拘无束的讨论会有助于推动品牌化的进程。当然，商业人士都应该具备基本的礼仪，但是推进组织成员在讨论的时候切忌规矩太多。

　　组织成员需要讨论外部环境中的机会与威胁、内部环境中的优势及劣势，其中对于企业的劣势一定要实事求是。所以一定要打造一个自由的气氛，让大家可以毫无保留地讲出自己平时不敢表达的、没有机会表达的观点。实际上，很多品牌的概念都是以某个成员无意间说的一句话为依据制定的。

　　首先营造一个适合聊天的氛围，然后进入讨论环节。大家围着一个方形桌子，一边看资料一边滔滔不绝地发表见解……这样是不行的。圆形的桌子更合适一些，提前准备好可以续杯的咖啡和足够的零食，方便大家放松地聊天。这样的讨论才会有所收获。

会议召开的方法和要点

1. 破冰活动

在会议正式开始之前，设置破冰环节。主题任选，比如令自己痴迷的事情、兴趣爱好、做过的最令自己感到兴奋的事情、学生时代的美好回忆、到本公司就职的契机和初衷，等等。让大家进行简短发言。发言结束后注意缓解会议的紧张气氛，比如可以引导大家鼓掌，或者鼓励大家进行补充发言。

2. 提前布置与会议主题相关的作业

会议召开之前一定要提前布置好作业。如果组员没有任何准备，就很难说出新的点子或者意见。这种情况下，即便主持人引导大家当场表达意见也不会有多少收获，此类讨论就会变成流于形式的会议。因此，组员要在会议召开之前做好与主题相关的准备工作，以便在正式讨论中各抒己见，并讨论彼此想法的共同点与差异。

3. 作业分享及讨论

组员在发表自己提前准备好的内容时，切忌当场予以否定或反驳，每个人都要倾听所有人发言直至结束。准备一块白板，在上面做一些会议记录效果会更佳。全员发言结束即进入问答环节。该环节需要组员围绕会议主题讨论刚刚发言的内容。幸运的话，一场讨论会直接得出一个清晰的结论。但也有时候并不会得出任何结论。但是，不论如何会议内容都要记录下来。

会议记录要点

没必要从头到尾记录所有人的发言，但是一定要总结讨论的主旨。此后若公司召开品牌化内部说明会，在问答环节你完全可以参照该会议记录为观众答疑。另外，如果会议汇总出现了独特的观点，或有人提出了鲜有人关注的问题，一定要留下发言人的原话。记录的时候万万不可对此类表达进行削减或概括。发言人的原话是最生动的，因此也更容易达到直击人心的效果。

例如：

"顾客说的那句'感谢'至今仍令我觉得很温暖。" √

"顾客满意第一。" ×

"我觉得我们就好像一个可以解决当地所有烦恼的万事通。" √

"与地区连接紧密、为地区做贡献。" ×

[实 践 篇]

▌活动三要素"信赖、尊重、共鸣"

品牌化推进组织中的每一个成员都是经过筛选的最佳人选。但是大家要承认彼此在很多方面都是不同的，比如性格、能力、擅长的工作等。

如何建立共识并推动个性化活动顺利展开？

团队活动三要素"信赖、尊重、共鸣"

根据阿德勒心理学研究者、品牌顾问岛尾佳野子（上一章也有提及）的研究成果可知，团队活动的顺利推进需要三大要素。

信赖：相信对方的潜能、愿意委以重任。

尊重：尊重对方内心的想法。

共鸣：换位思考、站在对方角度表达想法。

分享个人经历

一个人在不同情况下产生何种思考、做出何种判断可以体现他的价值观。所以，让推进组织成员聚在一起聊一聊自己的人生经历，比如可以聊一聊自己刻骨铭心的经历，以便大家了解彼此的价值观。

我有一个很有效的方式，即绘制如图所示的"个人史"。在讨论的时候大家一边对照自己绘制的个人史，一边分享自己的人生经历，于是彼此之间的距离就缩短了。分享"个人史"必然要涉及个人信息，所以大家难免会产生抗拒的心理。但是，这个方法可以帮助我们重新审视自己的人生经历，在这个过程中大家会发现自己的价值观取向。不妨大胆地试一试吧！

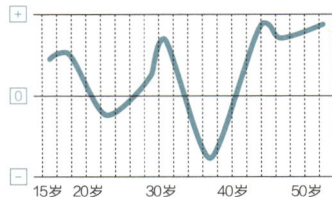

分享愿景和想法

让组员谈一谈对公司或组织的憧憬、梦想和期待，这是一个建立共识的有效方式。组员分享自己的愿望时，自然会流露出积极的心态，而这种精神正是推动品牌化顺利进行的能量来源。

作业与展示

没有任何准备的讨论将一无所获。组员需要在会议召开之前准备好自己的发言，等到正式召开会议的时候就会出口成章。谈完各自的想法之后，大家要讨论其他组员的意见。如此一来，会议才会顺利进行。提前布置作业将会提高组员的积极性及其当事人意识，发言也会多样化。

[**实践篇**]　　▷　　试着做一做自己的"个人史"吧。

为自己绘制一张"个人史"表格，同时思考自己的价值观。

确立价值观。

→年龄

对照自己的"个人史"表格，总结你人生中的三个转折点。

你从左栏中三件事中收获了什么？这三件事有什么共同点吗？

你当时发挥了自己怎样的优势？

[个人史表格的灵感来源于幸福学研究者、实践家 /"微笑"工作室（ office-le sourire ）董事长冈本直子女士。]

品 牌 管 理

18

企业如果想委托品牌咨询公司或其他专业公司，需要做什么准备工作？

答 ....

在委托其他公司之前，
首先确定你们公司
自己的想法。

Theory

[**理论篇**]

▌对外部公司也要保持信赖、尊重、共鸣

经过"学习基础知识""创造最佳时机""创建组织"三个步骤之后，终于进入了品牌化的实操阶段。

在做环境分析的时候，便可以适当咨询专业公司了。

与品牌化相关的公司有很多种类。比如调查公司，负责调查顾客、竞争对手等外部环境和公司内部员工的意识状态；专业的咨询公司，跟踪品牌化的整个过程；广告公司，以传播为主要手段进行品牌化；还有市场营销策划公司、商业咨询公司、人才培养咨询公司、擅长设计和表达的创意制作公司、印刷公司等。

每一种公司都有自己擅长和不擅长的领域，因此选择专业公司时要深思熟虑，公司可以根据不同阶段的需求选择合适的合作伙伴。

提醒一句，企业要时刻铭记一点，即专业公司是你的合作伙伴。因此，对其要保持信赖、尊重、共鸣的态度。

▍全权委托是大忌

委托专业公司时有一个大忌，那就是将整个业务从头到尾都交给对方负责。这就好像你到了旅行社却没有想好目的地，或者说找了一家建筑公司为你装修却没有告诉对方你喜欢什么样的风格。

"贵公司是专业公司，请为我们公司量身定做一套方案吧。"
"我们不太了解品牌化的知识，所以还请贵公司为我们制订一套你们认为合适的方案。"
"总之就交给贵公司负责了。"
……

不要抱着这种全权委托的态度，因为有些问题只有你的公司自己才清楚，此类问题不要指望专业公司替你的公司思考。

对于专业公司来说，遇到如此"信任"己方的委托方，是一件既开心又棘手的事情。

一方面，被客户信任当然是令人开心的事情，既然对方需要一份"最合适"的方案，竭尽全力去做就可以了。

而另一方面，这种客户是没有明确目标的，所以对方根本不清楚哪种方案才是最适合自己公司的方案，他们会认为"随便什么方案都可以"。

"随便什么方案都可以"的客户面对专业公司给出的方案，往往很难做出自己的选择。因为他们会认为"这些方案都可以，但我们选不出最合适的……"

如果客户采用的是比稿的形式，各大专业公司为在竞争中获胜往往会制定大胆、崭新的方案。这种方案很容易令人觉得耳目一新，但却很可能造成客户公司形象受损的后果。

所以，作为甲方，发挥自己的想象力，为自己的公司量身定做一份方案吧！这份方案不需要多么专业的、详细的内容，你只要提出自己的想法即可。比如，"我们大概想要这种方案、大概是这样的感觉"。有了这个基准，在与专业公司合作的时候会更加顺利。

▍提前做好简要报告（表明方向）

在委托专业公司某业务时，一定要向其做简要报告（即表明方向）。简要报告的具体内容如下。

做什么
- 将委托业务细分为具体项目

为什么
- 介绍制订好的方案将用于何种目的

期望提交方式及截止日期

- 以文件形式提交（截止日期）
- 当场（或线上）说明（日程）

推进体制

- 负责人、推进组织
- 联络人（一旦出现问题，谁来负责沟通）

业绩

- 确认对方在你想要委托的业务领域取得了什么成果

预算

- 如果制定好了预算就告知对方
- 如果没有制定预算的话就要委托对方制定

是否采用比稿的形式

- 该业务只委托了对方一家公司还是委托了多家公司
  （如果同时委托了其他公司，最好告知对方公司名字）

回复日期

- 确定日期以告知对方是否委托对方公司

制定方案用到的参考资料

- 向对方提供制作方案时必要的参考资料

明确公司内部的负责人、沟通方式

- 表明本次汇报相关的负责人以及后续沟通方式

与品牌化相关的专业公司的主要业务领域

	分析环境	确定方向	打造品牌基础	制定传播方式	举办活动	推出品牌	测评成果
调查公司							
商业咨询公司							
品牌咨询公司							
广告公司							
设计及创意公司							
市场营销策划公司							
人才培养及组织培训咨询公司							
网站制作公司							
促销、活动策划公司							
公关广告公司							
印刷公司							

注：该表格仅供参考。关于具体的专业公司擅长什么领域的业务，还要看该公司过往的业绩、专业技术和企业规模。

[实践篇]

▌专业公司是品牌化合作伙伴

在推进品牌化的过程中，专业公司是企业的合作伙伴，企业本身才是与思考、决定、实行品牌化相关活动的主体。企业应该起到引领专业公司的作用。

选择合作的专业公司的注意事项

态度

- 即便对方是业界有名的大型公司，你也不必觉得自己低人一等，保持平等的姿态即可。
- 如果对方公司采取居高临下的姿态，且不考虑你们公司的实际需求，那么就没有与之合作的必要。因为这样就无法称为合作伙伴了。

倾听能力

- 合格的合作公司应该像医生耐心倾听患者诉说病状及内心的不安一样，能够用心倾听你的诉求，这是合作的基本条件。

解答能力

- 提出问题后对方是否能够为你清楚地解答问题。尤其是术语和英语词汇。
- 与对方公司沟通时难免会遇到你不熟悉的专业术语、英语词汇，不要怕尴尬，不懂就要立即向对方提问。对方如果可以耐心地、清晰地为你解释，就符合作为合作伙伴的标准。

解决问题能力

- 这是一种很重要的能力。有些公司即便在初期交流时介绍了自家公司具备解决问题能力、相关的组织体制等，但在后期合作的过程中却体现不出相应的能力。尤其是在比稿竞争的场合下，很多专业公司会在讲稿时表现得异常出色，但实际解决问题的能力却有待考量。
- 一开始就要明确对方公司负责解决问题的具体成员，还要确认紧急情况发生时对方的解决方案。

与公司内部部门的关联性

- 有的公司内部设有相关的专业部门，因此公司需要提前做好沟通。否则该业务很可能被重复处理，为了保证后期与公司内部专业部门的配合不出现差错，需要提前做好调整。

[实 践 篇]　　　·｜▸　想一想，哪些公司可以成为你的合作伙伴？

	专业公司……			
	打算委托		需要进一步考虑	不打算委托
	有明确想要合作的公司（公司名）	还没有确定具体的公司		
调查公司				
商业咨询公司				
品牌咨询公司				
广告公司				
设计及创意公司				
市场营销策划公司				
人才培养及组织培训咨询公司				
网站制作公司				
促销、活动策划公司				
公关广告公司				
印刷公司				
其他				

思考各专业公司擅长的领域，合理委托业务。

创建组织

问 召集伙伴之后应该做什么呢？

答 组建"品牌化推进组织"。

　　品牌化活动是涉及整个公司、横跨整个组织的活动，为此创建的品牌化推进组织需要发挥推动作用。品牌化推进组织的重要组成部分：①负责统筹全局的事务处；②讨论活动内容、切实推动活动的项目成员。

　　另外，品牌化推进组织的活动同时也是对内品牌化的活动。

问 加入品牌化推进组织会有什么收获？

答 可以锻炼你的分析能力、想象力、感染力。

　　推进品牌化需要分析自己的公司、分析组织所处的环境、未来的发展方向、期待形象等要素，因此必然需要组内成员站在经营者的角度看问题。推进组织即经营知识小课堂。作为推进组织的一员，你需要冷静分析，因而可以锻炼自己的分析能力；你还要想象自己公司未来的形象，因此可以锻炼想象力；最后还可以锻炼感染力，因为你要动员身边的人、让他们与你产生共鸣。

问 品牌化推进组织到底是做什么的？

答 处于品牌化的中心位置，处理与品牌化有关的所有事务。

　　品牌化推进组织在推进品牌化的过程中发挥着主动力的作用。因此它需要兼具管理和执行两个作用，负责领域较广。

　　虽然推进组织责任重大，但过于正式的会议会扼杀组员的创意，因此要注意营造一个可以自由讨论、畅所欲言的氛围。组员无意间说的一句话很可能就会和你们的品牌理念联系起来。

问 企业如果想委托品牌咨询公司或其他专业公司，需要做什么准备工作？

答 在委托其他公司之前，首先确定你们公司自己的想法。

　　有些组织在起步阶段就想要委托各类专业公司办理推进与品牌化相关的业务。你要时刻铭记你才是品牌化的主角，与品牌相关的专业公司说到底也只是你的合作伙伴。请以一颗信赖、尊重、共鸣之心对待对方。在此基础上，切忌在没有经过独立思考的前提下就将整个业务全部交给对方公司。首先，要好好思考一番，然后召开会议进行简要汇报。这样才会建立良好的合作关系。

专栏 ②

品牌化和
市场营销

品牌化与市场营销相关的常见话题

关于品牌与市场或品牌化与市场营销两者间的关系，商界时有争论。

"品牌化是市场营销的一部分，属于市场营销活动。"

"你这样说也有道理。但是品牌战略和市场营销战略却是融为一体的。"

"你这样说不对，因为要先有品牌化才会有市场营销。"

关于上述两者间的关系，商界人士意见各不相同。

光是对"品牌化"这一个词的解释就很多了。比如，有些企业认为品牌化即四大营销策略（产品、价格、渠道、宣传）；而一些服务业企业认为品牌化即科特勒（Kotler）提出的七大营销策略（产品、价格、渠道、宣传、人员、过程管理、有形展示）；还有的企业认为品牌化即促销和宣传策略。有些更极端的例子认为品牌化只要做调查并分析其结果即可。

关于品牌化和市场营销的争论自然是有其意义的。论证两者间的关系对于研究者来说确实很重要。但是对于商界的实践者来说，纠结这个问题只会导致事倍功半。

以下是我汇总的相关说法。

首先来看对市场营销的相关定义。

公益社团法人 日本市场营销协会

市场营销是一种综合性活动，企业或组织站在全球的角度，在与顾客相互理解的同时，通过公平的竞争创造自己的市场。

美国市场营销协会（2007 年）

市场营销是指为了给顾客、委托人、合作伙伴乃至整个社会提供有价值的物品而进行的创造、传达、配送、交换的一种活动或一种制度、一个过程。

彼得·德鲁克（Peter F. Drucker）

市场营销的目的是深入了解顾客并为其打造最合适的产品，最终产品会自动卖出。

菲利普·科特勒（Philip Kotler）

市场营销即探索目标市场需求的价值并将该价值传递给顾客进而获利的过程。

下面列举的是对品牌和品牌化相关的看法。

菲利普·科特勒

过去的品牌不过是生产商为自己命的名而已。如今品牌化已经发展成为一个独立概念。有人指出市场营销已经失去价值，品牌化才是最有价值的。但是品牌化说到底也只是市场营销的一环，因此只凭品牌化并不能囊括企业取得成功的全部要素。

戴维·阿克

"品牌即资产"的观点不论怎样强调都不为过。在市场营销历史上，有三大概念彻底改变了市场营销活动，分别是大众营销、市场营销概念和市场细分。但是，我们要知道以"品牌即资产"的观点为出发点看待品牌和建立品牌也不是一件容易的事情。

彼得·德鲁克

不论对于哪个组织来说，要想顺利地建立共识、获得理解、确定方向、获得成果，就要确定自家企业的经营现状与经营目标。

一般财团法人 品牌化认定协会

品牌即资产，也是经营战略的衍生品。在企业战略中，品牌战略与市场营销战略是一体的。策划和执行市场营销的活动可以提高品牌价值，因此也可以被称为品牌战略。

英特品牌

品牌是"一直在变的商业资产（Living business asset）"。企业品牌化就意味着企业要用品牌管理公司的所有业务活动，而作为企业的资产，最大化品牌价值即成为品牌化的目标。

此外还有很多相关的看法。例如，笔者查到英特品牌认为"品牌战略与经营战略水乳交融、互为一体，公司要在此基础上开展各类经营活动（也包含市场营销活动）。"还有的人认为，市场营销和品牌化的目的和作用都是不同的（比如，有人认为品牌化是品牌存在的意义，即品牌要"做什么"；而市场营销是传播方式，即品牌要"怎样做";还有人认为市场营销是传播方式,品牌化是受众的正面反馈……)

笔者的总结

如上所述,站在不同的角度来看,市场营销与品牌化会有不同的解读。其实没有必要将二者当作对立关系,无论是市场营销这个大概念下包含着品牌化还是品牌化这个大概念下包含着市场营销,关于这两种观点的争论并非要得出一个非此即彼的结论。

站在学术角度来讲可以认为"市场营销＞品牌化",而站在实践的角度来看往往会得出"市场营销≤品牌化"的结论。

品牌化

基于品牌理念(品牌概念、品牌约定)开展一切企业(经营)活动,旨在打造一个利益相关者心中的首选品牌。

市场营销

是指推动企业(经营)活动的一种机制,旨在使企业及其产品、服务得到顾客的选择、使用以及持续使用,并进一步扩大顾客范围。

以上解释来源于我在品牌化领域多年实践的经验。实践者之所以会认为"市场营销≤品牌化",是因为品牌化被视为一种旨在达到品牌预期形象的总括性概念。但是我们并不能认为这便是最优解,因为还有些人认为虽然"市场营销≤品牌化",但是其整体就是市场营销。

但是在实际活动开展过程中,如果将品牌化视为目的、将市场营销视为手段,确实会使活动的展开更加顺利。品牌化与市场营销的关系仍然是需要我们思考的一大课题。

品牌战略与市场营销战略

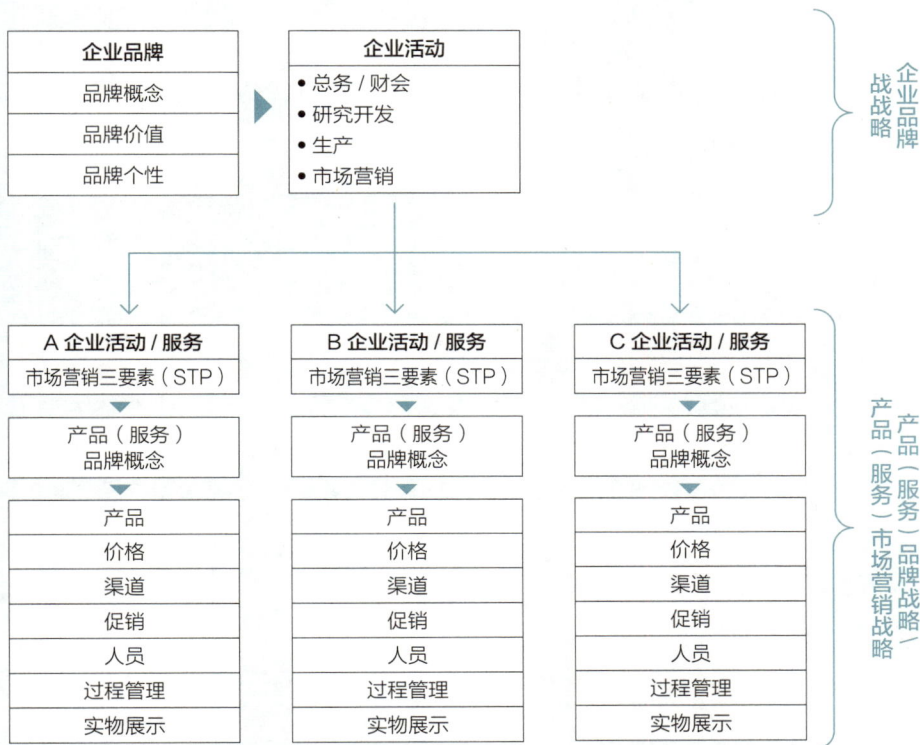

```
┌─────────────────┐      ┌─────────────────────┐
│    企业品牌      │      │      企业活动        │
├─────────────────┤      │ • 总务 / 财会         │
│    品牌概念      │ ───▶ │ • 研究开发           │
├─────────────────┤      │ • 生产               │
│    品牌价值      │      │ • 市场营销           │
├─────────────────┤      │                      │
│    品牌个性      │      │                      │
└─────────────────┘      └─────────────────────┘
```

企业品牌战略

```
┌──────────────────────┐  ┌──────────────────────┐  ┌──────────────────────┐
│ A 企业活动 / 服务      │  │ B 企业活动 / 服务      │  │ C 企业活动 / 服务      │
│ 市场营销三要素（STP）  │  │ 市场营销三要素（STP）  │  │ 市场营销三要素（STP）  │
└──────────────────────┘  └──────────────────────┘  └──────────────────────┘
          ▼                          ▼                          ▼
┌──────────────────────┐  ┌──────────────────────┐  ┌──────────────────────┐
│   产品（服务）        │  │   产品（服务）        │  │   产品（服务）        │
│   品牌概念            │  │   品牌概念            │  │   品牌概念            │
└──────────────────────┘  └──────────────────────┘  └──────────────────────┘
┌──────────────────────┐  ┌──────────────────────┐  ┌──────────────────────┐
│      产品             │  │      产品             │  │      产品             │
├──────────────────────┤  ├──────────────────────┤  ├──────────────────────┤
│      价格             │  │      价格             │  │      价格             │
├──────────────────────┤  ├──────────────────────┤  ├──────────────────────┤
│      渠道             │  │      渠道             │  │      渠道             │
├──────────────────────┤  ├──────────────────────┤  ├──────────────────────┤
│      促销             │  │      促销             │  │      促销             │
├──────────────────────┤  ├──────────────────────┤  ├──────────────────────┤
│      人员             │  │      人员             │  │      人员             │
├──────────────────────┤  ├──────────────────────┤  ├──────────────────────┤
│     过程管理          │  │     过程管理          │  │     过程管理          │
├──────────────────────┤  ├──────────────────────┤  ├──────────────────────┤
│     实物展示          │  │     实物展示          │  │     实物展示          │
└──────────────────────┘  └──────────────────────┘  └──────────────────────┘
```

产品（服务）品牌战略 / 产品（服务）市场营销战略

市场营销三要素（STP）

S= 市场细分（Segmentation）/T= 目标市场（Targeting）/P= 市场定位（Positioning）

第 四 章
分析环境

我们现在身处何方？
建立共识的要点

本　章　要　领

第四章主题
分析环境

步骤	做什么	怎样做	
1	学习基础知识	• 学习与品牌、品牌化相关的基础知识	
2	创造最佳时机	• 营造可以开始品牌化的氛围、寻找伙伴	准备
3	创建组织	• 打造推进品牌化活动的组织	
▶ 4	分析环境	• 宏观环境（政治、经济、社会、技术）分析 • 微观环境（业界、竞合、顾客）分析 • 内部环境分析 • 了解外部环境中存在的机会与威胁、自身的优势及劣势	
5	思考前进方向	• 使用态势分析法（SWOT）分析外部环境和内部环境中的机会与威胁、自身的优势及劣势 • 品牌主张清单（企业主张） • 讨论品牌追求的状态 • 构思未来发展方向	浓缩
6	打造品牌基础	• 打造品牌基础（品牌概念） 　• 品牌愿景、品牌使命、品牌价值 　• 品牌个性 　• 品牌宣言 　…… • 整理企业和组织的理念体系	
7	明确传达方式	• 决定品牌的展示方式和表达方式 • 品牌传播指南 • 策划对内宣传活动 • 策划对外传播计划	扩散
8	策划个性活动	• 思考能够展现品牌个性的具体活动	
9	推出品牌	• 开展能够提高人们对品牌的期待感的活动	
10	活用成果	• 定期检查各类活动	检验

品牌管理

19

问..

要想认识环境
应该做怎样的
分析？

答..

首先
360度环顾
你所处的环境。

T heory

[理论篇]

▌外部环境和内部环境的结构

假如你现在在一座深山里迷路了，你的手机没有信号，碰巧又没有带地图。这种时刻，你会怎么办？

你一定会先确认自己所处的位置，你要观察太阳、月亮或者星星的位置，并环视周围山脉，有时还要竖起耳朵听远处河水流动的声音。不仅如此，你还需要判断自己的饥饿程度、体力和精力还能支撑多久的路程。慢慢地，一定会找到方向。

品牌化初期的环境分析也是同样的道理。公司首先要分析自己所处的外部环境，然后分析自身的内部环境。如果没有确定自己的定位，那又怎能找到前进的方向呢？

▌孙子兵法小讲堂

公元前500年前后，中国春秋战国时期有一位著名军事思想家名为孙武，他留下了一部传世著作《孙子兵法》，书中的思想在当今的商界仍然适用，如今市面上仍有很多该著作的解说版图书。《孙子兵法·谋攻篇》中有下面一段记载。

"故曰：知彼知己者，百战不殆；不知彼而知己，一胜一负；不知彼，不知己，每战必殆。"

以上文章大意如下：如果你既了解对方，又了解自己，就会百战不殆；如果你只了解自己却对对方一无所知，胜败的可能性各占一半；如果你既不了解对方，又不了解自己，就会屡战屡败。

对于公司来说，"彼"即外部环境，"己"即内部环境。也就是说，如果你想知道你的公司应该朝着怎样的方向发展，就应该对公司的外部环境和内部环境进行全面分析。

这正是态势分析法的要求。

具体分析的内容

外部环境包括宏观环境和微观环境两部分。

宏观环境是企业无法控制的大环境，包括政治、经济、社会、技术等要素。企业无法控制，却深受其影响。

与此相对，微观环境是指与公司距离较近的业界环境。比如市场、竞争对手、顾客的情况，等等。

首先，公司要搞清楚外部环境中有什么有利因素和不利因素。我们将前者称为"机会"，将后者称为"威胁"。

内部环境是指公司内部环境。分析内部环境中存在何种优势或劣势时需要负责人客观冷静。

内部环境中存在的优势和劣势，再加上外部环境中的机会和威胁，态势分析法的要求就是对以上四个要素进行组合分析。态势分析法是帮助公司分析自身所处环境的有效方法。

矩阵排列分析态势

态势分析法要求将四大要素进行矩阵排列，推进组织成员通过为公司做态势分析可以了解公司面临的课题，并明确公司发展方向。这样在讨论中大家就会积极发言。

将各要素按照矩阵形式排列之后，公司现状就会逐渐浮出水面。通过矩阵排列分析可以勾勒出公司的整体形象，这个步骤就好像为汽车配备装备一样重要。

矩阵排列分析

			外部环境	
			机会	威胁
			A 有利之处	B 不利之处
内部环境	优势	C 相对于竞争对手来说的优势 E 面对顾客的优势 G 自己公司（或其产品）的优点	**I 机会 × 优势** 外部环境很乐观，自家公司也具有优势。 **→最大限度利用机会。** 市场环境大好，我公司也有优势。这是一次绝佳机会。 顺风 × 配备引擎的小船	**J 威胁 × 优势** 外部环境很严峻，但自家公司具有优势。 **→利用自己的优势与竞争对手拉开距离。** 市场环境不好，但是我公司有优势，因此是有利的。 逆风 × 配备引擎的划艇
	劣势	D 相对于竞争对手的劣势 F 面对顾客的劣势 H 公司（或产品）的弱点	**K 机会 × 劣势** 外部环境很乐观，但自家企业能力较弱。 **→如果不采取措施就会错失良机。** 市场环境大好，但是我们公司却处于劣势，因此对我们来说是不利的。 顺风 × 人力划桨的小船	**L 威胁 × 劣势** 外部环境很严峻，自家公司能力也很弱。 **→如果不从根本上做出改变，公司将会面临生死存亡的问题。** 市场环境不好，我们公司在某方面也处于劣势。如何避免最坏情况的发生？ 逆风 × 人力划桨的小船

[实践篇]

矩阵排列态势分析法是前进的导航

矩阵排列态势分析法的具体操作方法

按照态势分析法的要求，企业要将外部环境与内部环境组合，这个过程即筛选企业应该制定怎样的新方针、保留哪些优秀传统的过程。下面是具体的分析方法。

1. 搭建框架

为外部环境和内部环境搭建一个大框架。

按照以下方法制定一个表格，将外部环境、内部环境作为行标题或列标题都可以。为了方便说明，A~H 暂且按照以下方式排列。

列标题：外部环境

- 机会→ A   - 威胁→ B

行标题：内部环境

- 优势   相对于竞争对手来说的优势→ C

　　　　　　　面对顾客的优势→ E

　　　　　　　自家企业（或其产品）的优势→ G

- 劣势   相对于竞争对手来说的劣势→ D

　　　　　　　面对顾客的劣势→ F

　　　　　　　自家企业（或其产品）的劣势→ H

2. 在外部环境、内部环境的框架中填充分析结果

将分析结果填写至表格相应的位置，尽量使用简洁的表达。

3. 利用矩阵排列法分析并讨论外部环境和内部环境

- 机会 A × 优势（C、E、G）→ 最大限度利用区（I）
- 威胁 B × 优势（C、E、G）→ 竞争对手差异区 J
- 机会 A × 劣势（D、F、H）→ 机会错失区 K
- 威胁 B × 劣势（D、F、H）→ 警戒区 L

4. 记录讨论过程

矩阵排列法便于凝练重点，方便组员分析思考。组员通过该方法分析环境，在讨论中便可以发表各自的分析结果。如此一来，组员将会发现自己之前没有注意过的问题。注意要将讨论内容记录下来。

[实践篇]　　▸　试一试使用矩阵排列态势分析法吧。

填写 A 到 H

			外部环境	
			机会	威胁
			A 有利之处	B 不利之处
内部环境	优势	C 相对于竞争对手来说的优势　E 面对顾客的优势　G 自己公司（或其产品）的优点	I 机会 × 优势	J 威胁 × 优势
	劣势	D 相对于竞争对手的劣势　F 面对顾客的劣势　H 自己公司（或其产品）的劣势	K 机会 × 劣势	L 威胁 × 劣势

品 牌 管 理

20

问

环境分析
该怎样做?

答

不妨试一试宏观环境四要素（PEST）分析法和战略三角模型（3C）分析法。

Theory
[理论篇]

▌宏观环境四要素（PEST）分析

宏观环境指的是不受个体控制的大环境。

宏观环境中包括少子化、老龄化、国际问题、环境问题、政治问题等要素，想要凭借个人的力量解决这些问题简直是天方夜谭。然而，外部环境中存在着对自己有利的机会和对自己不利的威胁。

那么，什么要素对自身来说是机会，又有什么要素是威胁呢？整个业界中存在的威胁是否可以转变为机会呢？推进组织的成员在分析环境的过程中，就会发现公司面临的重点问题。

此时要用到的方法就是宏观环境四要素分析法（PEST 分析）。
该分析法是由美国管理学家、市场营销鼻祖菲利普·科特勒提出来的。

"四要素"即政治环境（P：Politics）、经济环境（E：Economy）、社会环境（S：Society）、技术环境（T：Technology）。

政治环境

- 政治、政策、政府、外交
- 法律法规、国际贸易、就业政策、管制规定的撤销
- 产业政策、劳动政策、环境政策、联合国可持续发展目标（SDGs）……

经济环境

- 经济趋势、国内生产总值（GDP）走向
- 利息、金融政策、股价、汇率
- 失业率、薪资水平、劳动人口
- 通货紧缩、通货膨胀、消费欲
- 资源……

社会环境

- 社会趋势、舆论走向
- 人口动态（人口、性别、年龄结构、人口分布、少子化、老龄化……）
- 产业结构、全球化、全球变暖
- 价值观、生活方式……

技术环境

- 硬件技术发展趋势（新技术、新的原材料）
- 软件技术发展趋势［互联网技术（IT）、人工智能（AI）、数据寄存器（DX）、经营管理层面、市场营销层面］……

宏观环境分析的范围较大，如果过于纠结其中某个问题，就会因小失大，切忌"为了分析而分析"。因此，大概分析自身所处的环境即可。

▋ 战略三角模型（3C）分析法也很有效

战略三角模型分析法也是环境分析的常用方法。

与四要素分析法相比，该方法更适用于微观环境的分析。

战略三角模型的分析对象是竞争对手、顾客和公司本身，其中竞争对手和顾客属于外部环境，公司本身属于内部环境。

该分析方法能够全方位、高效地分析公司内部环境（战略三角模型会在第21个至第23个模块进行详解）。

宏观环境四要素分析

政治（政治环境）	经济（经济环境）	社会（社会环境）	技术（技术环境）
• 政治、政策、政府、外交	• 经济趋势、国内生产总值（GDP）走向	• 社会趋势、舆论走向	• 硬件技术发展趋势（新技术、新的原材料）
• 法律法规、国际贸易、就业政策、管制规定的撤销	• 利息、金融政策、股价、汇率	• 人口动态（人口、性别、年龄结构、人口分布、少子化、老龄化……）	• 软件技术发展趋势（互联网技术、人工智能、数据寄存器、经营管理层面、市场营销层面）……
• 产业政策、劳动政策、环境政策、联合国可持续发展目标（SDGs）……	• 失业率、薪资水平、劳动人口	• 产业结构、全球化、全球变暖	
	• 通货紧缩、通货膨胀、消费欲	• 价值观、生活方式……	
	• 资源……		

寻找你的公司面临的机会和威胁。

战略三角模型分析法

竞争对手	顾客	公司本身
业绩、理念、定位	市场情况	理念、愿景
活动状态	潜在客户、显在客户的情况	业绩变化
竞争优势及劣势……	公司与顾客关系管理情况……	经营概况
		优势及劣势……

以竞争对手和顾客为轴确认自己的优势和劣势。

[实 践 篇]

▍什么是顺风？什么是逆风？

宏观环境四要素分析的具体方法

分析宏观环境中的四要素主要是为了确认自己所处的位置。注意这是分析的手段而不是目的。

1. 推进组织成员调查宏观环境的四个要素，寻找其中存在的机会与威胁

以下两种方法可供选择：

- 各自调查所有要素
- 分工调查

组织成员分工调查，分享各自的调查结果有助于发现自己平时没有注意的问题。

2. 发言、信息共享

3. 讨论对公司有利的要素，顺风中等待机会

推进组织成员讨论在不同的环境中，对于公司所属的行业、公司本身、公司的顾客来说都有哪些机会。讨论最好采取对话的形式并记录发言内容。

例如：

"社会环境中有这样一个问题，即……"

问：这个情况对我们业界有什么益处？

（组员共同讨论）

但是，寻找机会的道路并不一定是平坦的。也许你们思考了很多，却发现自己家公司规模太小，没有足够的能力抓住机会。但是，只要站在不同的角度思考，一定会发现并抓住机会。

4. 讨论可能对公司造成威胁的要素

想一想你们公司的竞争对手、顾客还有公司本身正面临着怎样的不利因素和阻碍。同样，建议采取可对话式的发言形式。

5. 总结要点

要点过多反而会模糊重点，操作起来也会很复杂，因此要注意尽量使用简洁的表达方式。首先，各位组员用十个关键词总结公司面临的机会与威胁。如果凑不齐十个，那么可以凝练成"五大机会""五大威胁"。等到向董事和管理层汇报以及后期向全体员工讲解的时候，这些关键词也会派上用场。

[实 践 篇] ▶ 试一试宏观环境四要素分析法。

	现实情况	机会 （有利因素）	威胁 （不利因素）
政治环境			
经济环境			
社会环境			
技术环境			

你的公司面临着怎样的机会与威胁？

机会：

威胁：

品牌管理

21

竞争品牌分析应该怎样做？

把握竞争品牌的大框架，总结自身的优势与劣势。

T heory

[理论篇]

▌竞争品牌在你心中的形象

　　品牌化就是打造品牌的过程。企业想要品牌化就要明确自身与竞争企业的区别，而分析竞争对手也是"战略三角模型分析（3C）法"的一个重要步骤。

　　英特品牌公司制定的品牌排行榜是对品牌的几大要素分析之后的排名结果，其中的一个要素就是品牌强度，而品牌强度的细分要素又包括十个要素，"独创性"就是其中之一。

　　独创性即品牌与竞争对手之间的差异性（品牌强度分析会在第十章的第51模块进行详解）。

　　首先，企业要掌握竞争品牌的大致方向，判断竞争对手是否已经成功地树立了自己的品牌。具体要判断以下几个方面。

1. 认知情况

　　如果竞争对手是商业对消费者领域的企业，那么就要了解它在消费者即其顾客心中的认知情况。如果是商业对商业领域的企业，则要了解业界（企业、团体、相关人员、商界人士）对该企业的认知情况。

2. 品牌形象

调查该品牌在人们心中的形象（若竞争对手是商业对消费者领域的企业，则要调查该企业在消费者和顾客心中的形象；若竞争对手是商业对商业领域的企业，则要调查业界对其的印象）。

3. 品牌理念

品牌理念是品牌最基本的要素，调查竞争对手的品牌理念是否明确。

进一步调查竞争品牌的其他方面。

调查竞争对手的目的是了解其整体情况。搜索竞争对手的主页是必要的，因为主页可以体现一个企业的个性。

此外还要调查竞争对手对外发布的信息，公司也要利用自己在商界的人脉了解竞争对手。

竞争品牌分析
（适用于企业品牌化）

1. 理念体系

创业理念、经营理念、公司信条、经营方针、愿景、使命、价值、宣言（标语、口号、企业信息一类）、品牌概念等。这些都是公司价值观的基础。

2. 外观、表达的特点

标志（标识）、特质、主要特色、设计要素（设计的特点等）。

3. 氛围、个性

整体氛围、可以代表其形象的形容词和副词。

4. 产品、企业活动、服务特点

5. 分销商、柜台、店铺环境的特点

6. 经营者态度、人事政策、人力资源的特点

7. 广告、传播的特点

确定竞争品牌的优势和劣势、自家品牌的优势和劣势。

对竞争对手有了大致的了解之后，我们将进入环境分析的正题。我们分析环境的目的是以竞争对手为基准，判断自身的优势和劣势。企业往往很容易看到对方的优势，而更加难以确立自身的优势。此时，企业需要转换视角，思考如何将企业的种子（能力、技术等）转变为自身的优势。

竞争品牌分析（对主要竞争品牌进行总体概括）

竞争品牌		内容	对比	
			自身的优势	自身的劣势
品牌基础	理念	属于品牌理念的语句		
	外观、表面特征	该品牌的标志（标识）、特质、主要特色、设计的特点、表达特点		
	氛围、个性	用几个形容词、副词来概括该品牌的气质、形象		
活动	产品、企业活动、服务	调查对方产品、企业活动、服务，确认其具备的特点		
	分销商、柜台、店铺环境	调查对方的产品分销商、柜台、店铺环境等状态，确认其特点		
	经营者态度、人事政策、人力资源	调查对方经营者的态度、人事政策、人力资源等情况，确认其特点		
	广告宣传	查看对方的广告，确定其常用媒体、主要诉求等趋势和特点		

总结

C：相对于竞争企业的优势　　总体分析其活动内容，确定自身的优势。

D：相对于竞争企业的劣势　　总体分析其活动内容，确定自身的劣势。

［实 践 篇］

总结竞争对手不具备的特征

竞争品牌分析要点

1. 畅所欲言

首先每个人要对竞争品牌进行分析，然后在品牌化推进组织内交流讨论。这种形式可以帮助大家发现自己没有注意到的对方的优势和劣势。

2. 用日常用语思考，试着把想法讲出来

对竞争品牌的分析不必拘泥于"分析"二字。组员在讨论的过程中，灵感之间的碰撞很容易产生火花。诸如"这家企业给我一种……的感觉"此类的表达往往有很大的价值。

3. 总体把握竞争品牌的特点

分析竞争品牌的最终目的是找出你与对方的不同之处。换言之，企业要明确自家品牌应该建立怎样的个性。过度在意竞争品牌反而会使你陷入迷途，因此简要概括即可。

4. 面对竞争品牌的优势时不要退缩。找到自身的特点吧

在分析竞争品牌时，企业很容易将注意力放在对方的优势上，因而削弱己方的士气。接受现实很重要，但品牌化的目的并不在此，而是思考并塑造自身的个性。面对竞争品牌的优势不要退缩，因为在一些情况下他们的优势会转变为劣势。

5. 用比喻手法描述形象

用比喻手法描述品牌形象是一个很好的办法。比如车、地标、街道、动物、明星、颜色等。这会让你的企业形象与竞争对手的形象一目了然（相关内容请参照第五章第 27 模块）。

例如：比作鸟类

竞争品牌是"鹰"。因为它给人一种"有力""业界领头羊"的感觉，而且有一种"强势进攻"的感觉……

我们公司是"鸽子"。因为它虽然"没有那么强大"，但却让人觉得"平稳""安定"……

如果有人想到了这样的比喻，接下来的解释说明就很重要了。这个解释说明才是品牌在他心中的形象。

演练 [实践篇] ▸ 分析竞争品牌。
（概括主要竞争品牌）

竞争品牌		内容	与自己的公司对比	
			自身的优势	自身的劣势
品牌基础	理念			
	外观、表面特征			
	氛围、个性			
活动	产品、企业活动、服务			
	流转、柜台、店铺环境			
	经营者态度、人事政策、人力资源			
	广告宣传			

总结

C:
相对于竞争企业的优势

D:
相对于竞争企业的劣势

品 牌 管 理

22

进行顾客
分析的要点是
什么?

一边看数据,
一边代入顾客的身份
回答问题。

Theory

[理论篇]

▍顾客的分类

　　"顾客"也是有很多种类的。不论是对于商业对消费者领域的企业,还是商业对商业领域的企业来说都是如此。目前为止,我们一直谈论的是产品品牌的顾客,其中的基本观点是与企业品牌和服务品牌相通的。

品牌认知模型

1. 初期潜在顾客
　　该阶段的顾客对该品牌有认知,对品牌产生了一定的兴趣。

2. 中期潜在顾客
　　该阶段顾客对该品牌有兴趣,且收集了与品牌相关的信息,在一定的程度上理解该品牌。

3. 后期潜在顾客

该阶段顾客对该品牌产品有强烈的购买欲，对该品牌服务有强烈的使用欲。

4. 初期顾客

选购该品牌的顾客。

5. 中期顾客

持续选购该品牌的顾客。

6. 忠诚顾客

该品牌的粉丝，非常喜欢该品牌。

这种分类方式被称为"品牌认知模型"，即按照顾客对品牌认知的阶段对顾客进行细分。

在做顾客分析之前，我们要通过调查来判断顾客处于哪个阶段，总体上可以按照"潜在顾客"（有可能成为本品牌顾客的消费者）和"显在顾客"（正在使用本品牌的产品和服务的消费者）两大类进行分类。

▍顾客需求

对于"需求"这个词语我们并不陌生，比如我们常说"顾客需求"。

需求是"必要的物品或应有的状态未得到满足"。有些需求在表面上看不出来，要通过挖掘才能找到。

"需求"的一个近义词是"欲望"。我认为后者更适合表达需要某人或某个物品的状态。比如当你想"如果有这样一个东西该有多好"的时候，用"欲望"一词表达这种状态更为合适。

例如：
运动之后你感到口渴，你需要喝水。→需求
运动之后你感到口渴，你想喝一种能让你感到畅快的饮料。→欲望（碳酸饮料）

我们可以这样认为——需求是需要寻找、挖掘的，而欲望是创造出来的。

首先要选择自己的顾客，然后才能了解你的顾客需求。

为此你要做一个详细的顾客调查（品牌调查）。前文在介绍品牌认知模型时已经提及不同的顾客类型，即根据顾客的认知和需求将顾客分类（品牌调查请参照专栏 3）。

▌珍惜忠诚顾客的认知

品牌化最重要的是寻找自身的宝藏。而这个宝藏往往也是公司内部人员平时关注不到的地方。

品牌的宝藏往往就存在于忠诚顾客的心中。
换言之，品牌的价储存在忠诚顾客的心中。
忠诚顾客为何会对自家品牌产生喜爱之情？又为何愿意支持自家品牌？了解过这两个问题，我们就知道品牌是否在忠诚顾客心中树立了一个特定的形象，而这就是判断品牌是否具备价值的重要因素。另外，你还要关注忠诚顾客心中的不满、期待和愿景。

潜在顾客的认知有助于企业寻找自身的痛点。
而忠诚顾客的认知则会让企业发现自身的价值。

▌想象顾客的品牌体验

在本书的第一章的第 2 模块，我分析了顾客与品牌的接触点即品牌触点。
前文也提及过分析顾客时，推进组织的成员要将自己代入顾客的角色来体验品牌触点，这个方法被称为"用户旅程"。
你可以判断在诸多品牌触点中自家品牌是否得到了正确的展示，以及顾客的品牌体验是否具有一致性。

顾客分类

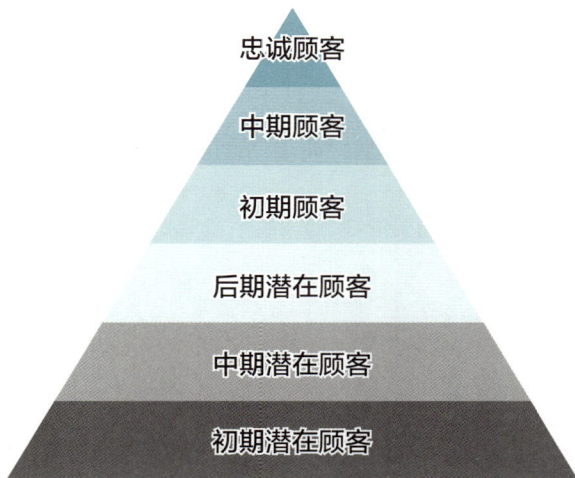

忠诚顾客
中期顾客
初期顾客
后期潜在顾客
中期潜在顾客
初期潜在顾客

基本的品牌认知模型（产品品牌）

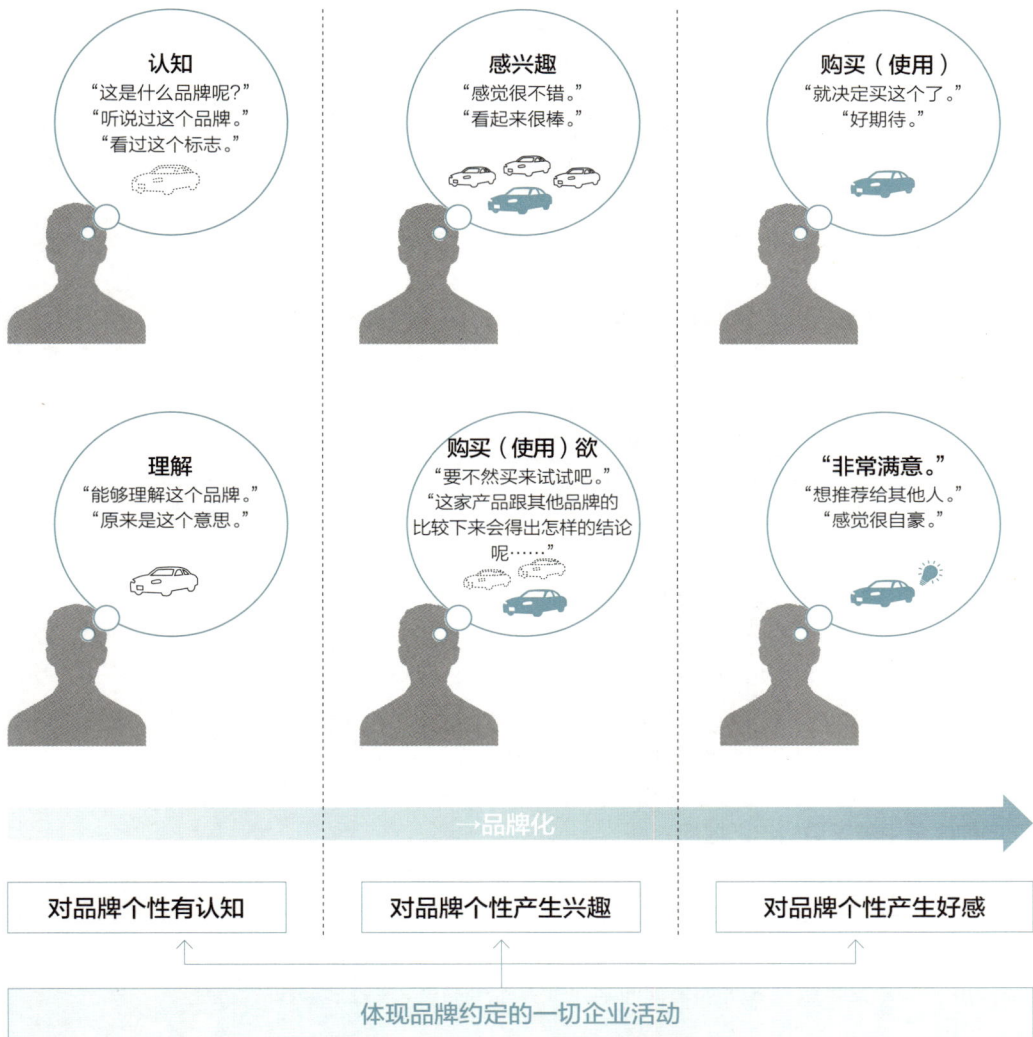

认知
"这是什么品牌呢？"
"听说过这个品牌。"
"看过这个标志。"

感兴趣
"感觉很不错。"
"看起来很棒。"

购买（使用）
"就决定买这个了。"
"好期待。"

理解
"能够理解这个品牌。"
"原来是这个意思。"

购买（使用）欲
"要不然买来试试吧。"
"这家产品跟其他品牌的比较下来会得出怎样的结论呢……"

"非常满意。"
"想推荐给其他人。"
"感觉很自豪。"

→品牌化

| 对品牌个性有认知 | 对品牌个性产生兴趣 | 对品牌个性产生好感 |

体现品牌约定的一切企业活动

经历几个阶段之后，品牌形象逐渐树立起来了。

[实 践 篇]

▌代入顾客的角色体验一番

我们在与市场营销、品牌化相关的书籍中常常看到"客户（消费者）洞察""把握顾客尚未被满足的需求"。其中，"洞察"一词在市场营销中被解读为"顾客行为心理"。以上两种表达都要求品牌寻找顾客未发现的想法及需求。

但是，这是一段相当艰难的旅程。如果你没有分析顾客的习惯，那么寻找对方心中尚未出现的想法就变得相当困难。因此，不要急于洞察客户心理、寻找客户未被满足的需求，在那之前首先要把自己代入顾客的角色中去。

洞察顾客心理的第一步是对顾客做定量调查、分组访谈、深度访谈（一对一采访），做过调查之后一边浏览调查结果，一边将自己代入顾客的角色，想象自己正在接受采访，并以第一人称的身份给出回答。推进组织成员以顾客的身份给出自己的回答，组织想要调查的问题答案自然就会浮出水面。

代入顾客角色自问自答的具体做法

1. 确认调查结果（如果还没有做调查，那么先想象一下即可）。

2. 确认自己是哪个阶段的顾客（潜在顾客、显在顾客、忠诚顾客）。

3. 向你想象中被采访的自己提问

　　问：你知道这个品牌吗？

　　问：你觉得这个品牌怎么样？

　　问：你喜欢这个品牌什么地方？不喜欢什么地方？对哪里感到不满？

　　问：（如果是忠诚顾客）如果你向别人推荐这个品牌，你会怎么说？

　　……

4. 记录发言内容

　　在回答问题的时候，一定要使用口头表达。如果你认为对发言内容已经烂熟于胸，便笼统地概括其大意，那就大错特错了。你偶然间说出的一句话更能代表你心中的真实想法，因为这就是品牌在你心中储存的"价值"。

演练

[实 践 篇]   ▷   以顾客的视角看待品牌。

如果你的组织还没有对自家品牌的顾客做过调查，就尽情发挥你的想象力吧！请以你以往的经验判断顾客的想法。

		潜在顾客 （预期顾客）	显在顾客 （公司的普通顾客）	忠诚顾客 （公司的回头客）
• 认识程度 • 形象 • 喜欢的地方、不喜欢的地方 • 不满意的地方				
判断	E: 面对顾客的优势			
	F: 面对顾客的劣势			

品 牌 管 理

23

问 ....

分析自己公司的
要点是什么?

答 ....

寻找自身的
优势和劣势,
还有"寻宝"。

Theory

[理论篇]

▌ 确认自身的个性

调查宏观环境中存在的机遇与威胁。
确认相对于竞争对手来说的优势和劣势。
分析面对顾客时自身的优势及劣势。

完成以上步骤后即可进入分析公司本身的阶段。

站在不同的角度分析自己的公司或组织,可以了解自身的优势和劣势。
但是一定要铭记,分析本身并非目的,组织要有目的地"寻宝",即寻找自己公司的特点和个性。
在公司内部习以为常的事情中很可能存在着品牌的价值。

▍首先要收集信息

需要收集的信息

1. 公司沿革、公司内部报刊、新闻、回忆录、著作等

汇总其中具有代表性的成就、小故事、反复被提及的文章、语句、词语等。

2. 创业者、历任经营者、现任经营者等关键人物的发言

创业者或为公司带来巨大改变的经营者等关键人物的发言中很可能存在着有公司特点的独特哲学。如果有可能，那么最好直接采访他们。语言越生动，效果越好。

3. 创业理念、企业理念、公司信条、公司座右铭、经营愿景等理念

很多公司具备不止一种理念。其实这些理念都是有相关性的，因此需要将全部理念梳理一番再传承下去。不论是什么理念，从诞生的那一刻起就具备了独一无二的价值。

4. 与经营相关的各种数据

即与业绩、业绩走向、经营计划、经营方针、产品、服务、流通、促销、技术等相关的公司内部数据。

5. 外部评价

顾客调查（顾客满意度、公司形象等）以及外界机构调查的结果，广告、社交媒体上的评价等。

6. 内部调查结果

如果你已经对公司或组织内部员工做过了调查，就一定要好好利用调查结果。当然，如果你还没有对内部员工做过调查，那么为此而首次调查员工对品牌的认知情况同样会很有效。在推动品牌化活动之前，掌握每一位员工对企业或组织的认知情况是每一个品牌的必经之路。每一位员工最终都是品牌的体现者。

▍信息分类、归纳特征

收集好以上信息后组织就可以开始正式分析了，注意不要做过于详细的分析。如果过于在乎细节，那么反而会因小失大。尽量通观全局，把握调查结果的整体倾向和主要特征。

寻找自身宝藏

公司沿革、内部报刊、新闻、回忆录、著作等

创业理念、企业理念、公司信条、公司座右铭、经营愿景理念等相关内容

创业者、历任经营者、现任经营者、关键人物的发言

与经营相关的各种数据

内部员工认知调查

外部评价

[实践篇]

▌分析需要冷静，但要点燃内心

公司自我分析存在的常见问题

分析公司自身的时候常常会遇到以下问题。

1. 创业理念、企业理念、经营理念的正确定位是什么

创业理念、企业理念、经营理念是一个企业存在的意义与目标，也是企业行动方针的体现。以上理念体现的是企业长期的、具有普遍性的价值观，就像心脏对于人类一般重要，因此才会传承至今。

当然，你也可以借此机会修改或变更组织的各种理念。但是，在那之前一定要对各种理念的用语有一个更深刻的理解。立足于当前的时代背景以及社会的需求，通观全局，你才会发现新的价值。

2. 公布调查结果后员工反馈不够理想

外部公司做的形象调查结果以及公司对内部做的认知调查结果是有很大用处的，这些调查结果可以唤醒公司内部员工的问题意识，引起大家对公司品牌化的关注。但是调查报告如果不能深入人心，就谈不上引起大家的重视。为此，写一份直击人心的调查报告吧！

3. 担心自身劣势会为公司内部添麻烦，因此有些犹豫

对于公司自身劣势的分析难免要直面公司的问题，所以对于劣势分析，一些组员可能会有些犹豫。而且，在公司内部做调查的时候可能会无意间发现不同组织之间存在的矛盾。好不容易建立起来的共识难道要因为内部摩擦而土崩瓦解吗？为了避免该情况的发生，推进组织要从一开始强调一个问题，告诉大家"本次调查的目的是公司拥有更好的前途"。

4. 好不容易做好了分析，却没有得出任何有新意的结论

结论并非一定令人耳目一新。有时你也会得到一些老生常谈的结论。即便如此也决不可轻视这个结论。因为平凡无奇的结论也是有其意义的。

5. 我们公司根本没有什么"宝藏"

只在公司内部寻找宝藏很容易迷失方向。再次俯瞰社会环境、竞争企业的活动、顾客的认知，然后寻找自身的优势吧！站在不同的角度去看一些平凡无奇的特征，平凡的"石子"也会变成价值连城的"宝藏"。开动脑筋吧！

[实 践 篇]　　　　▸　试一试分析你的公司。

　　想必现阶段你还没有做过详细的分析，因此发挥你的想象力写下你的构思即可。可以通过以往的经验做判断。

	特征	优势	劣势
企业理念水平			
经营战略、企业活动水平			
在顾客心中的形象水平			
员工意识水平			

总结公司的优势和劣势。

优势：

劣势：

品 牌 管 理

24

T h e o r y
[理 论 篇]

▌调查结果共享就是对内品牌化活动

对内品牌化就是面向品牌内部成员推广品牌化活动，目的是使公司内部员工理解自家品牌的观念及概念。对内品牌化也被称为品牌的内部渗透。本书第三章涉及与对内品牌化相关的内容。

一般来说，很多公司会在品牌概念等品牌框架确立之后才开始对内品牌化，但实际上，我们可以从更早的阶段开展对内品牌化活动。对内品牌化的最终目的是促进组织内部全体成员参与到品牌化活动中来，因此可以在起步阶段便让所有人参与进来。

而对内公开环境分析的结果（外部公司所做的形象调查、公司内部意识调查等）就是一种对内品牌化活动。公布调查结果可以让每个人的意见得到关注，并且可以帮助大家了解本公司的优势以及被外界称赞的特征。调查结果体现的是客观事实，因此是有必要公开的。

▌调查结果报告要简单明了

有些组织发布了非常详尽的调查结果报告，殊不知冗长的调查报告会让人失去阅读兴趣。因此将报告分为"总括篇"和"详细篇"两部分吧！前者为调查内容的简要概括，用语尽量简洁。每一页都插入图形或表格，突出显示调查的内容和调查的重点。

另外，报告书可能很难引起人们的阅读兴趣，因此可以制作阅读手册或表格，用来总结调查报告的重点。你的报告书要有人想读才会起到作用。

如何共享调查结果

共享调查结果的方式有很多种，代表性的方法有以下几种。

1. 在职工大会中公布结果

不论是线下还是线上会议都可以，汇报对象是全体员工。旨在让组织内所有成员了解该报告的重点。

2. 利用内联网公布结果

将调查结果上传至公司内联网，以便员工随时查看。并且提供答疑、接收意见的板块，及时回复员工的提问，促进员工与品牌的共鸣。

3. 制作一个小视频并上传至内部网

在无法举办全体员工大会的情况下，如果你想让调查结果的细节受到公司内部人员的关注，那么可以制作一个小视频，并通过网络让大家收看这个视频。由于这种方式对地点没有限制，因此信息共享将会更加顺畅。视频的制作方法和上传途径有很多，比如可以在视频网站中申请一个专用账号。

4. 通过印刷媒体公布结果

还可以利用印刷媒体发布消息，比如公司内部期刊、特辑、宣传手册、公司内部海报等。

5. 利用座谈会、正式会议、分组访谈等方式公布结果

创造一个便于大家直接就调查结果进行交流的机会，促进员工对调查结果的理解。注意不要采用正式会议的形式，因为交流的目的是建立共识，让大家意识到自己也是品牌化的当事人。

讨论主题
- 谈一谈你对调查结果的真实看法。
- 公司的优势何在？
- 公司存在什么弱点？
- 你喜欢公司的哪些地方？公司有哪些令你自豪之处？
- 你认为公司有哪些应该改善之处？
- 你期待公司会有怎样的未来？为什么？
- ……

信息共享的方法

全体职工大会

利用印刷媒体

利用企业网站

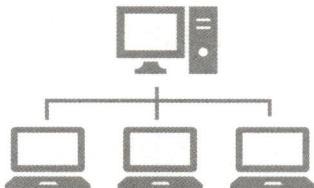

举办座谈会、正式会议、
分组访谈

制作公司内部视频并上传至网络

信息公开、尊重全员意见

[实 践 篇]

▌ 发言 ＝ 责任感

召开座谈会、正式会议的注意事项

1. 正式会议不可拘泥于形式

坚持凡是与会者人人平等的原则。提供零食和饮品，自由就座。打造可以自由讨论的氛围。

2. 不批评、不过度分析

不论是什么新点子，想到就要提出来。只有这样才不会错过任何一个独特的想法。

3. 尊重所有人的意见

对于企业或组织来说，能够召集员工共同讨论本身就是一件有益的事情。每一位成员的意见都是宝贵的，也都应该得到尊重。任何发言都有意义。

4. 不要只强调应该做什么

虽然说任何意见都是宝贵的，但是仍然不能轻易使用"本应该""至少要做到""应该这样做"等指令性表达。这类言论让人无法反驳，讨论便会戛然而止。如果遇到这样的意见，那么你可以向发言人或听众提问："大家认为我们为此应该怎样做呢？"这样一来，会议才会顺利进行。但是不要奢求当场即可得到"应该怎样做"的解决方案。此时需要将该意见当作待解决课题记录在会议纪要中。

5. 发言无须概括

说出口的语言是有生命的，无须画蛇添足，切忌概括总结与会人员的发言。某位成员说出口的某句话很可能就是将来的品牌概念的灵感源泉。

6. 用白板记录组员意见

发言重点要在白板上记清楚。写板书可以加深印象，与会者的注意力也更加容易集中。

7. 灵活安排管理人员与会

若公司经营团队出席会议，则现场氛围便很难活跃起来。所以管理层的与会方式要灵活处理。

8. 公开意见

除去涉及个人信息或保密性较高的内容，讨论中出现的所有发言都要公开。要让发言者意识到自己的言论被记录下来，这是一件很重要的事情。

9. 不要过度在意权威人士的意见

每个公司都有发言"有分量"的人。他们的言论说服力较强，更容易得到旁人的认可，但是切记再有说服力的言论也不过是众多意见当中的一个。平时发言较少的员工的意见也应得到适当的关注。

10. 保留图像视频素材

这将成为你们在推动品牌化活动过程中里程碑式的一次会议。关注每个意见的后续发展，用照片及视频等方式留下记录，总有一天会派上用场。

[实 践 篇]　　▶　　想一想公司共享信息的方法都有哪些？

是否可行	内容	怎样操作
	全体职工大会 （线下或线上）	
	内部网络（信息公开）	
	内部员工专享视频	
	公司内部期刊	
	小册子（特辑等）	
	座谈会、正式会议、分组访谈等	
	其他方法	

小 结
第 四 章

主 题
分析环境

🔲 **要想认识环境应该做怎样的分析？**

📝 首先 360 度环顾你所处的环境。

环顾所处的外部环境以及自身的内部环境。

将内部环境中的优势与劣势以及外部环境中的机会与威胁交叉组合分析，即利用态势分析法了解自身所处的环境。

🔲 **环境分析该怎样做？**

📝 不妨试一试宏观环境四要素（PEST）分析法和战略三角模型（3C）分析法。

宏观环境分析方法为"四要素"分析法，即分析政治环境（Politics）、经济环境（Economy）、社会环境（Society）、技术环境（Technology）中存在的机会与威胁。

此外还有战略三角模型分析法，即以竞争对手（Competitor）、顾客（Customer）、公司本身（Company）为中心进行分析，以此加深对环境的了解。

🔲 **竞争品牌分析应该怎样做？**

📝 把握竞争品牌的大框架，总结自身的优势与劣势。

品牌化的目的即树立品牌个性，因此要明确你与竞争对手之间的差异。

🔲 **进行顾客分析的要点是什么？**

📝 一边看数据，一边代入顾客的身份回答问题。

将顾客分为预期顾客和已有顾客两类，分别调查他们对品牌的认知情况。特别要关注忠诚顾客的意见和感想，因为品牌价值储存于其中。不仅要看调查数据，还要将自己想象成一个顾客自问自答，这样可以形成较为客观的认识。

🔲 **分析自己公司的要点是什么？**

📝 寻找自身的优势和劣势并"寻宝"。

带有目的性地寻找自身的特征、个性、"寻宝"。为此要广泛收集与公司相关的信息。特别要关注能够代表组织创立初衷的表达，例如创业理念、经营愿景等。重新审视这些初衷。

🔲 **调查结果共享需要注意什么问题？**

📝 要保证调查结果的公开性、内容的简洁性和指向性。

在全体员工心中建立共识即对内品牌化。调查结果需要公开，为了方便大家的理解要尽量简洁，并且要让大家清楚品牌今后的发展目标。

品牌
最初的含义

站在不同的角度分析自家品牌

实事求是

正如前文所说，品牌是利益相关者心中的一种特定形象。调查利益相关者心中的品牌认知情况是很有必要的，这就相当于调查品牌形象在他们心中的价值余额。

调查对象不能仅限于顾客（包括商业对商业领域的企业）。否则会导致过度分析或分析不全面。此外，不同部门、年龄、地区、性别的人对品牌的看法往往是不同的。

利用品牌化的机会认清客观事实。"事实"是一种共通的标杆，它可以指明公司未来发展的方向，并提示公司达到目标的具体做法。

找到认知差异

360 度评估是人力资源领域中的一个制度，即广泛收集共事者的评价，包括上司、同事、下属，有时也包括客户。调查品牌认知时，最好对利益相关者进行分类调查。对于不同的组别设置相同的调查题目，总结他们对品牌认知的共同之处和不同之处。

认知差异的几个类型

- 公司是这样认为的，但利益相关者并不是这样想的。
- 公司没有这样认为，但利益相关者却是这样认为的。
- 员工以为他们的想法是一致的，但其实不同工作岗位以及不同工作年限的人想法是不同的。
- 现在的形象与理想形象之间存在差异。
- 当我们与竞争对手做比较时，每个利益相关者心中的形象都不同。

调查对象

- 员工（按性别、年龄、入职年份、部门、职务等）

- 家庭（非必须）
- 关联公司员工（集团公司、关联公司等）
- 客户企业
- 显在顾客、潜在顾客、非顾客

具体的事例如下，这是我在目前供职的大学里做品牌调查时的调查项目。
- 在校学生、教师、教职员工、担保人（家长）、毕业生、附属高中学生、附属高中的教师、普通高中教师和毕业生的工作单位……

我校的调查对象为以上人员。

制作"引起兴趣，点燃内心"的报告

要想推动品牌化活动，就不要用白皮书的形式发布调查结果。正如我们在上一节中提到的，读者看到报告之后，是否能够理解报告对调查结果的解读？你的报告能否唤醒大家的问题意识？能否点燃大家的内心？以上问题至关重要。

从这个意义上来说，调查和报告是全公司品牌化的起跑线。对于那些以前对品牌化丝毫不感兴趣的人来说，如果对品牌的客观认识摆在他们眼前，相信他们也不会不为之所动的。毕竟客观事实是很有说服力的。

报告一定要简单明了。整篇文章如果只是数字的罗列或者堆满表格、图形以及过于详细的说明，便会让读者产生抵触心理。

建议将报告分成"总括篇"和"详解篇"两部分，设法让读者通过阅读"总括篇"即可把握调查报告的大体方向。

品牌调查的范围

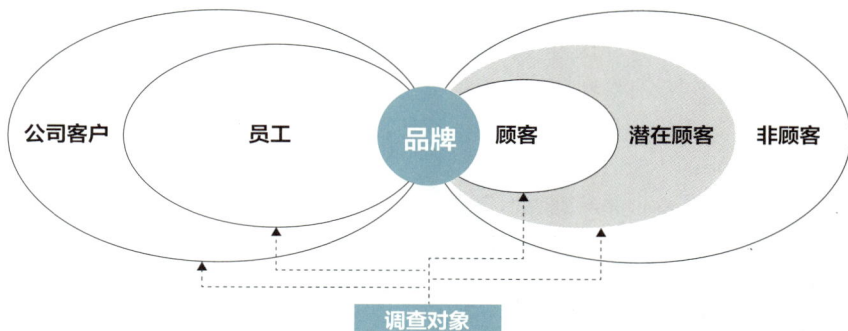

分析每一种受众的品牌认知差异

（分析示例——假想企业）员工心中的"企业现有形象 × 期待形象"

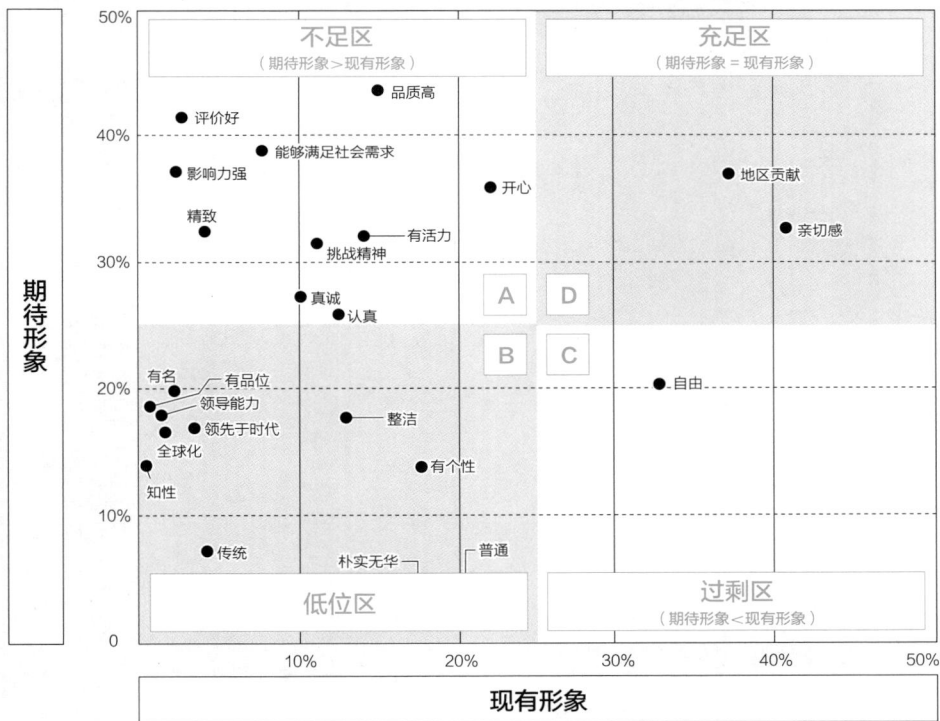

A：不足区
期待但仍未被满足的目标形象

B：低位区
现在无法达到且今后也不会追求的目标形象

D：充足区
没有特意追求但现在已经达到的目标形象

C：过剩区
期待已经得到满足的目标形象

（分析示例——假想企业）非顾客心中的企业形象与现有企业形象的差距

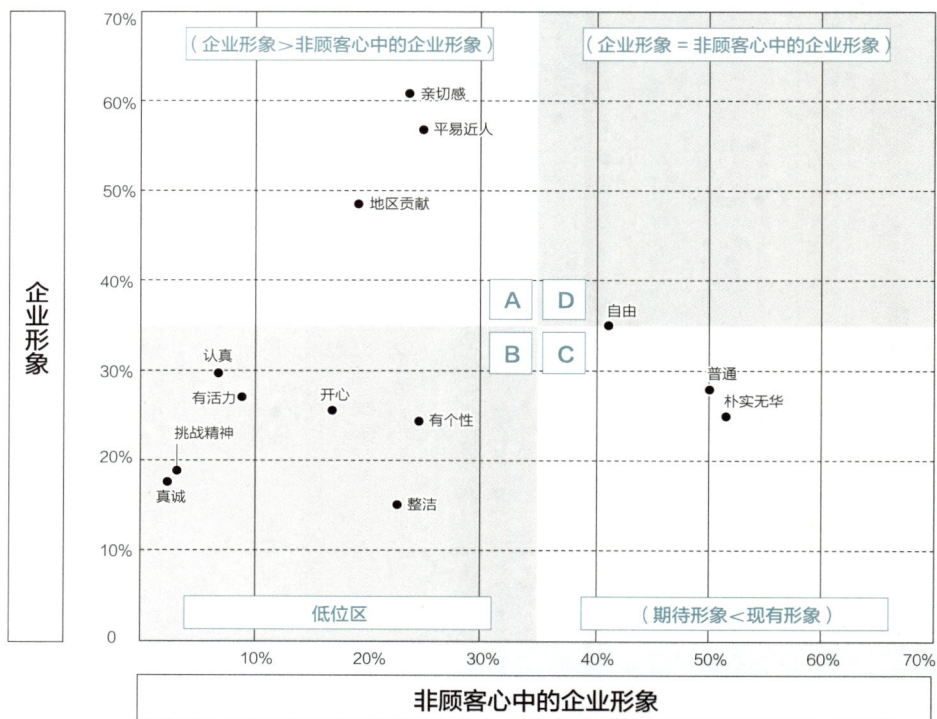

A：（企业形象＞非顾客心中的企业形象）
　　企业这样认为，但非顾客心中并不这样认为。

B：印象较浅
　　企业及非顾客都没有什么印象的方面。

D：（企业形象＞非顾客心中的企业形象）
　　企业不这样认为，但非顾客心中已经存在的形象。

C：（企业形象＝非顾客心中的企业形象）
　　企业与非顾客保持一致认识的形象。

调查步骤

1. 调查设计

- 目标、调查对象、竞争对手、调查项目、调查时间、报告编制时间、报告形式。
- 调查方法（因调查对象而异）
  谷歌表单、邮寄、分发调查表、访谈等。

2. 调查公司定位

- 将上述内容交给调查公司做定位调查。
- 如果你不想通过调查公司也可以，那就要自行调查。但是这个过程中涉及设定项目、选择方法、统计结果、编制报告等多个领域的业务、因此委托调查公司更可靠。

3. 实施调查

- 发布调查并回收结果。
- 调查表一般采用不记名形式。

4. 统计与分析

- 汇总所有调查结果并分析其趋势。

5. 编制报告

- 查看分析结果并汇总到报告中。
- 最好分为"总括篇"与"详解篇"两大部分，前者的内容要简单易懂。

6. 报告

- 报告会议（全体员工大会、正式会议等）。
- 报告（内联网）。
- 分发印刷材料（公司内部期刊、小册子等）、制作内部员工专享视频等。

调查项目示例

※ 根据公司的业务类型，调查对象会有所不同。以下示例仅供参考。

为客户和员工设置相同的题目，并对比其回答。

1. 认知、理解和使用经验等（仅限客户）

- 品牌 / 公司名称认知
- 品牌理解
- 使用 / 购买体验

2. 品牌"现有形象"（客户和员工）→主要涉及品牌的功能和能力

（示例）

- 满足客户需求
- 经营能力强、销售能力强
- 有成长潜力
- 环保

※ 能够体现公司"优势"和"劣势"的词语都可以添加进来。

3. 该行业的"期待形象"（客户和员工）→主要涉及品牌的功能和能力

- 设置与上述"品牌现有形象认知"相同的调查项目

※ 通过比较两者（2 和 3），可以清楚地看到"现有形象"和"期待形象"在功能和能力方面的差距。

4. 品牌现有形象（客户和员工）→直观的描述（形容词）

（示例）

- 友好、平易近人、年轻、灵敏、智慧、传统、活跃、可靠、创新……

※ 调查品牌的情感形象。将品牌特征设置为选项。这个结果可以作为确立品牌个性的参考材料。

※ 第五章的第 27 个模块涉及日本色彩设计研究所研制的"形象坐标"，在选择描述品牌形象的词语时可以将其作为参考。

5. 期待形象（顾客和员工）→直观的描述（形容词）

- 设置与上述"品牌形象"相同的调查项目。

※ 品牌现有形象与期待形象之间的差距一目了然。

6. 满意度（顾客和员工）

7. 喜爱程度（顾客和员工）

8. 推荐度（顾客和员工）

爱知东邦大学案例

此后的每一章，我都会以自己的亲身经历即在大学任教的例子作为参考素材，为大家详细介绍品牌化的实操方法。

关于爱知东邦大学

大学概述

学校类型：位于爱知县的一所小规模私立大学。

办学历史：作为为日本中部地区发展奠定了基础的有识之士，下出民义先生为培养国家栋梁之材而创办了本校（1923 年）。此后发展成为短期大学①、四年制大学直至今日。

所设学院：工商管理学院、人类健康学院和教育学院。学生总数 1400 人。

品牌化过程

基本方针：

立志成为名古屋都市圈内具有独特价值的大学，从而成为利益相关者心中的首选大学。为此，我们凝练出爱知东邦大学的特色，并推出特色教学活动。

"成为名古屋都市圈内最好的大学"

旨在成为在校生、校友、教职工心中的骄傲，并赢得担保人（监护人）的信赖；立志成为高中生的梦想院校、高中教师的推荐大学、企业的人才源头，并赢得当地人民的喜爱。

步骤

步骤			
1. 环境分析 • 分析本校所处环境，筛查问题、寻找机遇。			2016 年 5 月 品牌推广委员会 2016 年 10 月—2017 年 2 月 调查、分析和报告
2. 品牌创始人分析 • 历史、理念、成就 • 责任者的意志 • 教职员工的认知等	3. 利益相关者分析 • 在校生、担保人 • 高中生、毕业生 • 毕业生工作单位	4. 竞争大学分析 • 竞争大学的活动	
5. 品牌概念的制定 • 根据上述分析，确立大学概念（"个性之源"）。			2017 年 4 月 教职员工圆桌讨论 2017 年 5 月、6 月 确立概念 2017 年 7—10 月 • 视觉识别设计 • 信条 • 教育活动措施
6. 制定实现品牌概念的机制 • 展示方法（标志、设计、品牌指南等） • 活动方法（入学、学院活动、课堂、就业、学生支援活动、与地区的合作等）			
7. 品牌概念的内部渗透与对外传播 • 对教职员工的理解、个性化与对外交流			2018 年 2 月 • 全校说明 • 宣传措施
8. 效果检验和改进措施			

---

① 短期大学是日本一种学制为 2 年到 3 年的高等教育机构。短期大学的主要宗旨是对完成中等教育的人或成人进行专门的职业技术教育。——译者注

实际操作

1. 品牌推进委员会进行现状分析

- 外部环境、内部环境、竞争环境。

2. 大规模调查

- 向 7000 人发放 "有关爱知东邦大学的认识调查"，调查对象包括在校学生、全职教师、教职员工、家长、附属高中学生、附属高中教师、指定学校的教师、毕业生和雇主。
- 回收调查结果约 3000 份。

3. 调查报告发布会

- 面向全体教职员工召开 "有关爱知东邦大学的认识调查结果" 报告会。
- 报告可通过内联网查看。

4. 分发《品牌化启动手册》调查报告

5. 教职员工圆桌讨论

- 基于调查结果，召开面向全体教职员工的圆桌会议（多次举办，共计 10 小时）。
- 预备咖啡、蛋糕。
- 记录全部意见并将其数据化，供所有教职员工查看。
- 要求无法参加圆桌讨论的员工通过电子邮件提交意见。

品牌化启动手册   **报告书**

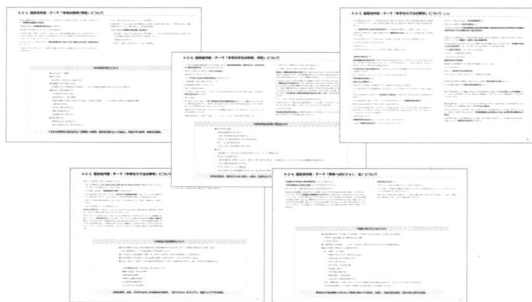

6. 基于所有信息的 SWOT 分析

		外部环境	
		机会	威胁
		• 国家地方振兴综合战略要求提高地方大学升学率。 • 东海地区的影响力不断提升（2027 年磁悬浮新干线振兴区域）。 • 东海地区企业有望振兴。 • 2019 年，日本创设新型大学，即"专门职业大学"。旨在培养灵活应对实际工作的人才。 • 东海地区和名古屋的中小企业将发挥更大的作用。然而，中小企业人才稀缺。 • 人工智能的发展使人类的个性化成果备受关注。商业、国际、教育和卫生领域是很难被人工智能取代的领域。 ▬▬▬▬▬▬▬▬▬▬▬	• 2020 年面临一大问题，即 18 岁人口减少。超员入学的时代结束了。 • 存在多所竞争大学。 • 竞争大学已经开始品牌化。 • 我校与竞争对手的政策别无二致。 • 具备较高知名度、地位以及录取分数线高的大学、综合性大学更受关注。 • 没有及时乘上日本大学改革的东风。 ▬▬▬▬▬▬▬▬▬
内部环境	优势 • 作为为名古屋打下产业基础的有识之士，下出民义先生的精神为整个学园所继承，目前已有 90 多年的历史。 • 本着"信任"和"认真"的精神。 • 在名古屋产业发展历史上留下浓墨重彩的一笔。 • 与当地公司关系密切。 • 本校规模较小，但运转起来很灵活。 • 教职员工与学生以及学生与学生之间的距离近，因此可以做到全方位的关注。 • 总体上很友好。 ▬▬▬▬	**机会 × 优势：最大化利用机会** • 东邦品牌为名古屋产业的提升做出了贡献，支持名古屋中小企业的振兴。 • 小型学校的特点赋予我校更加鲜明的个性。 • 培养大量人才反哺社区和地区，能够满足本地当前的人才需求。 • 我校完美契合当地中小企业的需求，全体教师、学生、职工齐心协力满足企业需求。 • 课题型课程有效培养了学生的实战能力。 • 身处人工智能热潮、追求效率的时代，本校培养的学生所具备的"人性"和"创造力"，将成为一种"杀手锏"。	**威胁 × 优势：竞争对手差异化** • 小型学院、名古屋地区小型学院的特征使差异化成为可能（需要明确差异）。 • 其他大学也以培养适应全球化的人才和创造力为主题，但东邦学园、爱知东邦大学具有悠久的历史和独特的追求（乡土情怀、地区情怀、工作情怀、人类情怀）。 • 下出民义先生的追求与成就。服务制造业（地区产业）、人才培养（教育行业）和文化培养（文化发展）的思想是其他大学不具备的财富。 • 本校所颁扬的"信任"是宝贵的"社会资本"，也是未来的价值。 • 如果大学进行品牌化，那么是可以获得成果的。
		<我校应该积极展开活动以及进行差异化的方向> • 小型学院的效率及优势→与学生关系更亲近、更有效的教育、个性化教育。 • 大学所颁扬的创造力、爱、信赖以及乡土情怀是人工智能时代、效率至上时代的宝贵财富。 • 满足地区及名古屋发展的需求，为解决当地问题和课题积极展开活动。 • "21 世纪的寺子屋"（"超级地区大学"）相对于"超级国际化大学"→培养实践能力强的专业人才、专业性 + 知识 + 智慧。 • 史上首次挑战塑造大学品牌→综合大学、在办学历史较短的大学、没有与地区建立联系的大学均做不到这一点。生存能力强、有创造力的学校方可做到这一点。 　→本校特色有服务制造业（地区产业）、人才培养（教育行业）和文化培养（文化发展）。	
	劣势 • 品牌影响力较弱 • 发言权较弱 • 绝对知名度较低 ▬▬▬▬ ▬▬▬▬	**机会 × 劣势：错失良机** • 影响力较弱的大学有可能无法充分满足东海地区和名古屋产业界的要求。 • 本校相关人员若没有问题意识，则可能错失良机。	**威胁 × 劣势：战胜生存危机、提高警惕** • 如果没有意识到本校正在面临的管理危机，那么结果将更加严峻。全力支持学生发展，大力提高学生素质。否则学校将会面临生存危机。 • 如果不及时改革，那么学校将会面临被淘汰的风险。
		如何避免最坏情况的出现 • 加强大学的基本功能。例如研究系统、研究成果、教育体制、就业等。 • 消除偏见，教师和员工齐心协力进行改革。 • 寻找本校的"优势""机会"，自信十足地开展活动。 • 位于名古屋的东邦学院拥有人才培养、服务于制造业、文化培养的悠久历史。这段历史是我校独一无二的财富。要保持自信的心态，为学院的品牌塑造活动做好心理准备。	

第 五 章
思 考 前 进 方 向

我们想成为怎样的
品牌?
确定方向的要点

本章要点

问　怎样确定品牌的发展方向?

问　做过态势分析法之后应该做什么?

问　有没有可以帮助品牌构思目标形象的方法?

本章演练

演练 ▶ 为你的组织做一次态势分析吧!

演练 ▶ 为你的公司(部门)制定一份主张清单吧!

演练 ▶ 将你的公司(产品、服务)比作其他事物。

演练 ▶ 想一想,你的公司(或部门)有哪些可以开始品牌化的契机?

本 章 要 领

第 五 章 主 题
思考前进方向

步骤	做什么	怎样做	
1	学习基础知识	•学习与品牌、品牌化相关的基础知识	准备
2	创造最佳时机	•营造可以开始品牌化的氛围、寻找伙伴	
3	创建组织	•打造推进品牌化活动的组织	
4	分析环境	•宏观环境（政治、经济、社会、技术）分析 •微观环境（业界、竞合、顾客）分析 •内部环境分析 •了解外部环境中存在的机会与威胁、自身的优势及劣势	
▶ 5	思考前进方向	•使用态势分析法（SWOT）分析外部环境和内部环境中的机会与威胁、自身的优势及劣势 •品牌主张清单（企业主张） •讨论品牌追求的状态 •构思未来发展方向	浓缩
6	打造品牌基础	•打造品牌基础（品牌概念） •品牌愿景、品牌使命、品牌价值 •品牌个性 •品牌宣言 …… •整理企业和组织的理念体系	
7	明确传达方式	•决定品牌的展示方式和表达方式 •品牌传播指南 •策划对内宣传活动 •策划对外传播计划	扩散
8	策划个性活动	•思考能够展现品牌个性的具体活动	
9	推出品牌	•开展能够提高人们对品牌的期待感的活动	
10	活用成果	•定期检查各类活动	检验

品 牌 管 理

25

答 ....

站在不同的
角度分析。

Theory
[理 论 篇]

▎品牌个性的源泉

宏观环境四要素分析法（PEST 分析法）可以帮助组织梳理外部环境情况，战略三角模型分析法（3C 分析法）可以梳理竞争对手、顾客以及企业内部环境情况。每一种分析的结果都有利用的价值。

在第一章的第 7 个模块，我们谈到品牌即"个性"。
这里再次确认决定企业个性的三个条件。

① 企业有能力、有决心
→利用战略三角模型分析法调查内部环境。
② 企业活动满足社会和利益相关者的需求
→分析宏观环境的四要素、分析客户（战略三角模型分析法）。
③ 与其他企业存在差异
→分析竞争对手（战略三角模型分析法）。

161

换句话说，企业要满足社会和客户的需求，并且要区别于竞争对手，还要具备相应的能力和意志力。满足以上三个条件，即可构建企业自身的"个性"。

探索闪光点、发现最擅长的领域

我们可以通过"市场定位"确立自身的个性。市场定位是市场营销三要素（STP）中的一个要素，它是一种市场营销策略。"三要素"分别是市场细分（Segmentation）、市场目标（Targeting）以及市场定位（Positioning）。市场定位是企业差异化的一种方法。

企业可以通过市场定位找到自身的独特之处，从而在市场中占据一个无可替代的地位。具体做法是将自身置于四个象限之中，通过判断自身在横轴和纵轴中的位置，寻找自身定位。怎样做才能成为独一无二的存在呢？首先确定横轴和纵轴都是什么，使用形容词或名词都可以。比如：

"纵轴为'我们的骄傲'，横轴为'域'即'业务领域'。"

"纵轴为'我们最擅长的领域'，横轴为'域'即'业务领域'。"

改变定位会使企业发现新的发展道路（在这种情况下，"域"并非互联网用语，它是指"企业活动领域"）。

重要的是决心与能力

品牌源于创意。创意是很抽象的。而经营是可以凭逻辑判断的。如果企业想要用理论判断各种事件，那么站在经营的角度将更有说服力。但企业活动的根基却是强烈的想法，也就是创意。

企业要满足社会和客户需求并区别于竞争对手，说起来容易，但实际在做的过程中困难重重。特别是竞争对手比较多的企业，很难找到与其他竞争对手之间的差异。

例如，安心、安全、舒适、微笑、客户满意度和社会贡献。

如果你调查过竞争企业的宣传标语，就一定会经常见到以上表达。与其他公司使用相同的表达并无大碍，只不过需要你进一步挖掘自己公司的标语含义。

比如，我们公司提倡的"安心与安全"到底是什么？其根源在哪里？我们与其他公司的"安心与安全"有何不同？我们的"微笑"是如何区别于其他公司的？为了找到以上问题的答案，只要找到确立标语的初衷何在即可。即便不同的公司使用相同的词语，词语背后的创意与故事也一定是不同的。好比同一道菜让不同的厨师来做，即使其成品的外观相同，也会发现每道菜的味道都不同。

█ 使用态势分析法摸索方向

　　将战略三角模型分析和宏观环境四要素分析的结果交叉组合，构成态势分析法的基本框架（有关态势分析法的具体操作方法，请参阅第本书第 19 个模块的内容）。

战略三角模型分析法与态势分析法

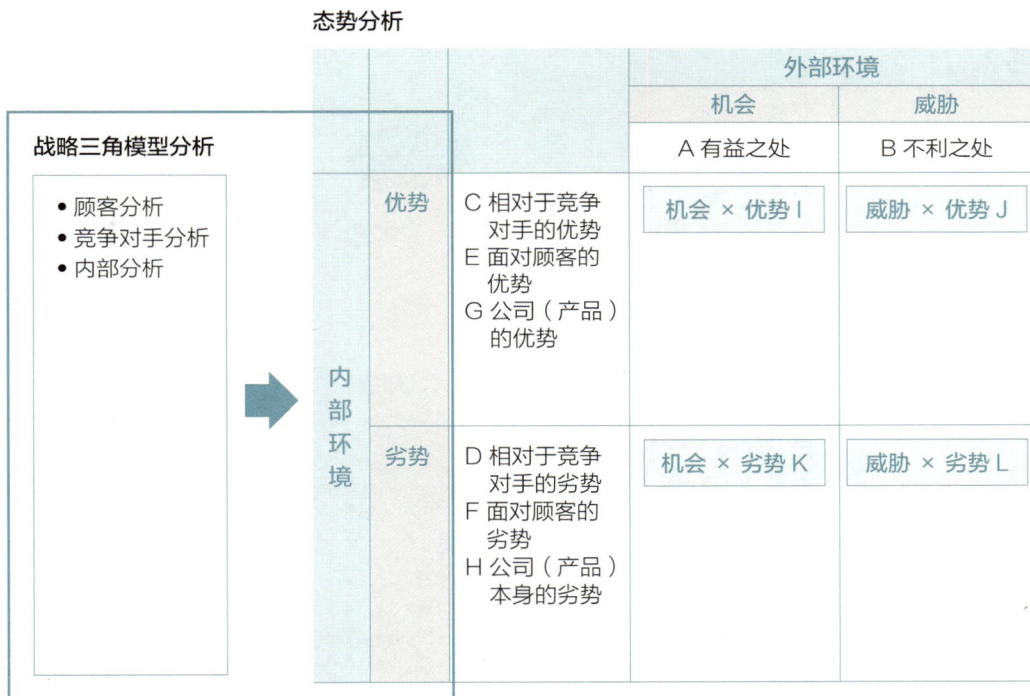

态势分析

战略三角模型分析				外部环境	
				机会	威胁
• 顾客分析 • 竞争对手分析 • 内部分析				A 有益之处	B 不利之处
	内部环境	优势	C 相对于竞争对手的优势 E 面对顾客的优势 G 公司（产品）的优势	机会 × 优势 I	威胁 × 优势 J
		劣势	D 相对于竞争对手的劣势 F 面对顾客的劣势 H 公司（产品）本身的劣势	机会 × 劣势 K	威胁 × 劣势 L

定位示例（爱知东邦大学）

消极定位

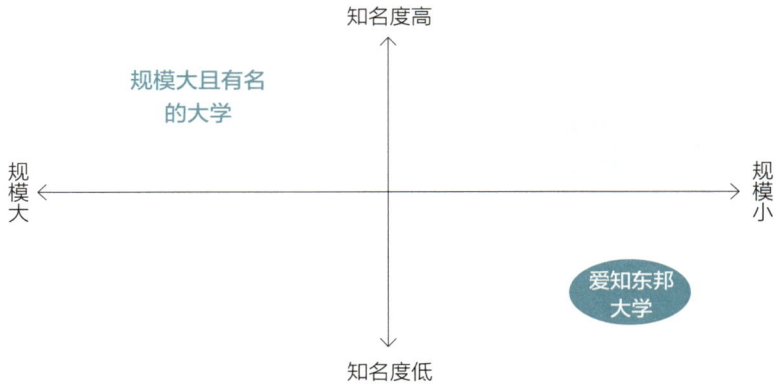

积极定位

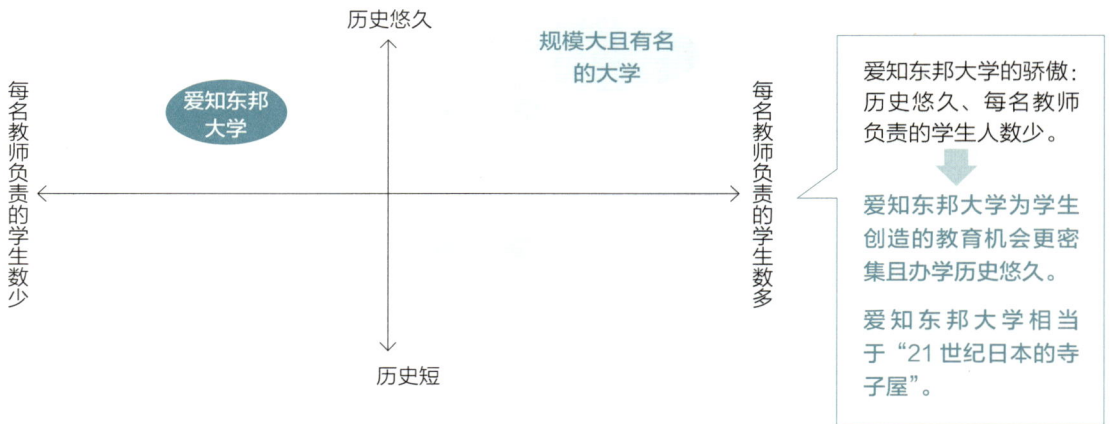

[实 践 篇]

态势分析法的要领

1. 态势分析法是创意的孵化器

人类的左脑用于分析，右脑用于创造。换句话说，我们"逻辑性地思考，创造性地创造"。

2. 各自思考、全员共享

要给每个人思考的机会，而不是把分析留给最擅长的人，这样才能帮助大家意识到自己平时没有发现的问题。要保证讨论的范围广度。

3. 找到自己的路

你可能会想，"我们没有那么多优势，这样也能找到前进的道路吗？"绞尽脑汁找到突破口吧！若想在竞争中取胜，必然要有自己的优势、特点和创意。

4. 俯瞰与近观

外部环境既要俯瞰又要近观。分析内部环境时，最好一边对照实际情况一边近距离观察。时而眺望时而拉近距离近观，一定可以找到前进的线索。

5. "机会 × 优势"和"威胁 × 优势"为进攻区

要对自己的长处充满信心。如果竞争对手与你势均力敌，你就要思考如何巧用自身的优势以便赢得立足之地。

6. "机会 × 劣势"和"威胁 × 劣势"为防范区

不论是将劣势转变为优势，还是用优势覆盖劣势，都需要组织付出很大努力。我们应该将劣势视为待改善的问题。企业要利用自己的优势打造品牌。

7. 每一句话都可能成为灵感的来源

人们无意间说出口的话实际上是很有价值的。记录组员发言时不要遗漏任何内容，要原封不动地将原话记录下来。每一位组员的发言都可能为组织提供灵感。

8. 不要四舍五入

品牌是功能价值和情感价值的融合。尤其要关注能够体现情感价值的发言，且记录的时候万万不可省略。比如"顾客很开心地向我们讲述了与我们企业的故事"绝不可被简单概括为"保证顾客的满意度""得到了顾客的认可"等。

9. 将消极想法引导为积极想法

组员在讨论公司劣势的时候，难免会用到消极的话语。这是不可避免的事实，不过你可以引导大家思考如何解决问题。站在不同的角度看问题，一定会得出不同的结论。因此，所谓的消极的一面也有可能转换为积极的一面。

10. 拓宽思维

在分析的时候所有人都应该站在经营者的角度看问题，不需要另寻高人负责分析。站在其他部门的角度看待问题一定会看到不一样的风景。

为你的组织做一次态势分析吧！

首先将确定 A~H，然后思考 I、J、K、L 四部分的内容（以下表格空间有限，可自行补充纸张补全内容）。

			外部环境	
			机会	威胁
			A 有益之处	B 不利之处
内部环境	优势	C 相对于竞争对手的优势 E 面对顾客的优势 G 公司（产品）的优势	机会 × 优势 I	威胁 × 优势 J
	劣势	D 相对于竞争对手的劣势 F 面对顾客的劣势 H 公司（产品）本身的劣势	机会 × 劣势 K	威胁 × 劣势 L

品 牌 管 理

26

问 ....

做过
态势分析法
之后应该做什么？

答 ....

列一份
品牌主张清单。

T heory

[理 论 篇]

▍能承诺什么？想承诺什么？

第一章提到了品牌约定对品牌的重要性。品牌约定即"个性之源"。

与品牌约定有关的表达有很多，比如品牌承诺、品牌主张、品牌精髓、品牌愿景、品牌价值……如果你没有相关知识，恐怕听到这些词汇会感到一头雾水。

接下来我们要进入确立品牌概念的阶段，首先要做的就是忘掉以上专有名词。

组织要确定"我们可以承诺什么""我们想要承诺什么"，然后将其归类为品牌愿景、品牌价值……

▍拟一份品牌主张清单

品牌主张清单，换言之就是"我的提议清单"，如果进一步解释，那么我们可以将其理解为"品牌骄傲清单""品牌约定清单"。

利用态势分析法制成该清单。要特别关注"机会 × 优势"和"威胁 × 优势"区域的分析结果。可以从以下几个方面制定清单。

1. 具有功能价值的特点、长处、骄傲之处

技术、专有技术、速度、效率、网络、生产系统、历史、划时代的创举……

2. 具有情感价值的特点、长处和自豪感

公司的气氛、文化、员工的个性、思维方式、独特的哲学……

3. 未来的目标

可以采用以下表达方式："我们的品牌旨在成为……（状态）""追求……（状态）""我们的品牌是……（状态）"。

4. 企业活动的应有状态

使用表决心式的语句，例如"我们的品牌要做……""我们品牌的作用是……"。

5. 你想为社会和客户提供什么？想让对方感受到什么？

可以使用"我们的品牌期望通过……为社会做出贡献""我们的品牌想将……作为礼物送给顾客"等表达方式。

（"……"部分既可以是功能价值，也可以是情感价值。）

▌检查品牌主张清单

拟好品牌主张清单后需要重新检查一遍。

- 独一无二的表达。独特→○
- 平淡无奇的表达。普遍→△ ×
- 标有○的项目中特别重要的表达→◎

如果每个人给出 20 个答案，假设你的团队只有 5 个人，那么总共会得到 100 种表达。其中一定有十分接近品牌"宝藏"即"个性"的回答。

品牌主张清单的具体项目、制作方法

1. 要求团队成员各自思考品牌主张（作业）

首先把自己想到的点子全部写下来，然后将其分类。

	内容	评价
具有功能价值的特点		
具有情感价值的特点		
与目标相关的表达		
指明企业活动方向		
体现公司想要为社会提供的价值		

2. 组员轮流发言

清单内容越多越好。

3. 汇总全体成员的意见

- 平淡无奇的表达。常见→△　×
- 独一无二的表达。独特→○
- 标有○的项目中特别重要的表达→◎

[实 践 篇]

制定品牌主张清单的技巧

▌ 假设自己是广告文案撰稿人

以广告文案的视角审视品牌主张清单，发挥你的想象力，思考哪些内容可以表达公司的发展目标，又有哪些内容可以体现公司将为顾客和企业提供怎样的价值。

制定承诺性表达的时候，你可以想象自己正在向别人介绍自己公司的优点，与其向对方表示自己的品牌功能价值高，不如宣扬自家品牌的情感价值。

制定品牌主张也适用这个道理。具有感染力的表达更加让人心动。

▌ 内容要足够多

将你能想到的品牌主张全部记录下来。多准备一些方案是有用处的。

广告公司的文案撰稿人为了让客户满意，通常要想出 100 种方案（俗称"百次敲门"）。也就是说，从不同的角度思考才能得到一个最合适的方案。

▌ 一言以蔽之

如果让你用一句话向一个陌生人介绍你的公司，那么你会怎样说？

品牌主张清单就是一张绘有品牌特点或个性的那么图画。

而品牌特点和个性又是与品牌约定（品牌概念）息息相关的重要因素。

品牌主张清单示例（爱知东邦大学）

	内容	评价
功能特点	• 学校规模小，只有三个学院 • 学校拥有近 100 年的历史 • 学校创始人为当地产业界奠定了基础 • 为地区做贡献……	× ○ ○◎ △
情感特点	• 自由、积极的氛围 • 是一所明事理、有人情味儿的大学 • 教师与学生之间的关系亲近 • 学生毕业后也很方便与大学保持联系 • 秉持着学校所在地区即学习现场的原则……	△ ○◎ ○ ○ △
目标	• 将学生打造成宝石般的存在 • 成为"超级地区大学" • 规模小但潜力大的大学 • 成为"21 世纪的寺子屋" • 成为被社会感恩的大学……	○◎ △ ○ ○ △
企业活动的方向	• 最大限度地助力学生成长 • 培养从原点走到顶点的人才 • 关注每一名学生的喜怒哀乐 • 为支撑地区的产业提供支援……	○◎ ○◎ ○ △
想为社会提供的价值 期待对方产生怎样的 感受	• 成为地区智慧基地 • 培养 21 世纪为地区做贡献的人才 • 培养改变这片土地的人才 • 爱知东邦大学的毕业生都很积极……	△ ○ ○◎ ○◎

为你的公司（部门）制定一份主张清单吧！

关注态势分析表格中你填写的 A、C、E、G、I、J 对应的内容，至少写出 20~30 条主张。尽量超过这个数字。将其作为作业布置给你的组员（几名组员即可得到百条以上主张）。

标注 × △ ○ ◎

	内容	× △ ○ ◎
功能特点		
情感特点		
目标		
企业活动的方向		
想为社会提供的价值 期待对方产生怎样的感受		

品 牌 管 理

27

Theory ［理论篇］

利用投影法确定目标形象

品牌化是使抽象概念落地的活动，其目的是使受众看得见、感知得到自己的品牌个性。如果你已经完成了上一个模块的任务，即找到了前进方向，就要开始构思品牌的目标形象。品牌形象仅用一句话来形容是不够的，因为不同的人看到相同的一句话，其脑海中浮现的形象各不相同。

假如有一个人说："我一直看起来都不显眼，从今天开始我要打扮得酷一些！""打扮得酷一些"到底是指打扮成什么样子？不同的人对"酷"有不同的解释，比如"知性""时尚""利落""绅士""正式""青春风""华丽"……

为了更清晰地描述目标形象，需要将其比作其他事物。例如，餐馆、酒店、主题公园、家用电器、汽车、城市、颜色、花卉、动物、明星等。

提问：请用汽车比喻现在的品牌形象以及用汽车比喻目标形象。
回答：现在是……，理由是……
　　　今后想成为……，理由是……

"……"部分尽量用具体的事物来表示，这样更容易形成清晰的形象。此外，组员在解释自己为什么要将品牌比作该事物的时候，会暴露平时没有表达过的想法。

同时，通过设置"品牌现有形象"和"竞争品牌现有形象"两个问题，进一步明确你与竞争品牌的形象差异。这种方法被英特品牌咨询公司称为"寻找品牌（Brand Bingo）"活动。

▌通过形象坐标找到目标形象

日本色彩设计研究所（成立于 1967 年，是一家专门从事色彩营销的公司）研究出了"形象坐标系"。其中的"语言形象坐标"对于探索现有形象、竞争对手形象、目标形象来说颇具参考性。

形象坐标由"冷、暖""软、硬"两条垂直的轴构成。整个坐标系共有 180 个形容词。该坐标根据词语之间的接近程度将词语划为不同区域。

- 可爱、闲适、浪漫、自然、雅致、清新
- 动感、豪华、粗犷、古典、古典加考究、精致
- 考究、正式、酷炫、休闲、现代

使用该坐标系，从 180 个词语中选择恰当的词汇描绘自己组织的现有形象、目标形象和竞争对手形象。

此外，除了其中的词语，组织还要参考词语对应的颜色在坐标系中所构成的"配色形象坐标"。

（参考：《感性传达图片化 视觉传达新发现》英治出版[1]）

投影法和形象坐标说到底都是为了确认人们心中的品牌形象。然而，每个人的认知都是不同的，因此不可能通过目标形象和竞争对手形象调查的结果找到一个确定的答案。但是，我们可以基于此前态势分析结果，以及本模块中的形象讨论结果，逐步建立目标形象。

---

[1] 日文书名为《感性に伝わるフォトにケーション　ビジュアルコミュニケーションの発想》。——译者注

用比喻法描述形象（投影法）

某品牌的现有形象

比作汽车、家用电器、电子设备……

平价汽车	收录机	普通吸尘器
翻盖手机	模拟手表	老式按摩器

可以将现有形象具体化的事物（最好用专有名词）。

目标形象

比作汽车、家用电器、电子设备……

电动汽车	新型播放器	扫地机器人
智能手机	智能手表	新型按摩椅

可以将目标形象具体化的事物（最好用专有名词）。

比喻理由

平价汽车	收录机	普通吸尘器
■亲民 ■常规商品	■以前的常规商品 ■性能上无差异	■必需品 ■普通
翻盖手机	模拟手表	老式按摩器
■不能跨境使用 ■缺少很多功能	■常规商品 ■亲民 ■安心	■重量大 ■结实 ■面向老年人

用关键词概括你的比喻理由。

比喻理由

电动汽车	新型播放器	扫地机器人
■新式 ■社会热议的话题	■高品质 ■干练 ■个性	■可靠 ■先进
智能手机	智能手表	新型按摩椅
■具有时代性的 常规商品 ■全球通用	■功能多 ■外观抢眼	■放松 ■休闲 ■简易

用关键词概括你的比喻理由。

形象坐标

组员心中现有的品牌形象与未来的目标形象

（下图的制作参考了日本色彩设计研究所提出的形象坐标理论）

语言形象坐标

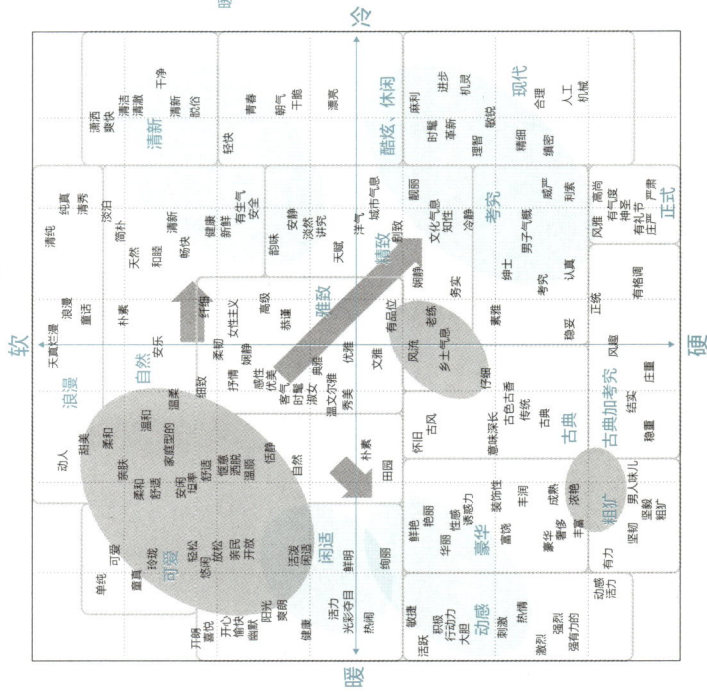

配色形象坐标

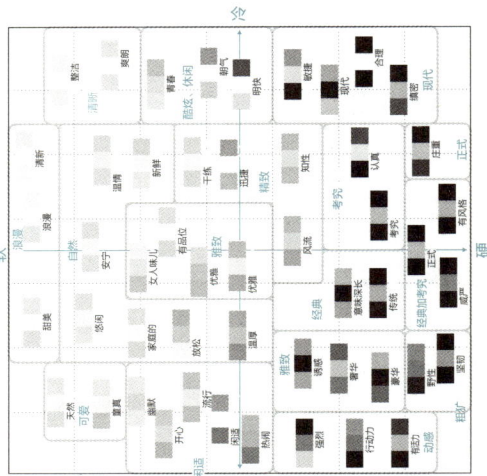

现有形象
目标形象

与形象坐标相关的内容是笔者在株式会社日本色彩研究所的许可下对其进行加工和使用的。

[实 践 篇]

比喻法（投影法）的步骤

1. 决定喻体

餐厅、宾馆、主题公园、家电、汽车、城市、
明星、颜色、花卉、动物等。

以这样的形式各自思考并
发言吧!

例：对于某制造商

	现有形象		目标形象	
	名称	理由	名称	理由
餐厅	当地的○○餐厅	• 亲民 • 可以大方地走进去 • 整体上很普通 • 没有特别之处……	××（地点）△△餐厅	• 菜品考究 • 时尚 • □□（名字）主厨很有名……
汽车	从很久之前就有的○○	• 安心 • 熟悉 • 家用车 • 老式……	△△电动汽车	• 创新 • 智能 • 挑战 • 别致……
主题公园	当地○○游乐园	• 日常 • 安静 • 没有特别的项目	××（地点）△△动物园	• 有仪式感 • 参观过程很有趣 • 兴奋……
总结	现有形象 • 亲民，但有些陈旧，没什么乐趣。 　耳熟能详，但没有特别之处。		目标形象 • 挑战新鲜事物，开展的每一次活动都很精彩。 • 总体来看很精致、灵巧。	

2. 分别写出三个喻体即现有形象、目标形象、竞争对手形象的喻体，注意要列举具体的事物。

3. 写出你为什么选择以上喻体。

4. 在全体成员面前发言。

5. 记录每个人的发言，讨论喻体倾向。

形象坐标

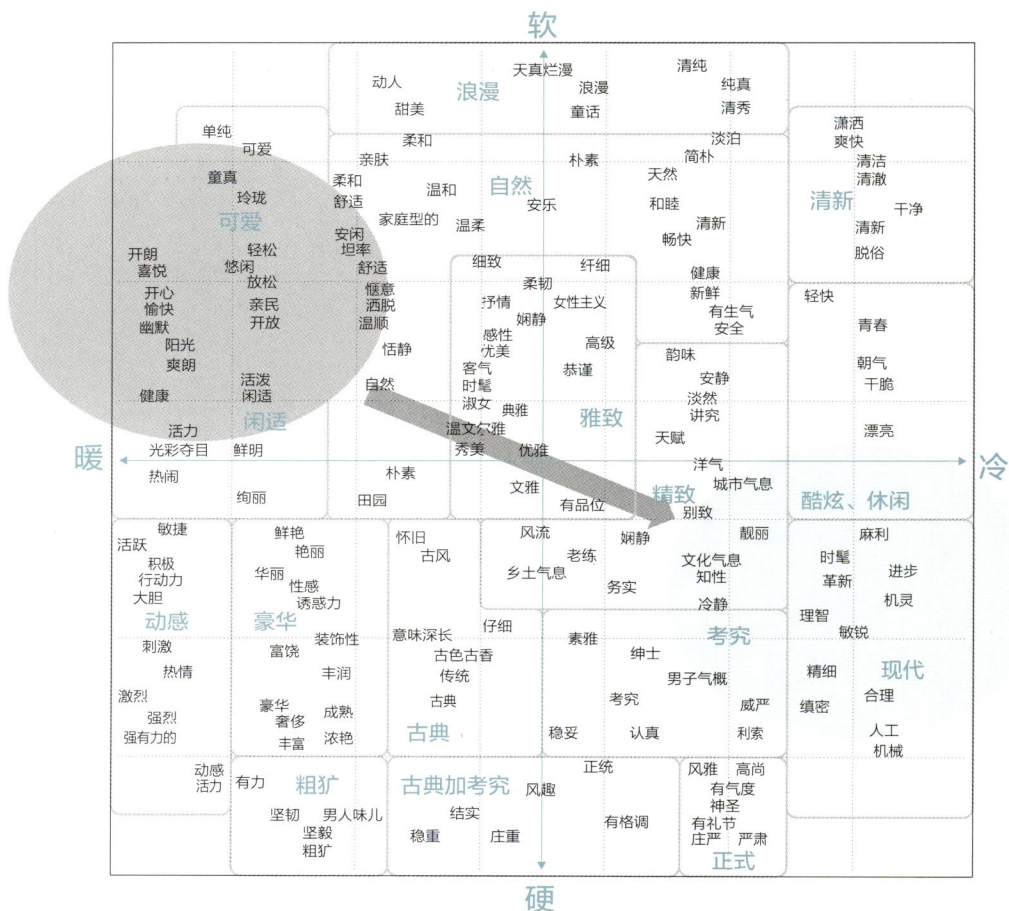

软

天真烂漫

清纯

动人　　浪漫　　浪漫　　纯真

甜美　　童话　　清秀

潇洒
爽快

单纯

可爱　　　　　　　柔和　　　　　　淡泊　　　　　　清洁

亲肤　　朴素　　简朴　　清澈

童真　玲珑　　柔和　温和　自然　天然　　干净

可爱　　舒适　　安乐　　和睦　清新　　清新

轻松　安闲　　温柔　　畅快　　　　脱俗

开朗　　悠闲　坦率　　　　　　新鲜

喜悦　　放松　　细致　柔韧　纤细　健康　轻快

开心　　洒脱　抒情　女性主义　新鲜　青春

愉快　亲民　温顺　感性　高级　有生气　朝气

幽默　开放　　恬静　优美　恭谨　安全　干脆

阳光　　　　　　客气　　韵味

爽朗　　活泼　　自然　时髦　典雅　安静　漂亮

健康　闲适　　　　淑女　　淡然

活力　　　　　　　温文尔雅　讲究

暖　光彩夺目　鲜明　　秀美　优雅　天赋　　　　　　　　冷

热闹　　　　朴素　　　文雅　洋气

绚丽　田园　　有品位　城市气息　酷炫、休闲

别致

敏捷　　鲜艳　　怀旧　风流　娴静　靓丽　麻利

活跃　艳丽　古风　　　　文化气息　时髦　进步

积极　华丽　　　乡土气息　老练　知性　革新　机灵

行动力　性感　　　　　务实　冷静　理智　敏锐

大胆　　诱惑力　　　　　考究

动感　装饰性　意味深长　仔细　素雅　绅士　精细　现代

刺激　富饶　古色古香　　男子气概　　合理

热情　　丰润　传统　　考究　威严　缜密　人工

激烈　豪华　成熟　　古典　稳妥　认真　利索　机械

强烈　奢侈　浓艳

强有力的　丰富　浓烈

动感　有力　　古典加考究　正统　风雅　高尚

活力　　粗犷　　　风趣　有气度

坚韧　男人味儿　结实　有格调　神圣

坚毅　　　稳重　庄重　　　有礼节

粗犷　　　　　　　　庄严　严肃

正式

硬

与形象坐标相关的内容是笔者在日本色彩研究所股份有限公司的许可下对其进行加工和使用的。

[实 践 篇] ▶ 将你的公司（产品、服务）比作其他事物。

将你的公司（产品、服务）比作其他事物。

	现有形象		目标形象	
	名称	理由	名称	理由
汽车				
主题公园				
家用电器				
餐厅				
总结				

小 结

第 五 章

主 题

思考前进方向

🔵 **怎样确定品牌的发展方向？**

🔵 **站在不同的角度分析。**

　　将利用环境四要素分析法、战略三角模型分析法得到的结果代入态势分析法中进行交叉组合，讨论你们的发展方向。也就是说，要找到自身的个性。

　　要让你的品牌个性满足以下三个条件。

　　1. 有能力、有决心做到的要素。

　　2. 能够满足社会和顾客需求的要素。

　　3. 区别于其他竞争对手的要素。

　　特别要注意第一类要素。

🔵 **做过态势分析法之后应该做什么？**

🔵 **列一份品牌主张清单。**

　　品牌主张清单应该包括"我们能够主张什么""我们值得骄傲的地方"以及"我们的约定"。

　　利用态势分析法，特别是"机会 × 优势"区和"威胁 × 优势"区创建该清单。可以将以下内容设置为分析的轴线，例如功能特点、情感特点、目标、企业活动的方向、想为社会提供的价值、期待对方产生怎样的感受等。

🔵 **有没有可以帮助品牌构思目标形象的方法？**

🔵 **试一试投影法或形象坐标分析法。**

　　品牌化是使抽象概念落地并以此让人们看得见、感知得到品牌的活动。如果你已经找到了前进的方向以及个性，就可以动身寻找你们的目标形象。用具体的事物来比喻现有形象、竞争对手的形象、目标形象更有效，因此可以采用比喻的方式即投影法、形象坐标法。

第 六 章
打造品牌基础

何谓品牌概念?
确立品牌概念的
要点

本章要点

问　何谓品牌基础

问　愿景、使命、价值的具体含义是什么?

问　何谓品牌个性?

问　何谓品牌宣言?

问　何谓品牌故事?

问　何谓品牌世界观、品牌形象?

问　何谓品牌基调、品牌调性?

问　何谓合格的品牌基础?

本章演练

演练▶ 回顾你的公司的理念体系。

演练▶ 动手写一写愿景、使命、价值吧!

演练▶ 结合上一个模块中你构思的品牌愿景,为你的品牌确立个性。

演练▶ 为你的品牌确立品牌宣言。

演练▶ 在你的公司里找一找可以成为品牌故事的素材。

演练▶ 对照品牌基础,收集符合品牌形象的照片。

演练▶ 查找各大公司的品牌基调。

演练▶ 调查其他企业的品牌理念体系(品牌基础)。

演练▶ 想一想,你的公司(或部门)有哪些可以开始品牌化的契机?

本 章 要 领

第 六 章 主 题
打造品牌基础

步骤	做什么	怎样做	
1	学习基础知识	• 学习与品牌、品牌化相关的基础知识	
2	创造最佳时机	• 营造可以开始品牌化的氛围、寻找伙伴	
3	创建组织	• 打造推进品牌化活动的组织	准备
4	分析环境	• 宏观环境（政治、经济、社会、技术）分析 • 微观环境（业界、竞合、顾客）分析 • 内部环境分析 • 了解外部环境中存在的机会与威胁、自身的优势及劣势	
5	思考前进方向	• 使用态势分析法（SWOT）分析外部环境和内部环境中的机会与威胁、自身的优势及劣势 • 品牌主张清单（企业主张） • 讨论品牌追求的状态 • 构思未来发展方向	

6	打造品牌基础	• 打造品牌基础（品牌概念）
		  • 品牌愿景、品牌使命、品牌价值
		  • 品牌个性
		  • 品牌宣言
		  ……
		• 整理企业和组织的理念体系
			浓缩

7	明确传达方式	• 决定品牌的展示方式和表达方式 • 品牌传播指南 • 策划对内宣传活动 • 策划对外传播计划	
8	策划个性活动	• 思考能够展现品牌个性的具体活动	扩散
9	推出品牌	• 开展能够提高人们对品牌的期待感的活动	
10	活用成果	• 定期检查各类活动	检验

品 牌 管 理

28

Theory
[**理 论 篇**]

▍与品牌理念相关的表达

在建立品牌个性的过程中，确立品牌基本要素是非常重要的。这个过程相当于为品牌奠基。

但是，实际上在推进品牌化的时候，我们面对很多类似的表达，很多人都不清楚这些表达之间存在怎样的联系。相关表达如下：

品牌理念、品牌概念、品牌承诺、品牌精髓、品牌标识、品牌主张、品牌愿景、品牌使命、品牌价值、品牌宣言、企业信息、品牌口号、品牌主题句、品牌个性、信条、标准……全部都是英语词汇[①]。

此外，企业中还存在企业理念、创业理念、企业基本方针、企业原则、信条、行动方针等。因此，很多时候企业无法判断应该优先遵循哪个原则，如果不厘清其中的关系，那么企业是无法开始品牌化的。

以上术语以及公司理念和创业理念等都有不同的定义与含义。但是，如果过于关注这些

---

① 　本段落的名词都是日语中的片假名单词。——译者注

定义和定位，那么品牌化的进程将会止步不前。

事实上，每家企业对与理念相关的术语的定义都不同。很多企业根据活动需求而采用各自的解释。不论如何，企业一定要自己决定品牌理念。

▌确定品牌基础

以我做品牌咨询与客户交流的经验来看，整理理念是有秘诀的，那就是将品牌比作一个人。

1. 心：创业理念、企业理念、行动方针

纵使岁月变迁、沧海桑田，一个人的内心也不会发生改变。这是一种恒久的、长期的概念。

2. 大脑：品牌愿景

一个人的思维可以随着时代的变化而变化。因为他要思考自己能做什么事情，想做什么事情，还要思考自己要成为怎样的一个人。

品牌愿景要为了适应不同的时代而做出改变，它是一个有时限的、可变的概念（当然，有些品牌的愿景也会成为恒久的、长期的概念）。

品牌标识、品牌概念、品牌主张、品牌承诺、品牌精髓等概念都可以归于此类。

3. 身体（行动）：品牌使命

身体负责将脑海中的想法付诸行动，代表品牌展开活动。

4. 向社会和顾客传达的想法：品牌价值

行动的目的是向社会提供价值，既包括情感价值又包括功能价值。前者可以使对方感到安心，后者可以为对方提供切实的价值。

5. 性格：品牌个性

即一个人给对方带来的感觉，一个人的性格决定了他将会在别人心中留下怎样的印象。

6. 发言：品牌宣言、品牌口号和品牌主题句等

很多企业的品牌愿景、品牌概念就是从这里延伸得来的。

上述表达组成了品牌的基础，它们是构成品牌个性的重要因素。

企业可以通过确定以下内容进一步明确品牌个性。

7. 发言内容：关键消息
8. 服装：调性和习惯
9. 美谈：品牌故事
10. 整体形象：世界观、形象

　　至于每一个企业应该确定什么品牌基础要素，要看企业的自身情况。有些企业将品牌概念、品牌宣言统一为同一种表达（概念），这样也是没问题的。

将品牌比作人

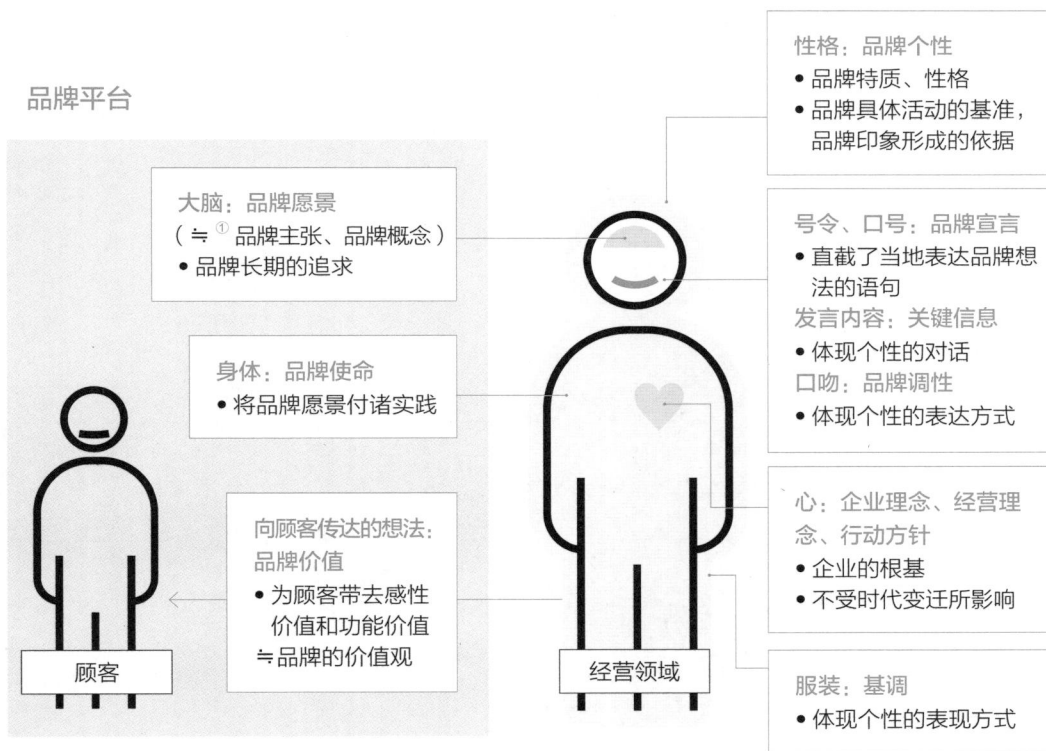

品牌平台

性格：品牌个性
- 品牌特质、性格
- 品牌具体活动的基准，品牌印象形成的依据

大脑：品牌愿景
（≒[1] 品牌主张、品牌概念）
- 品牌长期的追求

身体：品牌使命
- 将品牌愿景付诸实践

号令、口号：品牌宣言
- 直截了当地表达品牌想法的语句
发言内容：关键信息
- 体现个性的对话
口吻：品牌调性
- 体现个性的表达方式

向顾客传达的想法：
品牌价值
- 为顾客带去感性价值和功能价值 ≒ 品牌的价值观

顾客

经营领域

心：企业理念、经营理念、行动方针
- 企业的根基
- 不受时代变迁所影响

服装：基调
- 体现个性的表现方式

　　不同的研究者、企业对上述与品牌相关的术语的解释和定义各不相同。每一种解释方式都是有价值的。为了便于品牌化推进组织人员理解相关的内容，本模块出现的内容是笔者对相关概念的概括。

---

① 近似等于符号。——译者注

决定品牌的基础要素

品牌基础	心	创业理念、企业理念、行动方针	
	大脑	品牌愿景	**品牌平台**
	身体（行动）	品牌使命	
	提供的价值	品牌价值	
	性格	品牌个性	
	号令	品牌宣言（口号、主题句）	
其他要素	发言内容	关键信息	
	服装	基调	
	讲话口吻	调性	
	美谈	品牌故事	
	整体形象	世界观、形象	

▌目前的理念体系及品牌基础的整理方法

创业理念、企业理念、经营理念、企业基本方针、行动方针……如何定位这些概念是企业品牌化过程中的难题之一。

常见观点

- 创业理念很重要，但仅凭理念是无法展开具体活动的。
- 理念是崇高的，也是抽象的。我们不清楚怎样用其指导具体的活动。
- 我们不清楚品牌理念与企业（经营）理念之间的关系。
- 不知道应该如何调整品牌理念和已有的理念体系。
- 创业理念和企业理念已经存在了很久，并没有那么容易修改。

如何解决以上问题

1. 保留已有的理念

创业理念、企业理念是公司的支柱，要保留已有的理念。品牌理念另设即可。

2. 修改

充分利用创业理念、企业理念，但可以根据时代和社会需求赋予其新的解释，适当地进行修改，但要让它与品牌理念具有一致性。

3. 重新制定

在保持创业理念不变的情况下，将企业理念与品牌理念结合并加以创新。

创业理念、企业理念与品牌理念的确立方法

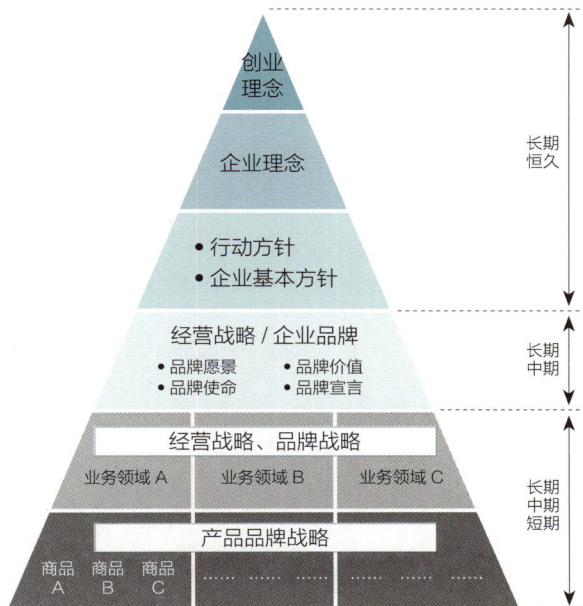

创业理念

企业理念

- 行动方针
- 企业基本方针

长期恒久

经营战略/企业品牌
- 品牌愿景　　• 品牌价值
- 品牌使命　　• 品牌宣言

长期中期

经营战略、品牌战略

| 业务领域 A | 业务领域 B | 业务领域 C |

产品品牌战略

| 商品A 商品B 商品C | …… | …… |

长期中期短期

[实 践 篇]　　　▸ 　　回顾你的公司的理念体系。

回顾你在第一章的第 5 个模块中填写的公司约定，公司约定也是理念体系。客观分析自家企业的理念体系。

（理念体系包括创业理念、企业理念、经营理念、企业基本方针、行动方针、愿景、行动方针、愿景等。）

请确认以下几点。

1. 我了解公司的理念体系。
　非常了解　　　　　　不太了解　　　　　　一般了解　　　　　　完全不了解

2. 我公司的理念体系简单易懂。
　复杂　　　　　　　　比较容易理解　　　　稍微有点儿复杂　　　十分容易理解

3. 我们采取行动的依据是我公司的理念体系。
　非常赞同　　　　　　不太赞同　　　　　　有些赞同　　　　　　完全不赞同

4. 我公司的理念体系体现在整个公司的各个角落。
　完全赞同　　　　　　不太赞同　　　　　　一般赞同　　　　　　完全不赞同

5. 我公司的理念体系使用了"品牌"二字。
　使用了　　　　　　　未使用

想一想你的公司是否有必要调整现有的理念体系。
若有必要，则进一步思考你们公司要面临何种问题。

品 牌 管 理

29

答 ....

三者 分别对应品牌化的 目的、手段、结果。

[理 论 篇]

Theory

▌何谓品牌平台

在构成品牌个性的基本要素中，愿景、使命和价值被称为"品牌平台"。

对于品牌化推进组织的成员来说，分清公司的理念中什么是愿景、什么是使命、什么是价值就是一个难题。

大家在讨论的时候常常会感到困惑，比如有人会说"这个不是愿景吗?""不是，这是使命。"还有的人会说"这个难道不是价值吗?"我们好不容易到了确立品牌平台的这一步，难道要因为分不清这三个术语的含义半途而废吗?

因此，首先要明确三个术语的具体含义。

1. 愿景 [①]**：品牌追求的状态、品牌的目标形象→目的**

在英语中，"vision"可以解释为视觉、视力、远见和洞察力。但在经营战略中，它被定义为公司的未来形象、理想形象、目标形象、目标状态等。

———————————

① 原文使用的是日语中的片假名单词即外来语单词"ビジョン"，对应英语单词 vision。——译者注

我们可以将其理解为一个公司追求的状态或形象。

2. 使命 [①]：将愿景转化为现实→手段

在英语中，"mission"有使命、任务等意思，但在品牌化领域，要将其定义为企业实现愿景的手段。

你可以通过思考"为了实现我们的愿景，我们应该做什么"来确定品牌使命。

3. 价值 [②]：向社会和客户提供的价值→结果

英语单词"value"意味着价值。品牌化的结果即向社会和顾客提供价值，既有功能价值又有情感价值，并且这些价值诞生于实践者的价值观之中。

判断品牌价值的时候，组织要决定在功能方面，我们向社会和顾客提供的是什么价值。在情感方面我们将要提供什么价值。

愿景、使命、价值的含义

要素	释义	
愿景 （vision）	追求的状态 目标形象。长远的分析 为符合时代需求而不断做出改变	目的
使命 （mission）	将愿景转化为现实的方法	手段
价值 （value）	为顾客提供功能价值、情感价值 ≒价值观	结果

---

① 原文使用的是片假名单词即外来语单词"ミッション"，对应英语单词 mission。——译者注
② 原文使用的是片假名单词即外来语单词"バリュー"，对应英语单词 value。——译者注

关于愿景、使命、价值的观点

关于愿景、使命和价值还有其他看法。比如有人将这三者视为一个整体。

认为在这个整体中使命排在愿景和价值之前的看法是主流。

著名的管理学家彼得·德鲁克将使命和愿景定义为以下内容。

使命：代表公司想要在社会中实现的任务。

愿景：代表公司实现使命之后达到的最终状态。

此外，普遍认为品牌价值是指企业最为重视的价值观和行为准则。

谈及品牌平台，常见的顺序是"使命、愿景、价值"。

"使命"顾名思义就是企业背负的使命，也就是企业存在的意义。

"愿景"代表企业想要成为的样子，也就是目标形象。

这种观点认为品牌平台是按照"使命、愿景、价值"的顺序构建的，使命作为企业存在的意义，是最基本的前提，而愿景是完成使命后得到的成果。

品牌平台既可以是由"使命、愿景、价值"构建的，也可以是由"愿景、使命、价值"构建的。如何为三者排序要靠企业自己的判断。

使命→愿景→价值

或者

愿景→使命→价值

你的公司适合哪种方式？

·参考·

德鲁克对经营理念、使命、愿景的定义如下。

● 经营理念即"公司对社会的基本思考"。

● 使命即"公司想要在社会中实现的事情"。

● 愿景即"公司实现使命后的状态"。

（《德鲁克经典五问》朝日出版社 [1]）

---

[1]　日本出版社名称。该著作有中文版图书，由机械工业出版社出版，书名如前文所述。——译者注

[实 践 篇]

█ 从公司内部寻找答案

制定愿景、使命、价值

虽然说品牌化并非愿景、使命、价值三个要素缺一不可才能顺利进行，但是思考每一个理念都是有价值的，因此不妨在这一阶段挑战确立三个要素吧！

请确认第五章的第 26 个模块中你填写的主张清单，回顾其中的内容。

1. 品牌愿景（目标）

品牌追求的状态，也就是目标形象。相当于企业未来的方向。你可以通过完成以下句子来确定愿景，即"我们的品牌目标是成为……（状态）"和"我们的品牌立志成为……（状态）""我们的品牌会是……（状态）"。

例如：爱知东邦大学

"我们的品牌目标是成为'21世纪的寺子屋'"

"我们的品牌立志成为'超级地区大学'"

"我们的品牌会是'支持地区发展的大学'"

2. 品牌使命（手段）

品牌为了使品牌愿景转变为现实而展开的活动。可以使用动宾句表达品牌使命，例如"我们的品牌（为了达到○○品牌愿景）实施……""我们要开展……活动"。

例如：爱知东邦大学

我校（为了成为"21世纪的寺子屋"）培养学生掌握属于自己的智慧武器。

我校（为了成为"超级地区大学"）实施能够让学生全面了解当地情况的教育。

我校（为了成为"支撑地区未来的大学"）开展地区贡献型人才培养活动。

3. 品牌价值（结果）

品牌具备的功能特征、功能优势，情感特征、情感优势以及向社会和顾客提供的价值。体现组织活动的价值观。

例如：爱知东邦大学

• 功能价值

每位教师指导的学生人数较少，可以为学生提供更多机会（教育密度高）。

以悠久的历史为后盾，输出适用于当地的人、物（产业）和事（文化）。

……

• 情感价值

有人情味儿，人们可以分享喜怒哀乐。

有乡土情怀，热爱当地并为其发展做贡献。

认真且灵活。

……

［实践篇］ ▸▸ 动手写一写愿景、使命、价值吧！
（请参考下一页的"事例解说"）

1. 回顾你在第五章的第 26 个模块填写的品牌主张清单。
2. 注意其中有〇◎标记的项目，想一想你们品牌的愿景、使命和价值。
3. 假设你就是广告文案撰写人，你会怎样遣词造句？请站在这个角度写文案。
   （如果你没有相关的经验，恐怕会觉得这个任务难度很大，但这正是可以锻炼你的创造力
   的机会！）
4. 挑战制定 A、B、C 三个方案。

	愿景 （目的）	使命 （手段）	价值	
			功能价值	情感价值
方案 A				
方案 B				
方案 C				

事例解说	模拟：确立愿景、使命、价值

1. 态势分析法（再次使用）

		外部环境	
		机会	威胁
		• 国家地方振兴综合战略要求提高地方大学升学率。 • 东海地区的影响力不断提升（2027 年磁悬浮新干线振兴区域）。 • 东海地区企业有望振兴。 • 2019 年，日本创设新型大学，即"专门职业大学"。旨在培养灵活应对实际工作的人才。 • 东海地区和名古屋的中小企业将发挥更大的作用。然而，中小企业人才稀缺。 • 人工智能的发展使人类的个性化成果备受关注。商业、国际、教育和卫生领域是很难被人工智能取代的领域。 ▓▓▓▓▓▓▓▓▓▓▓▓▓▓▓▓▓▓▓▓▓▓▓▓▓ ▓▓▓▓▓▓▓▓▓▓▓▓▓▓	• 2020 年 面临一大问题，即 18 岁人口减少。超员入学的时代结束了。 • 存在很多所竞争大学。 • 竞争大学已经开始品牌化。 • 我校与竞争对手的政策别无二致。 • 具备较高知名度、地位以及录取分数线高的大学、综合性大学更受关注。 • 没有及时乘上日本大学改革的东风。 ▓▓▓▓▓▓▓▓▓▓▓▓▓▓▓▓▓▓▓▓▓▓▓▓▓ ▓▓▓▓▓▓▓▓▓▓▓▓▓▓▓
	• 作为名古屋产业打下基础的重要任务，下出民义先生的精神为整个学校所继承，目前已有 90 多年的历史。 • 本着"信任"和"认真"的精神。 • 在名古屋产业界发展历史上留下浓墨重彩的一笔。 • 与当地公司关系密切。 • 本校规模较小，但运转起来很灵活。 • 教职员工与学生以及学生与学生之间的距离近，因此可以做到全方位的关注。 • 总体上很友好。 ▓▓▓▓▓▓▓▓▓▓▓▓▓▓ ▓▓▓▓▓▓▓▓▓ ▓▓▓▓▓▓▓▓▓▓▓▓▓▓ ▓▓▓▓▓▓▓▓ ▓▓▓▓▓▓▓▓▓▓▓▓	**机会 × 优势：最大化利用机会** • 东邦品牌为名古屋产业的提升做出了贡献，支持名古屋中小企业的振兴。 • 小型学校的特点赋予东校更加鲜明的个性。 • 培养大量人才反哺社区和地区，能够满足本地当前的人才需求。 • 我校完美契合当地中小企业的需求，全体教师、学生、职工齐心协力满足企业需求。 • 课题型课程有效培养了学生的实战能力。 • 身处人工智能热潮、追求效率的时代，本校培养的学生所具备的"人性"和"创造力"，将成为一种"杀手锏"。 ＜我校应该积极展开活动以及进行差异化的方向＞ • 小型学院的效率及优势→与学生关系更亲近、更有效的教育、个性化教育。 • 大学所颁扬的创造力、爱、信赖以及乡土情怀是人工智能时代、效率至上时代的宝贵财富。 • "21 世纪的寺子屋"（"超级地区大学"）相对于"超级国际大学"）→培养实践能力强的专业人才、专业性＋知识＋智慧。 • 史上首次挑战塑造大学品牌→综合性大学、在办学历史较短的大学、没有与地区建立联系的大学均做不到这一点。拥有生存能力强、有创造力的学校方可做到这一点。 →本校特色有服务制造业（地区产业）、人才培养（教育行业）和文化培养（文化发展）。	**威胁 × 优势：竞争对手差异化** • 小型学院、名古屋地区小型学院的特征使差异化成为可能（需要明确差异）。 • 其他大学以以培养适应全球化的人才和创造力为主题，但东邦学院、爱知东邦大学具有悠久的历史和独特的追求（乡土情怀、地区情怀、工作情怀、人类情怀）。 • 下出民义先生的追求与成就。服务制造业（地区产业）、人才培养（教育行业）和文化培养（文化发展）的思想是其他大学不具备的财富。 • 本校所颂扬的"信任"是宝贵的"社会资本"，也是未来的价值。 • 如果大学进行品牌化，那么是可以获得成果的。
	• 品牌影响力较弱。 • 发言权较弱。 • 绝对知名度较低。 ▓▓▓▓▓▓▓▓▓▓▓▓ ▓▓▓▓▓▓▓▓▓▓▓▓ ▓▓▓▓▓▓▓▓▓▓▓ ▓▓▓▓▓▓▓▓▓▓▓▓ ▓ ▓▓▓▓▓▓▓▓	**机会 × 劣势：错失良机** • 影响力较弱的大学有可能无法充分满足东海地区和名古屋产业界的需求。 • 本校相关人员若没有问题意识，则可能错失良机。 如何避免最坏情况的出现 • 加强大学的基本功能。例如研究系统、研究成果、教育体制、就业等。 • 消除偏见，教师和员工齐心协力进行改革。 • 寻找本校的"优势""机会"，自信十足地开展活动。 • 位于名古屋的东邦学院拥有人才培养、服务于制造业、文化培养的悠久历史。这段历史是我校独一无二的财富。要保持自信的心态，为学院的品牌塑造活动做好心理准备。	**威胁 × 劣势：战胜生存危机、提高警惕** • 如果没有意识到本校正在面临的管理危机，结果将更加严峻。全力支持学生发展、大力提高学生素质。否则学校将会面临生存危机。 • 如果不及时改革，学校将会面临被淘汰的风险。

2. 创建品牌主张清单

- 组员通过外部环境分析、内部环境分析、品牌认识调查、圆桌讨论和态势分析等方法，创建了品牌主张清单，列出了爱知东邦大学可以提出的所有主张。
- 我们将主张清单中的内容归为三类，并尝试提炼每个主张的精髓。

	主张清单	小句
A: 个人能力 培养	- 引导学生做最好的自己 - 在团队中学习、共同成长 - 可以见证每个学生的喜怒哀乐 - 培养通情达理的人才	- 培养学生的好奇心 - 从原点至顶点进行人才培养 - 培养专业领域的人才 - 毕业生可以与母校保持联系 - 21 世纪的寺子屋 ……
B: 契合地区 发展	- 符合 21 世纪社区发展需求 - 为地区解决问题 - 培养受当地人欢迎的人才 ……	- 超级地区大学 - 当地的合作伙伴 - 为地区的发展提供人才支持 ……
C: 创新精神	- 助力磁悬浮时代的地区建设 - 指明未来时代的方针 - 改造大学 ……	- 超越以往的大学 - 创造共享价值（CSV）大学宣言 ……

3. 针对不同的方案，分别为其制定愿景、使命、价值。

	愿景	使命	价值	
			功能价值	情绪价值
方案 A	21世纪的寺子屋	使每一位学生掌握适合自己发展的知识	每一位教师指导的学生人数较少，为学生提供密集的受教育机会	• 有人情味儿，人们可以共享喜怒哀乐 • 成长显著 • 关注度高，安心感强
方案 B	超级地区大学	使学生全方位了解地区情况	以悠久的办学历史为后盾，旨在向地区输出人、物（产业）、事（文化） 学校所在地区的合作伙伴	• 实际取得的成效令人信服 • 认真且灵活
方案 C	支撑地区未来发展的大学	培养能够为当地带去改变的人才	以地区产业界的广泛人脉为背景 小型学院，潜力巨大	• 热爱地区，发展地区 • 令人兴奋的期待感

品 牌 管 理

30

答 ....

即品牌的品格。

T heory

[理 论 篇]

▍品牌个性决定品牌印象

个性即一个人的人格、性格、人品等。我们在与人相处时，会在不知不觉中感受到对方的性格。比如你会觉得对方"是一个很好说话的人"或者"有他在我便会开心""他很冷漠，不是很好相处"。我们感受对方的整体氛围，进而判断其个性。

品牌个性是构成品牌基础的一个要素。

我们与一个人或一家公司、一个品牌接触的时候，会理性地判断其功能价值，同时也会通过更为直观的感性判断感知对方的氛围。而后者才是人们判断一个品牌是否合自己胃口的依据。

在品牌化过程中，个性是需要不断打造才确定下来的，因此在这个阶段即可确立自己的品牌个性。

心：创业理念、企业理念

大脑：品牌愿景

身体（行动）：品牌使命

提供的东西：品牌价值

具备了以上条件后，品牌就要确立自身的个性了。决定一个品牌在人们心中印象如何的基准就是品牌个性。为此，组织要先确定品牌想要在利益相关者心中留下怎样的印象。

品牌个性即品牌的展示方式、表达方式、行为方式

品牌个性是一个品牌的表现方式，即品牌的展示方式、表达方式、行为方式。

一个人通过外观、语言、行为表达自我，因此人们可以通过对方的穿衣打扮和言行举止判断其个性。

对于品牌来说，"展示方式"即"视觉识别"，"表达方式"即"语言识别"（详细内容在后文有解释，"展示方式"在第37个模块，"表达方式"在第38个模块，"行为方式"在第45个模块）。

综上所述：
- 心：检视创立理念、经营理念
（或重新制定）
- 大脑：决定品牌愿景（目的）
- 身体（行动）：决定品牌使命（手段）
- 提供的价值：决定品牌价值
- 性格：基于以上要素决定品牌个性
- 品牌个性是体现展示方式、表达方式、行为方式的要素

何谓品牌个性?

个性对于品牌来说即性格对于人类的重要性。可以用来表示品牌个性的词语基本都是形容词。

例如：
- 平易近人、有趣、爽快、活泼……→我们是亲民的休闲品牌。
- 有品质、认真、扎实、端庄……→我们是可靠的品牌。
以上展示方式、表达方式、行为方式的品牌给你留下了什么印象?

我们还可以使用一小段话描述品牌个性。
例如：
- 他是我的好朋友，有他在身边我便会开心。

• 他是可靠的领导，平时很有威严，但在需要的时候却很靠得住。
此类表达为你留下了什么印象？你认为它的展示方式、表达方式、行为方式如何？

品牌个性模式

• 平易近人、有趣、爽快、活泼……→我
们是亲民的休闲品牌

他是我的好朋友，
有他在身边我便会开心。

• 有品质、认真、扎实、端庄……→我
们是可靠的品牌

他是可靠的领导，平时很有威严，
但在需要的时候却很靠得住。

［ 实 践 篇 ］

品牌形象说明品牌个性

如何创建品牌个性

1. 确立品牌愿景、使命、价值。在确立愿景与价值时要格外关注品牌的情感价值，因为愿景代表的是品牌追求的状态，也就是品牌的目标形象，品牌价值无疑也是很重要的要素。

2. 回顾你在第五章的第 27 个模块使用投影法和形象坐标确立的目标形象。

3. 参照以上内容，用形容词描述品牌个性。

例如：爱知东邦大学

	愿景	价值（情绪价值）	品牌个性
A	21 世纪的寺子屋	• 有人情味儿，人们可以共享喜怒哀乐 • 成长显著 • 关注度高，安心感强	• 有活力 • 休闲 • 爽朗 • 自由 （我们是能够认可你的伙伴。）
B	超级地区大学	• 可靠 • 认真且灵活	• 可靠 • 安心 • 放心 （我们是一个会在关键时刻帮助你的领导。）
C	支撑地区未来的大学	• 乡土情怀，愿意为地区发展做贡献 • 振奋人心、备受期待	• 积极 • 大胆 • 动感 （我们是一个富有挑战精神的创新者、开拓者。）

参考戴维·阿克提出的品牌个性特质

品牌理论的始祖戴维·阿克列举了 15 个品牌个性特质。

真诚

- 务实：以家庭为重、小镇、蓝领阶层、美式乡村风
- 诚实：道德、关爱、周到
- 纯粹：真实、永恒、健康、经典、古老
- 友善：温馨、幸福、愉悦、重感情

刺激

- 刺激：勇敢、时尚、不寻常、光鲜、煽动性
- 朝气蓬勃：冒险、活泼、外向、年轻
- 有趣：意想不到、富有想象力、独特、幽默、艺术
- 创新：进取、最新、当代、独立

能力

- 可靠：慎重、可信、勤奋、安全、有效
- 认真：聪明、技术、有能力
- 成功：具有领导力、自信、有影响力

高雅

- 上流阶层：精致优雅、有魅力、好看、自命不凡、有影响力
- 迷人：女性、柔顺、性感、温和

粗犷

- 强硬：强壮、粗犷
- 户外：具有男子气概、西部、积极、运动

（引用《品牌大师》钻石出版社；笔者将原著作者在"真诚""刺激""能力""高雅""粗犷"后列举的企业省略了。）

[实践篇]

结合上一个模块中你构思的品牌愿景，
为你的品牌确立个性。

	愿景	价值（情感价值）	品牌个性
方案 A			
方案 B			
方案 C			

品 牌 管 理

31

Theory
[理 论 篇]

▌ 宣言 [1] 的含义

在英语中，"statement"意为声明、宣言或官方发言。在品牌化领域，我们称为"宣言"。

与宣言相关的术语有愿景宣言、使命宣言等，其意义等同于第 29 个模块所讲的愿景、使命。

品牌宣言的形式因企业而异。
- 用一句话概括企业理念、品牌愿景、使命和价值。
- 最直接地表达品牌个性的一句话。

第一种形式涉及品牌平台的基本要素，比如企业理念、品牌愿景、使命和价值等概念，该部分内容已经在前文介绍过了。因此，在本模块，笔者将站在第二种形式的角度讨论品牌宣言。

---

[1] 原文使用的是"Statement"的片假名单词，即"ステートメント"。

▌品牌宣言即"吆喝声"

笔者在前文将品牌比作人类，顺着前文的脉络，我们可以将品牌宣言视为一个人的"吆喝声"。"吆喝声"有向他人打招呼之意，也可以用于鼓励同伴、发表见解、宣布自己要做某件事情等场景。

显然，吆喝声的长度不可以太长，语义也不可以含混不清。简单来说，品牌要制定一个重点明确、能够让听众铭记于心的表达，这确实需要费些工夫。与品牌宣言含义相同的表达还有口号、主题句等。

- 标语（slogan）
  简明扼要地表达企业的理念和目标。
- 主题句（tag line）
  与企业或产品的标识等设计在一起并体现企业理念的语句。

综上所述，品牌宣言与口号、主题句的主旨是相同的，我们可以选择其中的一个表达并对其进行精心设计。如果你的品牌口号简单易懂，那么也可以将口号当作宣言。总之，宣言要向企业内外传达品牌理念。

品牌宣言的定位

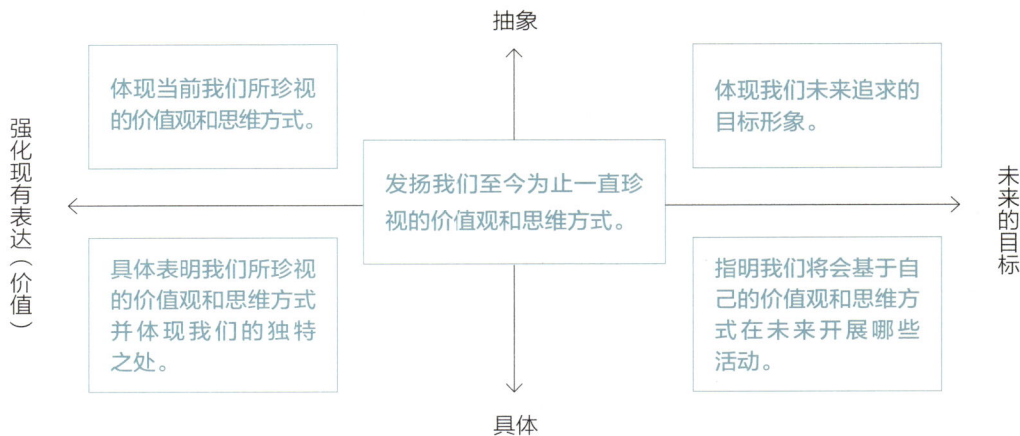

抽象

体现当前我们所珍视的价值观和思维方式。

体现我们未来追求的目标形象。

强化现有表达（价值）

发扬我们至今为止一直珍视的价值观和思维方式。

未来的目标

具体表明我们所珍视的价值观和思维方式并体现我们的独特之处。

指明我们将会基于自己的价值观和思维方式在未来开展哪些活动。

具体

不同企业选择的名称不同，因此笔者将宣言、口号、主题句一并汇总为以下表格。

企业宣言、口号实例

企业	品牌宣言、口号、主题句
杰提彼（JTB[1]）	行随感动
三得利（suntory）	与水共生
狮王	热爱今日
旭化成集团	畅想明天，构筑未来
小林制药	你想到，我做到
东陶集团	创造与过去不同的每一天
丘比	爱在餐桌
爱优（au[2]）	创造更加有趣的未来
味滋康集团（mizkan）	创造最终会变成生命的产品
万字酱油（KIKKOMAN）	创造美味回忆
大和房屋集团（Daiwa House Group）	共创共生
瑞可利（Recruit）	还会在此重逢
罗多伦（Doutor）	罗多伦，让你的心情更晴朗
中京电子	走进你的内心
纳博特斯克（自动门）	让我们创造属于所有人的未来之门
爱知东邦大学	为每一个学生打造独特的未来

---

[1] 日本最大的旅行社。——译者注
[2] 日本最大的通信运营商。——译者注

[实 践 篇]

▌ 现在你就是广告文案撰写人

如何撰写品牌宣言

1. 以品牌平台为引导

品牌宣言源于品牌的愿景、使命、价值。

使用一句话囊括三者即可得到一句合适的品牌宣言。

2. 假设你在给一本书取名

如果你想让读者不假思索地拿起一本书，那么书名一定要简单明了。人们不会在书店里琢磨书中的详细内容，因此要在书名上突出重点。如果将你的品牌看作一本书，那么你会为它取什么名字呢？

3. 站在广告文案撰写人的视角

品牌宣言是要长期使用的，而且它要与品牌标识设计为一个整体，因此需要格外醒目。其实没有专业人士的帮助也可以做到这一点。毕竟你已经对品牌进行了深入的思考，所以找到一个生动形象的表达并非难事。挑战广告文案的工作吧！有些企业制定的品牌宣言就是来源于内部员工的灵感。

4. 摒弃千篇一律的表达

有些宣言确实可以表达品牌想要传达的宗旨，却很难给人留下深刻的印象，进而导致品牌诉求得不到充分的表达。要尽量避免使用千篇一律的词语，比如顾客满意、符合地区需求、社会贡献、未来、明天、世界、梦、感动、执着于、最适合……

你的品牌若想表达此类诉求，则要思考有没有其他的表达可以代替以上词语。

5. 品牌宣言的重点

品牌宣言需要简单易懂、突出重点、与竞争品牌差异化，还要成为全体员工的向心力，并体现品牌目标。

宣言即品牌向公司内外宣誓的内容。复杂的表达会让人感到一头雾水，因此要思考如何突出重点。另外，你还要考虑如何制定宣言才能保证它今后能够为你的员工指点迷津。我在衡量我校品牌宣言时是这样想的："我作为本校的一员，该宣言能否成为我行动的基准？"

6. 合法化

品牌宣言必须具有独特性，因此企业需要使其合法化以便防止其他公司使用类似的表达。

演练

[实 践 篇]　▷▷　为你的品牌确立品牌宣言。

	品牌愿景	品牌宣言
A		
B		
C		

试着将你填写的品牌宣言与公司的标识放在一起。

品 牌 管 理

32

Theory [理论篇]

▌独一无二的品牌故事

想一想那些有趣的连续剧、电影、小说。

你为什么会沉迷于其中呢？故事中一定有某个场景让你拍案叫绝，或者某段情节令你感慨颇深，或者你觉得有一句台词表达了人生百态……你一定有过这样的体会吧？

品牌也是如此。

笔者在第一章写道："品牌并非靠物品而是靠故事打动人心、收获共鸣、赢得青睐。"

若将创业理念比作一个人的心灵，将品牌愿景比作大脑，将品牌使命比作行动，将品牌价值比作这个人提供的价值，将品牌个性比作性格，则品牌故事即为一个人的传奇故事、美谈。

戴维·阿克认为优秀的品牌都要拥有优秀的品牌故事（标签故事），他认为品牌故事是独一无二的，因此占有十分重要的地位。

　　"那么，何谓标签故事？它是一种生动有趣、真实可信且能引人参与的叙事方式，一般用于传递或支持战略信息，也可以用来阐明或增强品牌愿景、客户关系、组织价值观和经营战略。此外，标签故事还可以用于提高品牌的活力和可见性，并能长期起到劝说及激励员工和客户的作用。"

（《品牌标签故事：用故事打造企业竞争力》[1] 钻石出版社）

▋ 品牌故事实例

　　1958 年，富士重工（现为 SUBARU）推出了一款名为"斯巴鲁 360"的轻型汽车，它又被称为日本的"国民家轿"。这款车被人们亲切地称为"瓢虫"，在日本经济高速增长期，"瓢虫"深受私家车消费者的爱戴。2016 年，"瓢虫"被认定为日本机械遗产。

　　富士重工的前身是一家名为"中岛飞机"的飞机制造商，设计和开发"斯巴鲁 360"的工程师就是该飞机公司的工程师。

　　新车的研究和制造经历了一系列的测验和改善。研发主事者百濑晋六先生表示："这款车可以容纳 4 名成年人，它必须成为一辆可以让人放心地驾驶在任何地方的汽车。"

　　他抱着这样的信念研发出了第一辆"瓢虫"。

　　飞机最重要的使命是将乘客安全地护送到目的地。汽车的首要任务也是保证乘客的安全，这就是斯巴鲁汽车制造的基本方针。

　　如今，斯巴鲁追求"安心与愉悦"，这就相当于它的品牌价值。斯巴鲁研发的水平对置发动机、四驱系统（4WD）、视驭（Eyesight）技术、车身强度……无一不体现了它所追求的"安心与愉悦"。飞机研发与汽车制造的思想融为一体。

　　这就是斯巴鲁的品牌故事。

　　[1]　中文版图书由机械工业出版社出版。——译者注

制定品牌故事

品牌故事的灵感源泉

- 创始人的想法，创业的契机
- 思想、哲学
- 历史
- 代表性的小故事
- 文化
- 人物
- 技术
- 客户的建议
- 来自不同客户、地区的评价
- 未来
- 决心
……

编辑

结合品牌愿景、品牌使命、品牌价值、品牌个性、品牌宣言等编辑故事。

传播

网站、视频、公司内部报刊、电影（独立制作）、图书、期刊等。

[实 践 篇]

假设你正在给一个人写信

如何撰写品牌故事

你可以一鼓作气写一则简洁的品牌故事，也可以分多次完成。

前者可以登载在品牌手册里，或者剪辑到品牌电影中。后者可以在公司内部期刊、视频网站分期发布。

1. 收集信息（素材）

每一则故事都是由素材组成的，因此第一步我们需要寻找素材。不妨从公司过去的记录中选择新闻、话题、故事等，比如公司出版的印刷品。另外，在公司内部员工之间口耳相传的小故事也是很宝贵的。哪怕只是一件稀松平常的小事也要记下来，因为每一个流传至今的故事都可以体现员工的想法。

2. 从品牌基础出发重新编辑素材

收集素材的意义不只是传达某一个故事，重点是要使素材符合品牌基础的各要素，例如品牌愿景、使命、价值、个性、宣言等。素材的主题可以不唯一，但其背后的品牌观念一定要保持一致。

3. 构思结构

例如：

- 历史
- 创业的时代背景、轶闻
- 实际成果、社会评价、客户评价
- 今后需要完成的任务

- 创业初衷
- 活动（开发、技术、服务、客户服务、员工想法、轶闻……）
- 当前的时代背景
- 未来的目标

4. 假设你在给一个人写信

想象你正在给一个人写信，除了描述基本事实，你还要写这件事情发生的背景、你的想法、愿望和决心，等等。一封信中一定要有情感的流露。品牌故事也是如此。

5. 咨询文案撰写人

撰写品牌故事对于不擅长写作的人来说难度很大。如果有必要，那么可以询问专业人士。但一定要向其强调上述四个要点。

▷ 结合上一个模块中你构思的品牌愿景，
为你的品牌确立个性。

- 创业者初衷、创业契机、思想、哲学、历史、轶闻、文化、人物、技术
- 顾客的建议、来自不同客户和地区的评价以及发展蓝图和目标……

品 牌 管 理

33

T heory

[理论篇]

▎无法用语言表达的品牌形象

品牌平台、品牌个性、品牌宣言等已经定型，品牌基础更加牢固。

那么，现在品牌整体来看是什么样子呢？

品牌化是使抽象概念具体化的过程。因此，我们需要有目的地创造品牌的独特氛围，这种氛围是无法用语言来表达的，让人觉得"不知何故，这个品牌就是给我这样的感觉"。我们将这种独特的氛围称为"品牌世界观、品牌形象"。

品牌设计师、创作者要考虑的就是如何展示品牌的整体氛围。他们通过制作情绪板展示品牌的世界观、品牌形象。情绪板是由照片、图画等组成的拼贴画（法语词汇，"用糨糊粘贴"之意 ① ）。

专业设计师和创作者使用情绪板放大品牌形象，并从中寻找品牌标识、符号、颜色和设计元素等的设计灵感。

① 日文原文使用的是片假名词汇"コラージュ"，词源是法语单词 collage。——译者注

建立品牌世界观

对于那些不常接触设计和创作的人来说，这是一项艰巨的任务。但是思考品牌世界观可以拓展员工对品牌的认识。品牌化推进组织的成员可以在品牌化工作坊内完成这项任务。

首先，将品牌基础置于情绪板的中心位置，然后从杂志或网上收集可以体现品牌基础要素的照片和图画。这是一个没有标准答案的练习题，但是在制作情绪板的过程中，组员感受到的品牌世界观和品牌形象是有共通点的。对于不同的品牌基础，需要一一制作相应的情绪板。

情绪板示例

[实 践 篇]

用照片放大形象

情绪板的制作方法

1. 参照品牌基础。

2. 收集能够体现品牌基础的照片。

（可以从杂志、网上寻找。）

照片的种类：

- 员工工作场景、员工形象
- 产品、服务的形象
- 店铺、公司大楼等形象
- 宣传、广告的形象

3. 讨论情绪板上粘贴的图片是否符合品牌形象。

没有正确答案。请自由讨论。

情绪板示例

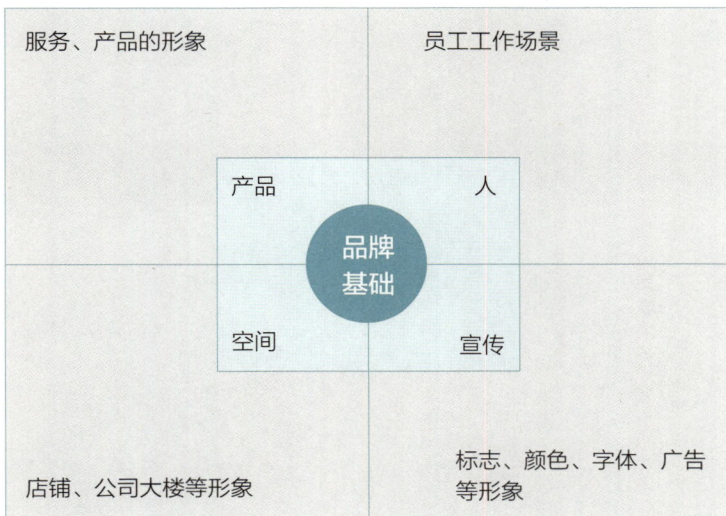

［ **实 践 篇** ］　　▶　　对照品牌基础，收集符合品牌形象的照片。

［如果本页纸不够，那么可以自行补充纸张，或者利用演示文稿（PPT）、文字文稿（Word）等进行补充作答。］

品 牌 管 理

34

何谓品牌基调（Tone & Manner）、品牌调性（Tone of voice）?

答

基调即一个人的着装风格、调性即讲话的口吻。

T［理论篇］heory

▌个性体现在穿衣打扮与讲话口吻上

英语单词"Tone（调子 ①）"意为"声音、色调、整体氛围、语调"；"Manner（礼节）②"意为"礼仪、做派"。因此，品牌基调 ③ 即体现品牌整体形象的言行举止。

我们将品牌看作一个人，我们确定了他的心、大脑、身体、提供的价值、性格、吆喝声。基调即相当于他的服装，调性即他说话的风格。

"那件衣服不太适合他，不符合他的风格""总感觉今天他穿的这件衣服不太像他的风格""这种说法不像他一贯的风格""她说话的口吻很符合她的风格，莫名让人有好感"……想必大家都这样评价过别人。

思维方式、人品、性格是一个人的个性的前提，如果他的穿衣风格、说话口吻与这个前

---

① 原文为片假名词汇"トーン"，词源为英语单词"tone"。——译者注
② 原文为片假名词汇"マナー"，词源为英语单词"Manner"。——译者注
③ 原文为片假名表达"トーン＆マナー"，词源为英语"Tone & Manner"。——译者注

提不搭，就会让人察觉到其中的不和谐之处。品牌亦是如此。如果你的品牌个性追求的是"知性、大方"，但广告和店铺的设计、员工服务的风格却是"阳光、朝气蓬勃的"，顾客对你的品牌形成的印象就会不一致。

基调、调性要保持统一

基调和调性在公司外部人员触点中的体现尤为重要。只要有员工参与品牌活动，就要保证大家展现的品牌基调与调性是一致的，比如员工的态度以及解决问题的方式。此外，一切宣传活动（大众媒体广告、其他类型广告、网页、促销广告、促销工具、公关活动等）体现的品牌基调与调性都要保持一致。

话虽如此，基调和调性的制定与维持是一件需要付出很多努力的事情。尤其是，有些公司在把广告制作委托给广告公司、广告设计公司[①] 时，会把文案写作和设计等工作全部交给对方公司去做，这可能会导致作品中体现的价值观与品牌个性不相符。

广告作品的制作确实需要专业的设计师，但是在委托专业公司之前，组织要明确向对方传达品牌基调与调性。也许对方并不能很快理解你的品牌基调与个性，但是只要保持不断的沟通，就一定可以得到符合品牌基调、品牌调性的作品。国外有些著名品牌对基调和调性的要求极高。

基调与调性的作用

品牌的调性相当于一个人说话的语气、口吻，在宣传的时候又相当于文章的内容、体裁和表达风格。

对外传播的文案通常需要多个作者合作完成。这种情况下如果没有一个统一的标准，撰写人就会自由发挥。这样一来，可能会导致有些文案是知性、克制的风格，而另一些文案却是休闲、流行的风格。

因此，首先要确定统一的基调，这样才能保证文章的遣词造句风格一致。

调性示例（调性因为品牌基础的不同而异，以下内容仅供参考）：
1. 使用积极的表达，不使用否定表达。
2. 使用具体数字进行说明。
3. 不使用反问语气。
4. 不使用名词做结论。
5. 避免使用千篇一律的表达，思考新颖的表达方式。
……

---

① 二者区别在于，前者负责与广告相关的一切业务，后者专门负责广告制作，前者的业务范围要比后者广泛。——译者注

基调即穿衣风格，调性即讲话风格

基调

调性

确定个性化表达

1	创建品牌基础 品牌愿景、使命、价值、个性、宣言、世界观与形象	
2	确定品牌表达的基本方针 用某种方式给顾客留下某种印象，因此要注意以下几个要素，即…… 例如： ● 要让这个品牌给顾客留下一种知性、高级的印象 ● 因此，要格外重视品质、灵活、简洁这几个要素	
3	基调（服装） ● 颜色 ● 照片 ● 插图 ● 字体 ● 基本排版 ● 设计元素……	调性（语调、口吻） （事例） ● 积极的表达 ● 使用具体数字说明 ● 不使用反问句 ● 不要使用名词结句 ● 避免使用千篇一律的表达

※ 制定宣传指南，统一品牌的基调和调性。

[实 践 篇]

从品牌基调中寻找灵感
制定基调和调性的示例
例如：爱知东邦大学品牌愿景 A 方案的情况

步骤	做法	具体事例		
创建品牌基调	品牌愿景	（成为）21 世纪的"寺子屋"		
	品牌使命	培养每个学生掌握自己的智慧武器		
	品牌价值	功能价值		情绪价值
		每位教师指导的学生人数少，为学生提供更多的受教育机会。		• 有人情味儿，大家可以分享自己的喜怒哀乐 • 成长明显 • 关注度高，安心感强
	品牌个性	有活力、休闲、活跃、自由、"认可我的好伙伴"		
	品牌宣言	为每一个学生打造独特的未来		
	品牌的世界观、形象（情绪板）	自由豁达的学生，亦师亦友的教师 受教育的机会多，友好且智慧的交流		
品牌代表的基本原则		• 整体上让人感受到"活跃的知性" • 因此重视"动感""休闲""品质感"		
讨论基调（T&M）和调性（TOV）	• 基调（服装） • 调性（语气、口吻）	基调		调性
		设计观念	动感、休闲、品质	• 积极的表达 • 用事实说话 • 轻松的语气 • 拒绝以下表达
		颜色	橙色 & 深绿	
		照片	尽量不使用笑脸照片或解说式图片	• 否定表达 • 千篇一律的表达 • 名词结句 • 感叹号，例如"！"或"！！"
		排版	确立排版模式	
		字体	"UD 新高"①	
		插图	简洁	

---

① 日本字体名字，原文为"UD 新ゴファミリー"。——译者注

演练

[实践篇] ▷ **查找各大公司的品牌基调。**

搜索各大公司的主页，查找其他公司的品牌基调。

例如：品牌价值高的企业

苹果（Apple）、谷歌（Google）、可口可乐（Coca-Cola）

微软（Microsoft）、丰田（Toyota）、国际商业机器公司（IBM）

三星（SAMSUNG）、宝马（BMW）、奔驰（Mercedes-Benz）、星巴克（Starbucks）

爱马仕（HERMES）、蒂芙尼（Tiffany）……

检查点
- 整体感觉是怎样的氛围？试着用形容词表达。
- 颜色、照片的展示方式 / 版面设计 / 字体等有特征吗？

品 牌 管 理

35

何谓
合格的品牌基础?

答 ....

员工迷茫时的
指南针。

Theory
[理论篇]

▍品牌基础的落实需要灵活

品牌基础是品牌一切活动的基础,它是品牌对外传达自身个性、对内推进活动的基本依据。如果不明确品牌基础,那么一切活动都将寸步难行。

然而,还有一种与此矛盾的说法——虽然说品牌基础是品牌一切活动的基础,但是也不能认为品牌基础是绝对的,否则就会使品牌活动受限于其中。品牌基础的要素及其他要素如下。

品牌基础
- 创业理念、经营理念
- 品牌愿景、品牌使命、品牌价值→品牌平台
  (品牌概念、品牌承诺、品牌识别、品牌精髓、品牌主张等都属于品牌愿景。)
- 品牌个性
- 品牌宣言

其他要素

- 关键信息
- 基调、调性
- 品牌故事
- 世界观、形象

然而，品牌个性化活动很难与所有要素保持一致，为此，品牌需要不断地付出努力。即使品牌已经确立了品牌基础，也没有人可以保证它就是标准答案。品牌标识、排版、设计、字体等要素可以有一个固定的标准，而愿景、使命和价值是否正确，需要在实践过程中进行验证，然而在实践过程中，我们往往会发现很多个接近正解的答案。因此，我们在制定品牌基础的时候，莫不如直接判断该要素是否可以指导具体的活动。

对于品牌基础的讨论一定要有针对性。比如"本次活动是否符合我们的品牌愿景？""如何改变传统活动以便提高品牌价值？"

遵循品牌基础是很重要的，但是要灵活地将各要素落实到具体的活动当中去。

▌ 简化品牌基础

品牌基础有多种形式，比如有的公司会将品牌基础简化。简单易懂的品牌基础有利于员工以此为指导开展品牌活动。

品牌基础是经过多个步骤逐渐确立起来的，但并非所有企业都经历了相同的步骤。主要有以下几种类型。

类型 A

制定品牌基础要素和其他的全部要素。

类型 B

保留创业理念，并另设品牌平台（愿景、使命、价值）、品牌个性、品牌宣言等要素。

类型 C

保留创业理念，并另设品牌愿景（品牌概念、品牌承诺、品牌主张等）、品牌价值、品牌宣言等要素。

类型 D

保留创业理念，并另设品牌愿景、品牌价值、品牌宣言中的一个要素。

总而言之，不要认为品牌基础是为员工制定的规则，而应该将其视为品牌开展活动时的行动基准、员工迷茫时的操作手册。有些公司最开始的品牌基础模型是类型 D，后来在实际开展个性活动的过程中不断做出调整，并进一步增添了其他要素，按照 D、C、B、A 的顺序丰富了品牌基础要素。

组成品牌基础的基本要素

		规定品牌的要素		A	B	C	D
品牌基础	心		创业理念、企业理念、行动指南	○	○	○	○
	大脑	品牌平台	品牌愿景 （概念、主张、承诺）	○	○	○	○ 或者
	身体		品牌使命	○	○		
	价值观提供的价值		品牌价值	○	○	○	○ 或者
	性格		品牌个性	○	○		
	吆喝声		品牌宣言 （口号、主题句）	○	○	○	○ 或者
其他要素	发言		关键信息	○			
	服装		基调	○			
	说话口吻		调性	○			
	传说、轶闻		品牌故事	○			
	整体形象		世界观、形象	○			

以上方式仅供参考，具体情况需要具体分析。

最重要的是要方便指导实际工作。

[实 践 篇]　　　　与品牌相关的理念体系（示例）

企业	理念	内容
可果美株式会社 （KAGOME）	企业理念	（传承一颗不受时代变化所影响的经营之心）感恩 自然 开放型企业
	品牌宣言	（品牌的目标形象）自然 美味 乐趣
斯巴鲁株式会社 （SUBARU）	经营理念	秉持以人为本的理念，旨在成为有影响力、有魅力的企业
	提供的价值	安心与愉悦
	目标形象	成为创造笑脸的企业
清水建设株式 会社	企业基本方针	"论语与算盘"
	经营理念	以一颗诚挚的、永远追求创新的心、创造高于社会期待的价值，并为可持续发展目标做贡献
	企业信息	做让孩子们感到自豪的工作。Today's Work, Tomorrow's Heritage（今天的工作，明天的遗产）（面向国外）
可丽娜株式会社 （Cleanup）	创业者理念	五心 创业之心、亲民之心、创意之心、技术之心、使命之心
	经营理念	为家庭带去笑容
	行动理念	1. 我们创造令人感到幸福的饮食文化与生活 2. 我们坚持开展公正、诚信的企业活动 3. 我们要创造一家令自己家人感到自豪的企业
	品牌宣言	让你的微笑从厨房开始
全日空集团 （ANA Group）	集团经营理念	以安心与信赖为基础，用连接世界的心之翼创造有梦想的未来
	集团经营愿景	用顾客的满意以及我们创造的价值成为世界领先的航空公司
	集团行动方针	"安心、温暖、朝气蓬勃"具体体现在以下几个方面。 安全（Safety） 以顾客为中心（Customer Orientation） 社会责任（Social Responsibility） 团队精神（Team Spirit） 努力与挑战（Endeavor）
	企业信息	安心、温暖、朝气蓬勃

［实 践 篇］　⋮⋮⊳　调查其他企业的品牌理念体系（品牌基础）。

品牌基础 （愿景、使命、价值等）	品牌宣言 （口号、主题句）

主 题
创建品牌基础

⑩ **何谓品牌基础？**

⑧ **即构成品牌个性的要素。**

　　品牌基础是确立品牌个性的诸多要素。企业本身即拥有多种理念，例如创业理念、企业理念等，为了防止混乱，梳理已有理念是必要的。借此机会整理你们公司的理念体系并确定品牌基础吧！

心：创业理念、企业理念、经营理念等
大脑：品牌愿景
身体：品牌使命
向社会和顾客提供的价值：品牌价值

---

⑩ **愿景、使命、价值的具体含义是什么？**

⑧ **三者分别对应品牌化的目的、手段、结果。**

　　愿景、使命、价值被称为品牌平台。有关品牌平台的内容有以下几个重点。

　　愿景：品牌的目标形象→目的

　　经营战略中的愿景是指企业未来形象、理想形象、目标形象等，可以将其理解为"我的企业想要成为何种存在""我的企业想要打造何种形象"。

　　使命：实现愿景需要完成的任务→手段

　　品牌化中的使命即企业为了实现愿景需要完成的任务。可以理解为"（我们为实现某种愿景）必须完成……"。

　　价值：向社会和顾客提供的价值→结果

　　品牌化的结果即品牌最终向社会及顾客提供的价值，就是品牌价值。价值包括功能价值和情感价值。你可以将其理解为"我们会向社会和顾客提供怎样的功能价值和情绪价值"。

---

⑩ **何谓品牌个性？**

⑧ **即品牌的品格。**

　　品牌个性是构成品牌基础的重要元素。它是品牌的品格，也是印象的基准。个性与展示方式、讲话方式、行为方式息息相关。

---

⑩ **何谓品牌宣言？**

⑧ **即表达品牌的最直接的一句话。**

　　品牌宣言相当于吆喝声，因此不可过长或含糊不清。简单来说，宣言要突出重点、直击人心，且让人过目不忘。宣言与口号、主题句等表达相同的主旨。

227

Ⓠ 何谓品牌故事?

Ⓐ 即体现品牌独特想法的故事。

一个人之所以会受到欢迎、赢得他人的共鸣,绝不是因为他创造的物品,而是因为他身上的故事。物品可以被模仿,而故事却是绝无仅有的。

戴维·阿克认为一个优秀的品牌必然拥有优秀的品牌故事(标签故事),他论述了品牌拥有独特故事的重要性。

Ⓠ 何谓品牌世界观、品牌形象?

Ⓐ 即品牌的独特氛围。

品牌化是使抽象概念具体化的过程。因此,我们需要有目的地创造品牌的独特氛围,这种氛围是无法用语言来表达的,让人觉得"不知何故,这个品牌就是给我这样的感觉"。我们将这种独特的氛围称作品牌世界观、品牌形象。

Ⓠ 何谓品牌基调、品牌调性?

Ⓐ 基调即一个人的着装风格,调性即说话的口吻。

基调是打造品牌整体氛围的手段。确立基调与调性可以保证品牌表达的一致性。

Ⓠ 何谓合格的品牌基础?

Ⓐ 员工迷茫时的指南针。

品牌基础是品牌一切活动的基础,它是品牌对外传达自身个性、对内推进活动的基本依据。因此,明确品牌基础是必要的。但是不能认为它是绝对的,否则就使品牌受限于其中。不要认为品牌基础是为员工制定的规定,应该将其视为品牌开展活动时的行动基准、员工迷茫时的操作手册。

第 七 章
明 确 传 达 方 式

决定品牌展现方式、表达方式的要点以及品牌对内宣传、对外传播的要点

本章要点

问　如何培养品牌?

问　何谓视觉识别（VI：Visual Identity）?

问　何谓语言识别（Verbal Identity）?

问　何谓品牌传播指南?

问　如何培养品牌基础渗透给内部员工?

问　品牌手册具体指什么?

问　怎样才能使品牌化顺利进行下去?

问　如何规划品牌培训、工作坊的具体工作?

问　如何进行对外传播?

本章演练

演练 ▶ 请你为公司制订一个中长期品牌计划。

演练 ▶ 为你的公司做一次视觉审核吧。

演练 ▶ 为你的品牌拟定一份"电梯营销"文稿。

演练 ▶ 检视你的公司传播指南。

演练 ▶ 构思一份对内品牌化方案吧。

演练 ▶ 制定品牌手册的具体内容。

演练 ▶ 想一想，你的公司谁适合做品牌领导者?

演练 ▶ 想一想，怎样在你的公司推进品牌领导者培训会?

演练 ▶ 检视广告宣传活动现状。

本 章 要 领

第 七 章 主 题
创造一种表达方式

步骤	做什么	怎样做	
1	学习基础知识	• 学习与品牌、品牌化相关的基础知识	
2	创造最佳时机	• 营造可以开始品牌化的氛围、寻找伙伴	
3	创建组织	• 打造推进品牌化活动的组织	准备
4	分析环境	• 宏观环境（政治、经济、社会、技术）分析 • 微观环境（业界、竞合、顾客）分析 • 内部环境分析 • 了解外部环境中存在的机会与威胁、自身的优势及劣势	
5	思考前进方向	• 使用态势分析法（SWOT）分析外部环境和内部环境中的机会与威胁、自身的优势及劣势 • 品牌主张清单（企业主张） • 讨论品牌追求的状态 • 构思未来发展方向	

6	打造品牌基础	• 打造品牌基础（品牌概念）
		  • 品牌愿景、品牌使命、品牌价值
		  • 品牌个性
		  • 品牌宣言
		  ……
		• 整理企业和组织的理念体系
			浓缩

▶ 7	明确传达方式	• 决定品牌的展示方式和表达方式 • 品牌传播指南 • 策划对内宣传活动 • 策划对外传播计划	
8	策划个性活动	• 思考能够展现品牌个性的具体活动	扩散
9	推出品牌	• 开展能够提高人们对品牌的期待感的活动	
10	活用成果	• 定期检查各类活动	检验

品 牌 管 理

36

问 ....

如何
培养品牌?

答 ....

制订一个
中长期品牌化计划。

T
h e o r y
[理论篇]

▎ 循序渐进、按部就班

　　品牌不是一天建立起来的。品牌化需要一定的时间。品牌化关乎公司或组织的整体观念，想要品牌在短时间内发生改变是不可能的，想要品牌化瞬间收获成果也是天方夜谭。品牌化就好像企业服用了一剂中药，企业不能指望中药有立竿见影的效果，但是在不知不觉中，企业的"身体素质"会渐渐提高。

　　与此相对，投放广告确实会在短时间内看到成效。而品牌化与之不同，在初始阶段，企业内部并不会发生翻天覆地的变化。

　　品牌要有长远的打算，并从力所能及之处一点儿一点儿地做出改变。

　　为此，企业需要制订一个中长期的品牌化计划，切忌急于求成。企业内部成员如何行动是决定品牌化成败的决定性因素。企业要为内部员工制订一个行动准则，还要制订一个外部人员对品牌的认知目标。能否保持两者的平衡对于品牌化来说是非常重要的。

▌制订中长期品牌计划

中长期计划一般可以以十年为期限。当然在这十年中，世界会发生翻天覆地的变化。虽然计划赶不上变化，但是思考如何培养品牌的过程是很有意义的。

在实际开展活动的过程中，组织成员难免会对自己公司的目标和初衷产生疑惑。

经营者和品牌化推进组织的成员、公司的人员流动也是难免的。因此，在品牌化初级阶段就要制订一个中长期品牌计划。

中长期计划分为以下四个阶段。

第一个阶段：品牌基础打造期

本阶段要筑牢品牌基础，加深内部成员对品牌的理解。

在这个阶段，内部员工要对品牌有一个基本的认识，比如为什么要打造品牌？公司的愿景是什么？如果品牌修改了标识（视觉识别），那么新标识意味着什么？

因此，可以说这是一个打基础的阶段。

第二个阶段：品牌传播期

本阶段是品牌对内、对外传播的时期。

在这个时期，品牌要宣布自己的品牌宣言、品牌目标。如果视觉识别有变化，那么这正是一个提高大众期待值的好机会。

第三个阶段：品牌酝酿期

本阶段是品牌的酝酿期。

在品牌对内、对外传播的过程中，逐渐赢得外部人员的理解和共鸣，并促进品牌观念的内化。促进内部员工主动思考提高品牌价值的方法。

第四个阶段：品牌确立期

确立品牌的时期。

使品牌基础扎根于公司内部，并在公司外部人员心中树立一个特定的形象。

制订中长期品牌计划的步骤

阶段	定位	内容
第一个阶段	品牌基础打造期	• 确立品牌基础（价值、使命、愿景等） • 促进公司内部员工对品牌的理解
第二个阶段	品牌传播期	• 品牌的内部渗透及对外传播 • 提高大众对品牌的期待值
第三个阶段	品牌酝酿期	• 品牌的内化 • 促进公司外部对品牌的理解并赢得大家的共鸣
第四个阶段 ↓ 持续进行	品牌确立期	• 在公司内外树立品牌形象

长期品牌战略指南（示例）

基本认知		年度	2015 年	2016 年	2017 年	2018 年	2019 年	2020 年	2021 年	2022 年	2023 年	2024 年	2025 年	2026 年	2027 年
	环境	名古屋	• 著名车站 / 笹岛地区振兴计划			（• 东京奥运会）		• 名古屋磁悬浮建设计划			• 名古屋的企业将得到振兴				
		大学		• 国际商务专业		• 新建学生宿舍	★ 新的用户界面（UI）								
东邦学院	东邦学院创立		92 年	93 年	94 年	95 年	96 年	97 年	98 年	99 年	100 年	101 年	102 年	103 年	104 年
	2016 年入学者			1 年	2 年	3 年	4 年	工作 1 年	2 年	3 年	4 年	5 年	6 年	7 年	8 年（骨干员工）
	办学校训							• 培养真正可靠、能够胜任实际工作的人才。 • 认真								

概念	• 超级地区大学：21 世纪的"寺子屋"				
使命	• 下出民义先生培养铁道时期的人才，爱知东邦大学培养磁悬浮时代的人才				
阶段	品牌基础打造期	品牌传播期 I	品牌传播期 II	品牌酝酿期	品牌确立期
阶段方针					
计划（学校外界的认知）					
活动计划	▇中期计划	▇中期计划	▇中期计划		

品牌战略					
宣传期		用户界面计划（品牌表达）	• 改善现有品牌表达 • 确定品牌表达基本方针 • 拟定简易版指导手册 • 改善品牌化体制		
	信息传播	付费媒体	• 大众传媒广告 • 交通广告等		
		自有媒体	• 主页、小册子、传单 • 电话沟通、参观学校等		
		赢得媒体	脸书（FB）、推特（Twitter）、博客（blog）、优兔网（YouTube） • 战略性公关	（略）	
落实	教学	经营 RB / IB			
		人类健康（HH）			
		教育（EC）			
	地区合作		故事 • 将下出民义先生的精神应用于当代。（1）人（人才培养 / 开发，从学生到人才）；（2）物（地区资源开发 / 地区资源再开发）；（3）事（地区文化价值再发现） • 在经营学院、人类学院、教育学院及其他相关机构的活动中，有哪些活动体现了品牌基础？我们要"摒弃""加强""开始"的事情分别是什么？		

[**实 践 篇**]

▌ 计划要大胆，脚步要扎实

如何制订中长期品牌计划

组织可以放心大胆地构想中长期计划。但是一定要做好具体的阶段性计划，注明每一步计划应该怎样实施。

1. 列一个矩形表格

表格的列标题为时间，行标题为环境认知、基本方针、对内策略、对外策略，结合时间与阶段目标，思考具体实施的内容。

列标题年数共计 10 年。以 3 年为一个阶段。

行标题：
- 环境认知
  - 预计在外部环境中取得的成果
  - 预计在内部环境中取得的成果
- 基本方针
  - 创业理念、经营理念、企业理念等
  - 品牌基础（愿景、使命、价值等）
- 每一个 3 年的计划及方针
- 对内策略
- 对外策略

2. 对照表格，构思故事

例如：每 3 年为一个阶段

第一个阶段：品牌基础确立期

第二个阶段：品牌传播期

第三个阶段：品牌酝酿期

第四个阶段及以后：品牌确立期

3. 每一个时期，应该如何实施对内、对外品牌化

- 对内（公司内）展开的活动
- 对外（公司外）展开的活动

[**实 践 篇**] ⋮▶ **为你的公司制订一个中长期品牌计划。**

使用逆推的方法，思考如何行动才能打造自己的品牌。

所处环境中 预计发生的事情					
创业理念					
品牌愿景					
阶段定位					
对内策略					
对外策略					

※ 逆推：站在目标形象的角度，逆推品牌为实现此目标应该做的事情。
　 与此相反的表达是"预测"，即站在现状的角度思考今后的发展方向。

品 牌 管 理

37

问..

何谓视觉识别
（Visual Identity）?

答..

即彰显品牌个性的
展示方式。

T
［理论篇］
heory

█ 打造品牌基础从视觉识别（VI）开始

视觉识别（Visual Identity）是品牌化领域常用的一个表达，简称VI。英语单词"Identity"译为"自我同一性"，即构成一个人的要素。"Visual"译为视觉要素即外观。因此"Visual Identity"即彰显个性的外在要素，也就是"凸显品牌个性的展示方法"。

截至目前，我们已经讨论了品牌愿景等目标形象，也讨论了品牌个性、世界观、形象等要素。本模块的主题是"凸显品牌个性的展示方法"，确定展示方式无疑要建立在以上概念的基础之上。

█ 视觉识别的范围

一般认为视觉识别包括以下要素。

1. 基调

在第六章的第34个模块我讲过品牌的基调（=着装、风格、言行举止），基调是品牌的个性化展示方式。基调是视觉识别的要素之一。

2. 品牌符号、标志

品牌名称经过独特的设计就变成了品牌标志（Logo）。图标（mark）指的是图案。品牌标识（Logomark）就是名称与图案的组合。品牌标识也被称为品牌符号（Brand Symbol）。此外，公司名称和商号经过设计后就变成了公司的名称商标（Logotype，"type"是"字体"的意思）。对于品牌来说，品牌符号、品牌标识是非常重要的，因此要通过一定的法律手段对其进行保护。

3. 颜色

可口可乐是红色的，星巴克是绿色的，吉野家是橙色的，乐桃航空（英文名称为"Peach"，是一家廉价航空公司即"LCC"）是紫色的……品牌标识的颜色是非常重要的视觉识别元素，因为人们会对颜色形成深刻的印象。

4. 图像元素

视觉识别元素中，使用图形表达品牌特征的元素被称为图像元素。比如简洁的矩形、柔和的波浪线、弹跳的点状、锋利的线状等图形都是图像元素的一种。

5. 字体

品牌标识中的文字样式即字体也会影响品牌的整体形象。

6. 设计体系

顾客可以接触到品牌的触点有很多。如何在不同的触点中体现品牌个性是一个重要的问题。品牌符号不可以随意乱放，但很多企业都是因为没有考虑到这一点，最终导致品牌形象遭到损伤。

在不同的媒体中怎样设计品牌标识、颜色、图像和字体要经过缜密思考。为不同的媒体设计不同的方案就是设计体系。

7. 照片形象

怎样拍摄并展示照片、选择什么照片都会影响品牌的形象。一个重视视觉识别的品牌就要明确规定照片的展示方式。

▎视觉识别需要委托专业人士

视觉识别元素的设计最好交给专业人士（视觉识别设计师）来做。因为视觉识别是品牌的象征，品牌标识（品牌符号）是打开人们心中"良好印象存钱罐"的钥匙。品牌在制定好品牌标识之后，还要进行客观地分析，比如不同的媒体要怎样设计视觉识别元素，视觉识别如何体现品牌宣言。该工作需要交给专业设计师去做。

品牌基础与视觉识别

品牌基础	其他要素
心：创业理念、企业理念、行动方针 大脑：品牌愿景（概念、主张、承诺等） 身体（行动）：品牌使命 性格：品牌个性 吆喝声：品牌宣言	关键信息 基调 调性 品牌故事 世界观、形象

视觉识别（Visual Identity）

- 品牌标识、品牌符号
- 颜色
- 图像元素
- 字体
- 设计体系
- 照片形象

事例：爱知东邦大学的品牌标识

[实 践 篇]

▌视觉识别是品牌的象征

1.视觉审核

对视觉识别的要素进行审核即视觉审核（Visual Audit）。组织成员要将所有能够体现品牌个性的要素（实物、实物的照片、网上登载的照片等）拿出来审核。

2.判断视觉识别是否与品牌基础具有一致性

通观所有触点，判断它们是否符合品牌个性，例如名片、信封、凭证、姓名牌、制服、主页、幻灯片、公司内部公告、公司车辆、公司大楼广告牌、公司大楼标识、广告（例如大众广告、网络广告、户外广告、传单和海报等促销广告）、促销工具（公司指南、促销指南、传单等）、产品包装等。如果有不符合品牌个性的元素，就要考虑做一些改变（或者完全改变）。

3.选择外部专业公司

如果你想变更视觉识别要素，那么可以委托专业的公司（例如设计公司、广告公司、品牌咨询公司等）。可以选定一个公司，也可以从众多公司中做选择，也就是采取比稿的形式，在听取各专业公司演示说明之后，再选择最终的合作伙伴。听取专业公司演示说明的重点是关注对方的业绩、专业能力（设计体制、制作体制等）以及收费情况。

4.进行简要汇报

确定合作公司后，首先要向对方做一次简要汇报（召开说明会）。在此阶段，你的公司已经明确了品牌基础，因此要向对方公司交代自己的品牌基础。这样广告设计师就有了策划的基准。

5.听取对方的说明，讨论方案

过了一段时间，专业公司就会为你的公司进行讲稿。面对令人眼花缭乱的方案，推进组织可以以品牌基础作为判断依据选择最终方案。此外，还有一种方法，即向内部员工发放调查问卷，选出投票数最多的方案。但是，后者决定的方案比较保守（我将此称为"保守陷阱"）。视觉识别是一个品牌的象征，品牌化推进组织在做判断的时候需要一定的冒险精神，不要畏惧非议，不妨大胆一些。

6.做决定

即便公司确定好了最终的方案，后期如果有必要，那么仍然可以委托对方公司修改方案，直至公司满意为止。因为通常情况下，品牌标识一经确认，便会持续使用很长一段时间。

演练 [实 践 篇] ▶ 为你的公司做一次视觉审核吧!

视觉审核可以检视公司的视觉识别现状。

如果目前你的公司视觉识别作品较少，那么只对已有作品进行审核即可。

项目示例:

- 名片（不同部门名片的大小和长宽比例都是不同的，所以有必要收集所有部门的名片）
- 信封、票据、公司大楼标识、公司车辆、制服、演示材料、姓名牌、姓名卡、主页
- 广告（例如大众广告、网络广告、户外广告、海报和传单、卖点广告等促销广告）
- 促销工具（公司指南、促销指南、传单等）

1. 检视整体

整体感觉

A. 完全一致

B. 基本一致

C. 不太一致

D. 完全不一致

2. 判断是否需要更换品牌标志

现有的品牌标志与（你所认为的）品牌基础是否一致?

A. 完全一致

B. 一致

C. 不太一致

D. 完全不一致

3. 在你看来应该怎样?

你觉得现在的标识怎么样?

A. 需要更换

B. 需要简单修改

C. 完全不需要更改

品 牌 管 理

38

答 ....

即彰显品牌个性
的表达方式。

T heory
[理 论 篇]

▎品牌个性化表达

你知道英语单词"Verbal"是什么意思吗?"Verbal"是一个形容词，译为"文字的""口语表达的""口头的"。"Verbal"与"Identity（身份认同）"组合在一起表示品牌个性化表达，即语言识别。

比如，"朝气蓬勃"的品牌与"成熟稳重"的品牌，很明显两者的品牌形象是不同的。语言识别就是品牌的个性化表达。

相对于视觉识别，对语言识别有明确规定的（日本）企业较少。想一想什么样的表达才能体现你的品牌个性?

▎何谓信息体系

语言识别包括以下要素。而面对不同的媒体，应该怎样组合使用各种语言识别要素呢?这就是信息系统存在的意义。

1. 调性

语言识别是品牌的表达方式，第六章的第 34 个模块涉及品牌调性（语气、口吻），调性也是语言识别的要素之一。

2. 品牌名称

品牌名称包括公司名称、产品名称、服务名称等。为品牌制定名称即品牌命名。品牌名称的确立依据是品牌基础，命名的依据是判断其是否方便记忆，是否具有独特性，是否顺口，是否存在负面解读等。此外，还要检查其他公司有没有注册过类似的商标（有关商标的内容，请参阅专栏 6。）

3. 品牌宣言

第六章的第 31 个模块将品牌宣言比作人的"吆喝声"，品牌宣言也是语言识别的要素之一。注意通过法律手段保护公司的品牌宣言。

4. 电梯营销（Elevator Pitch）

据说，在美国硅谷，人们在电梯里利用几十秒的时间向陌生人宣传品牌。英语单词"Pitch"有演示的意思，因此"Elevator Pitch"译为"电梯营销"，即"快速讲解品牌"。假设对方问你"你们是怎样的品牌？"你要想办法在对方下电梯之前回答完"我们拥有多少年历史，拥有多少名员工，制造什么产品"。简言之，用一段话简明扼要地概括你的品牌吧！

5. 关键信息

如果品牌要传达的内容比较多，就要提前决定好品牌主要传达的信息。如果不同的员工对于同一个信息的表达内容和表现方式都是不同的，那么品牌传达出去的信息便不具有一致性。因此，品牌要先确定关键信息的个数，然后再讨论每一个信息的表达方式。有些企业会向不同的媒体投放不同的关键信息。

6. 样板（boilerplate）

可能很少有人听过"样板"这个词语，它是一种固定的表达，附在新闻稿等句子的末尾。样板是对品牌的历史、概况和品牌愿景等品牌信息的简要介绍。

7. 品牌故事

品牌故事即表达品牌独特想法的故事（参照第六章第 32 个模块）。

语言识别可以体现品牌基础

品牌基础	其他要素
心：创业理念、企业理念、行为指南等 大脑：品牌愿景（概念、主张、承诺等） 身体（行动）：品牌使命 个性：品牌个性 吆喝声：品牌宣言	关键信息 基调 调性 品牌故事 世界观和形象

语言识别（Verbal Identity）

- 基调
- 品牌名称
- 品牌宣言
- 电梯营销
- 关键信息
- 样板
- 品牌故事
- 信息系统

演讲	主页 公司简介 宣传册	广告 • 大众广告 • 网络广告 • 户外广告 （OOH） • 交通广告	活动 • 展览 • 促销	公关、介绍经销商 （IB）、 员工服务	……

社会、顾客

[实 践 篇]

	要素	要点	例如："21世纪的寺子屋"
1	调性	以品牌个性、基调、世界观、形象为基准	表达内容要积极，用具体事实说话，使用日常表达
2	品牌名称	有独特性、方便记忆、顺口、没有消极意义、有法律保障	爱知东邦大学
3	品牌宣言	直接表达品牌价值、使命、愿景的语句	为每一个学生打造独特的未来
4	电梯营销	• 用十秒描述你的品牌 • 追求的是什么（愿景），理由是什么？为此开展什么活动 • 结果（价值）	爱知东邦大学位于名古屋，是一所小型院校。我校立志成为"21世纪的寺子屋" 我们的使命是"培养学生掌握属于自己的智慧武器" 我校坚信学生可以在本校获得成长
5	关键信息	决定品牌最想传达的几个信息（表达）。（具体个数因不同的品牌而异）	• 学院历史悠久 • 创办学校的人物为……产业界奠定了基础 • 办学精神、校训是…… • 本校是地区的智慧源泉 • 与当地保持密切的合作，取得……成果 • 在……领域有……成果，本校是全国第一个创造该成果的大学 （分条目列举此类具有代表性的事项）
6	样板	附在新闻稿等文章末尾的固定表达。内容包括对品牌的历史、概要、愿景等的简要记录	爱知东邦大学坐落于……学生人数……成立于距今约……年前，创始人……是……地区的产业奠基人……为培养……人才创建了……学院。本校培养适用于不同时代的人才，坚持实施使学生获得独特智慧的教育
7	品牌故事	品牌历史、创业者初衷、代表轶闻、文化、哲学等故事	（略）

[实 践 篇]　　　　为你的品牌拟定一份"电梯营销"文稿。

　　参照第六章的第 29 个模块你所填写的品牌愿景、使命、价值，为你的组织制作一份电梯营销文稿吧！

品 牌 管 理

39

问

何谓
品牌传播指南?

答

即保护品牌个性
的说明书。

T heory

[**理论篇**]

▌ 如何让品牌个性得到有效传达?

　　品牌需要对其内部及外界表达其个性。而彰显个性的展示方式和表达方式就发挥着该作用。

　　品牌传播指南就是规定品牌展示方式和表达方式的手册。

　　日本及其以外的国家都有品牌表达专业设计师。另外,还有一些公司的品牌化需要外部合作企业的帮助。

　　如果品牌表达因创作者而异,那么品牌整体形象将不具备一致性。截至目前,我们倾注心血制成了品牌基础的各要素,如果因为在决胜时刻疏忽大意而造成品牌化传播无效就太不值得了。

　　现在很多员工会制订企划书并演示说明。甚至还有企业使用自行制作的海报、传单、卖点广告(POP)和广告牌。某些部门会按需委托印刷公司更改名片。还有的企业在开办活动时自行设置活动内容,制作促销工具。

▌ 宣传品的使用问题

若品牌将制作任务分配给每个人、每个部门，则工作效率和时效性将会得到提升，在这种情况下品牌表达的规则是不可或缺的。

对宣传品进行视觉审核（Visual Audit）时的要点如下：

- 品牌标识、品牌符号的位置因作品而异。
- 品牌标识、品牌符号本身发生变化。
- 品牌名称、公司名称的字体每次都不同。
- 演示文稿的幻灯片基调因负责人而异，没有统一基调。
- 以某种方式表现出了图形元素。
- 照片和插画的基调不同。
- 颜色很多。
- 广告的感觉与公司的形象不匹配。
……

▌ 品牌传播指南的级别

传播指南对于不同的公司而言分为以下几个级别。

1. 只对品牌标识（品牌符号）有要求，对表达没有要求。
2. 对品牌标识（品牌符号）的位置有要求，对其他元素没有要求。
3. 对品牌标识（品牌符号）的使用、颜色设置和排版有要求。
   此类指南对视觉识别元素有明确规定，因此也被称作视觉识别指南。
4. 视觉识别和语言识别的规定。
   此类品牌传播指南既规定了品牌个性的展示方式又规定了表达方式，因此是非常完备的指南。

品牌传播指南既可以是纸质版也可以是电子版。电子版指南有一个好处，即制作者在设计的时候可以锁定所有识别元素的颜色和形状，这样使用者便无法进行修改了。

品牌传播指南示例

爱知东邦大学

爱知东邦大学
AICHI TOHO UNIVERSITY

爱知东邦大学 / 视觉识别指南

目录

为每一个学生打造独特的未来。

爱知东邦大学品牌表达

序言

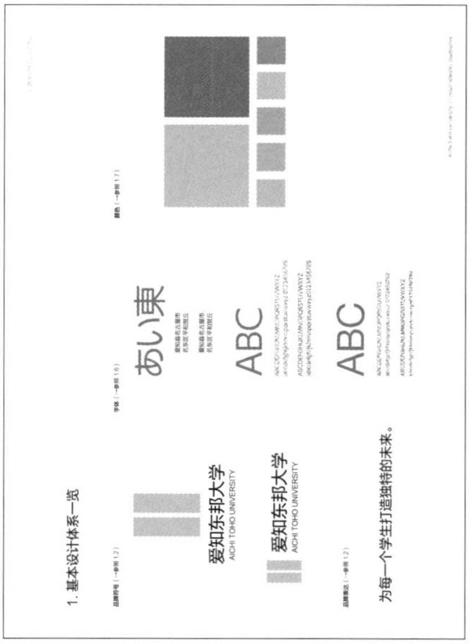
1. 基本设计体系一览
爱知东邦大学
AICHI TOHO UNIVERSITY
爱知东邦大学
AICHI TOHO UNIVERSITY
为每一个学生打造独特的未来。
あい東
ABC
ABC

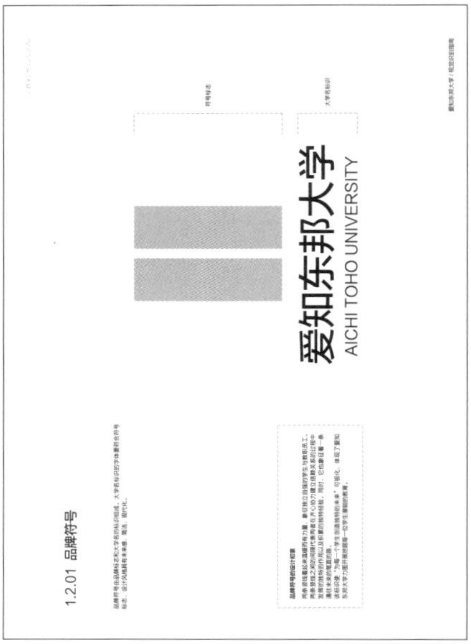
1.2.01 品牌符号
爱知东邦大学
AICHI TOHO UNIVERSITY

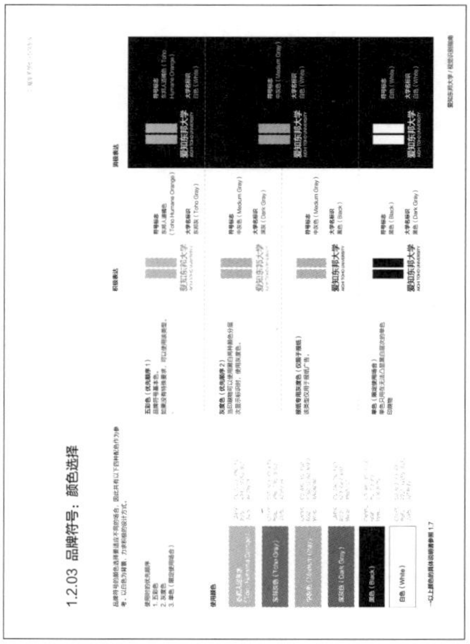
1.2.03 品牌符号：颜色选择

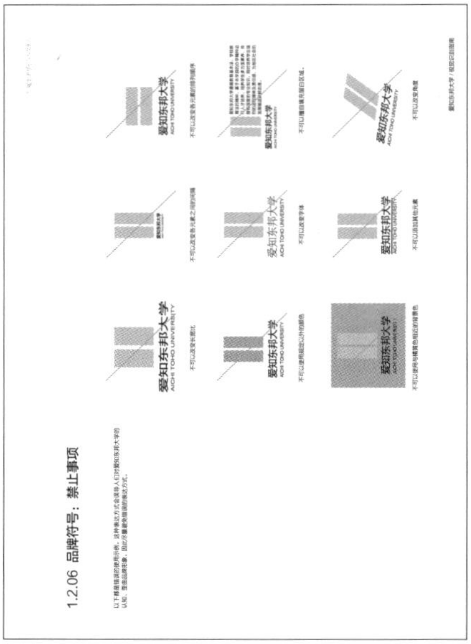
1.2.06 品牌符号：禁止事项

［实 践 篇］

▎品牌的个性传播需要严格遵守规定

如何使品牌传播指南发挥作用

制定一个完备的视觉识别指南（VI 指南）是品牌传播指南发挥作用的大前提。

1. 指定专门的负责人、设置专业的部门

设置管理品牌传播的负责人，或者成立一个负责的部门。

2. 宣布品牌传播指南已制成

提醒各位员工要按照公司规定制作品牌表达方案，要参照公司制定的品牌传播指南。建议将指南内容数据化并存放在方便所有员工阅览的位置。

3. 召开指南说明会

最好召开一个说明会强调指南中的重点内容。会议形式有面对面会议、线上会议、点播视频等方式。为了便于观众理解，还要设置问答（Q&A）环节。

4. 向外部合作公司说明

特别是要向信息传播相关合作公司说明指南内容。广告、小册子、网页等的受众非常广泛，因此有必要要求设计以上内容的相关人员完全理解本品牌的视觉识别。

5. 定期视觉审核

定期将所有的视觉识别作品汇总并审核其是否符合指南的规定。若遇到标识或颜色的使用有明显错误的情况，则立即进行修正。

此外还要判断照片的使用和排版是否有问题，如果无法判断整体氛围是否符合视觉识别的风格，就要想其他办法解决该问题，比如寻求专业设计师的意见等，切忌当即自行做判断。品牌世界观、形象的创立并非一朝一夕即可完成的，这是一个需要经过不断的讨论而逐渐接近合格线的过程。

6. 及时了解员工的疑惑

如果员工不知道该如何做判断，就需要负责人或负责部门参与到员工的讨论中去。但实际上，很多时候负责人也不清楚正确选项是什么，因为这是一个没有标准答案的问题。有些公司对视觉识别的要求很严格，因此做了很多细致的规则，这会导致指南中的规则难以应用到现实当中。当员工在视觉识别的实际应用过程中感到迷茫时，负责人一定要灵活应对。面对一道道没有正确答案的问题，视觉识别负责人要与员工多次讨论，在此过程中会不断接近合格线。

检视你的公司传播指南。

1　你的公司有品牌传播指南吗（或类似的东西）？有的话则判断它是什么等级的指南（在调查好公司内部之后再回答该问题）。

	等级	检视
1	只对品牌标识（品牌符号）有要求，对表达没有要求。	
2	只对品牌标识（品牌符号）的位置有要求，对其他元素没有要求。	
3	对品牌标识（品牌符号）的使用、颜色设置和排版有要求。	
4	对视觉识别和语言识别都有要求。	
5	其他。	

2　你的公司有专门负责品牌表达的员工吗？

（1）有负责人
→负责人从属于什么部门（总务部、广告部、宣传部、品牌部……)?

（2）没有负责人
→那么你的公司通过何种手段判断标识的使用是否正确？

※ 不论你的公司有没有正式启动品牌化，都应该制定标识及文字的使用规则，因为品牌标识是公司的象征。

品 牌 管 理

40

如何将品牌基础(品牌概念等)渗透给内部员工?

通过切实有效的对内品牌化手段促使员工将其内化。

[理论篇]
Theory

▎品牌化成功的关键在于员工

有一种说法是品牌的内部渗透。对于"渗透"二字的使用我没有任何异议,但我更喜欢用"内化"这个表达方式。即便品牌基础创建之后品牌开展了对内宣传的活动,如果员工只是为了完成任务而敷衍搪塞,那么创建品牌基础也只不过是纸上谈兵。

如果品牌只是单方面地使用广告宣传活动表达品牌世界观、形象,而现实中的店铺、产品、服务、营业活动、领导层的做法等有悖于该形象,那么无论怎样宣传都是白费力气。换句话说,品牌基础的落实需要包括领导层在内的全体员工共同努力。这对于品牌化来说尤为重要。

常见事例
- 品牌化吗? 我们做过,不就是临时制定一些企业计划书,再做一做宣传,换一个品牌标志吗?
- 品牌化在我们公司曾经掀起过一阵热潮,确实让人觉得耳目一新。只不过与我现在的工作没有什么关系。

- 当时我们认为品牌是靠广告词打造起来的，所以制定了广告语。现在觉得好像不是那么一回事。
- 我们公司后面招录了新的员工，经营层也发生了很大变化。现在与刚开始推动品牌化时的公司员工结构大不相同，因此现在又回到了起点。
- 我从来没听老板说过"我们品牌……"之类的话。

品牌内化之所以如此困难，是因为公司的人员流动比较频繁。品牌化初期注入的热情与能量将会随着时间的推移和人员的流动逐渐淡去。所以对于一些公司来说，品牌化只会成为一时的热潮。

▌ 从商业能人转型为无可替代的品牌能人

品牌内化是基于品牌基础的一种思考方式，而思考的结果要落在行动上。我们在品牌宣言模块已经了解品牌宣言是员工采取行动和判断的基准。如果员工能够自己判断应该如何行动，并能够自如地将品牌基础落到实处，就可以认为该品牌已经被员工内化。与此类似的成功案例也不在少数。对于此类品牌来说，员工在感到迷茫时会思考自己的选择是否符合品牌宣言等要素，品牌内部已经形成了基于品牌概念思考的习惯。

一个有能力的商业能人具备把握问题、发现问题并解决问题的能力。在此基础上再加一个能力，即判断自己的品牌在遇到问题时该怎样解决的能力，则这个人就会成为一个无法替代的品牌能人。

▌ 对内品牌化之培养品牌能人

判断所有活动的依据都是品牌基础（即品牌愿景、品牌使命、品牌价值等）。因此，员工要对品牌基础的内容了如指掌，还要对其产生共鸣并将其内化。也就是说，员工要"吃透"品牌基础，这样才能养成品牌个性化判断力，在实际工作中才会自己用品牌个性解决问题。

"自己用品牌个性解决问题"就是在实际工作中脱离手册。达到这种状态的员工已经将品牌内化。将品牌内化的员工越多，品牌就会越牢固。对内品牌化就是培养"品牌能人"的活动。

对内品牌化

内化

习惯

行动

同意、共鸣

理解

基础
建设

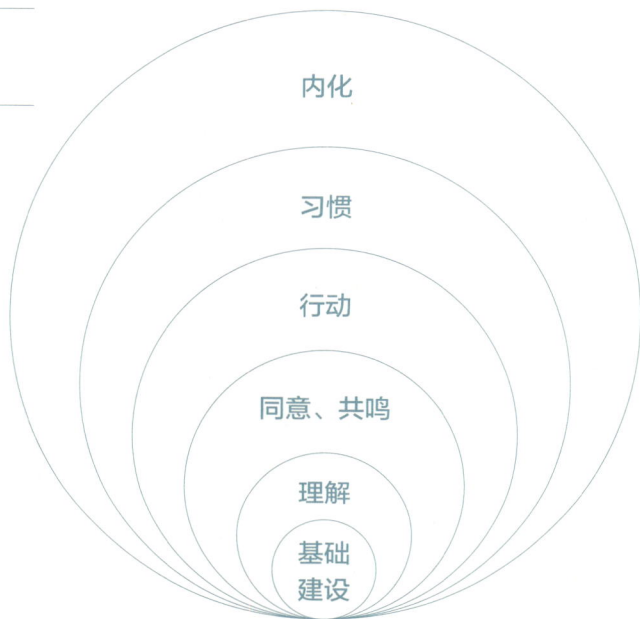

由商业能人转型为无可替代的品牌能人

[**实践篇**]   **对内品牌化的方法数不胜数。**

主要方法如下。

			目的	计划	对象	具体措施
	前提		明确想要传达的内容	准备基本要件		明确品牌基础，因为品牌要以此为指导开展活动
铺垫	A	创造时机	表明品牌形象	1. 广告	全体员工	在全国范围内展开大众广告。向全体员工及其家人、全体利益相关者发表宣言
				2. 公司网站	全体员工	品牌网页（公司网页）
			培养品牌领导者	3. 培养品牌领导者	组织关键人物	培养负责日后活动的领导者 ● 关键人物品牌会议
				4. 培养下一届经营者	经营者	由下一届经营团队候补员工开办品牌学习会、经营学习会
认知与理解	B	促进认知	促进对品牌的基本认知	1. 印刷工具	全体员工	海报、品牌手册、公司内部报刊、信条卡片等
				2. 视频工具	全体员工	活动
				3. 启动仪式	全体员工	品牌电影（内联网、网站、优兔网等）
	C	促进理解	唤醒品牌意识	1. 唤醒意识工具	全体员工	各自的信条、宣言、岗位宣言
				2. 品牌研讨会	以相同岗位为单位	分岗位、分部门召开研讨会
				3. 品牌小测试	全体员工	利用公司内联网以小测试的形式考察员工对品牌的理解
领会、共鸣、内化	D	促进共鸣	促进员工与品牌产生共鸣，唤醒大家的行动欲	1. 品牌协会	职场领导者→各岗位	负责处理不同岗位适合的品牌个性活动的工作坊 首先培养不同岗位的领导者，再由他们向自己的同事开展品牌教育活动
				2. 职场会议	分岗位召开	每个岗位定期开展品牌意见交流会
				3. 面向员工家属演讲	员工家属	向员工家属宣传
	E	促进具体活动	促进实际活动的展开，并将活动成果分享给全体成员，促进员工将品牌内化	1. 推动召开活动的宣传活动	全体员工分岗位	开展"某某品牌活动成果""优秀工作成果"等表彰活动
				2. 分享成功案例		在公司内联网、公司内部报刊、会议中介绍成功案例
				3. 与经营者召开会议		与经营者定期就活动内容、成果交换意见
	F	成果判断	评估活动成果，制定改进方案	1. 定量意识调查	全体员工	全体员工意识调查
				2. 岗位定性调查	分岗位进行	岗位定性调查（小组访谈）、深度访谈等

[**实 践 篇**] ▶ 检视你的公司传播指南。

筛选对内品牌化方案

◎：优先顺序　高　　　　○：优先顺序　中　　　　△：优先顺序　低　　　　未标记：不举办

			计划	对象	◎○△
铺垫	A	创造时机	品牌网站（主页）	全体员工	
			经营者、关键人物培训（工作坊）	组织内部关键人物	
认知与理解	B	促进认知	印刷物（品牌手册、海报、公司内部期刊……）	全体员工	
			视频动画（品牌电影、视频平台……）	全体员工	
			启动仪式	全体员工	
	C	促进理解	唤醒意识的工具（各自的信条、决心……）	全体员工	
			品牌研讨会	分岗位	
			品牌知识问答（可以利用公司内联网等）	全体员工	
领会、共鸣、内化	D	促进共鸣	品牌领导者培训（构思个性活动）	岗位领导者→同事	
			岗位工作坊（构思个性活动）	分岗位	
			举办面向员工家属的演讲	员工家属	
	E	促进具体活动	推动召开活动的宣传活动	全体员工、岗位	
			分享成功案例	全体员工、岗位	
			与经营者召开会议	岗位	
	F	成果判断	定量意识调查	全体员工	
			岗位定性调查	岗位	
			利益相关者调查	客户	
			消费者（顾客）调查	消费者	

注: 对于优先顺序高的活动，需要进一步思考具体召开该活动的方法。

257

品 牌 管 理

41

[理 论 篇]

Theory

▎品牌手册要有感染力

在品牌化的初始阶段,只有品牌化推进组织成员、负责决策的董事以及一部分相关员工才会理解品牌愿景、品牌使命、品牌价值,并非所有员工都如此。

要想让全体员工理解品牌化的基础知识,就一定要制定一个品牌手册。但要注意一点,即品牌手册不是死板的文件。

品牌手册最重要的作用是让员工对品牌愿景产生共鸣,如果员工认为其中的内容很有趣便会跃跃欲试。点燃员工内心的火焰是至关重要的。

品牌手册的基本组成部分
- 为什么要开始品牌化?
- 究竟什么是品牌?
- 顾客怎样看待我们的组织?
- 员工怎样看待我们的组织?
- 品牌的目标是什么? 我们想要成为什么样的品牌(品牌愿景)?

- 我们为此要做些什么（品牌使命）？
- 我们会提供什么？我们的价值观是什么（品牌价值）？
- 品牌个性、世界观和形象。
- 标志（品牌符号）、颜色等视觉识别要素。
- 品牌宣言。
- 品牌故事。
- 如何改变传统的活动？

　　品牌手册并非一定要包含上述所有内容，但编辑的时候需要考虑其是否具有可读性以及是否便于理解。

　　即便你把品牌手册发给大家，员工看到之后也会觉得这不过是公司下发的众多材料之一而已，这样一来品牌手册将会面临被放到抽屉里的命运。

　　需要精心准备的要点有很多，比如分发方法、设计方法、编辑方式等都要体现品牌个性。

　　假设你的品牌目标是成为"友好、爽朗、休闲的品牌"，但品牌手册的基调却与此大相径庭，比如"请遵守以下内容！""请各部门彻底执行此品牌标准！"等表达会损毁品牌形象。

▌品牌手册以外的工具

　　除品牌手册之外，还有其他工具可以帮助员工理解品牌。

• 品牌宣传单 / 愿景书
　　即以品牌基础和视觉识别为中心的简易传单，便于携带。

• 品牌卡
　　只记录了品牌基础的卡片或小型折叠纸（尺寸参考笔记本的大小）。

• "员工之声" 合集
　　一本小册子。罗列员工对品牌的评价。也可以登载在内联网上。

• 员工信条合集
　　要求每位员工都为品牌提出自己的建议并汇总为一个"员工信条"合集。

• 内部报刊的品牌特辑版、品牌新闻
　　利用公司内部期刊专门设置一个品牌化模块，向全体员工传达公司开始品牌化的初衷。

- **手机端品牌应用软件**

  设计一款供智能手机使用的应用程序，为读者解读与品牌化相关的信息。

- **品牌电影**

  拍一个偏感性类的视频，内容涉及公司历史、品牌理念、品牌基础和品牌故事等。

加深员工对品牌理解的工具

品牌手册

公司内部期刊

信条合集

品牌电影

品牌卡片

手机端应用软件

愿景书

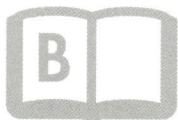

[实 践 篇]

	项目	内容
封面	标题	品牌名（某某品牌手册）
1	为什么现在开始品牌化	开始品牌化的契机
2	何谓品牌	品牌的具体含义
3	公司调查了我们在顾客心中的形象	顾客怎样看待我们的品牌
4	在各位员工心中我公司是什么形象呢	内部员工怎样看待我们的品牌
5	顾客与员工心中的形象差别在哪里	顾客与员工心中的品牌形象有何不同
6	关注市场	社会的变化、环境的变化
7	更上一层楼	品牌化是必要的
8	品牌愿景	我们的目标是什么
9	品牌使命	我们为此要做什么
10	品牌价值	我们将要提供什么，最在意的是什么
11	品牌个性	我们想在人们心中树立怎样的形象
12	品牌宣言、品牌世界观与形象	品牌宣言与初衷
13	新的视觉识别（如果更换）	新的品牌符号（如果更换）
14	品牌故事	只属于我们的故事
15	以品牌为中心开展活动	今后的活动方针。所有员工和部门都要以品牌为中心开展活动
背面		发行日期、发行主体、联系方式等

　　注：以上表格说到底只是品牌手册的大致结构，请按照各自的需求调整以上项目的顺序，也可以删除以上项目或添加新的项目。此外，品牌手册也是品牌个性的表达工具，因此该手册需要展现品牌独特的个性。

[**实 践 篇**]　　⊯　　制定品牌手册的具体内容。

你想制定一个什么样的品牌手册？
手册的尺寸、材质、颜色、分发方式是什么？该手册的亮点是什么？

想一想，手册内容应该如何制定？
（写出自己的灵感）

品 牌 管 理

42

答

在各部门
设置品牌领导者。

Theory

[理论篇]

▌ 品牌化并非一时兴起的决定

对内品牌化是一个需要付出大量心血的过程。

品牌内化十分重要，但重要的事情往往需要慢慢来，这不是靠领导下达一个指令即可完成的。品牌化不是促销活动，也不是广告宣传活动。在这个过程中你可能会遇到停滞不前的窘境，即便如此你也不要放弃，一颗坚持不懈的心是最重要的。品牌化推进组织及相关负责人可以通过举办活动提高员工的士气，但仅仅靠他们是不够的。

很多企业只是掀起了一阵品牌化的热潮，热情退却之后便没有下文了。

耕地、播种、浇水、发芽、长大，为了让品牌化这颗种子顺利成长下去，不仅需要设立专门负责品牌化的工作岗位，还要在各工作岗位上安排品牌领导者。

品牌领导者也被称为品牌大使。

品牌领导者与品牌化关键人物

品牌领导者相当于负责推动品牌化的组长。他们具备有关品牌基础的知识，是品牌化的核心，也是品牌化的关键人物。

品牌领导者的选拔方式因企业而异，一般来说，组织基本是从公司的骨干员工和青年员工中做选择。但是并没有固定的规则，不同的公司要根据自己的情况决定合适的选拔方式。

品牌化与公司未来的经营息息相关，所以有些公司一般会从有潜力承担公司未来经营重任的人物中物色品牌领导者。

品牌领导者的作用有以下两个。

1. 纵向作用

以品牌基础作为导向，在自己所在的岗位内部开展品牌个性宣传活动，成为为员工提供动力的源泉。此时，品牌领导者相当于球队的教练，同时也是一名运动员。

2. 横向作用

与其他品牌领导者携手并肩，牵头举办品牌个性活动成功示例与失败示例的分享会。此时品牌领导者相当于协调人。

品牌领导者要从基础学起

一名具备品牌领导者资质的员工也不会从一开始就了解品牌化的全部知识。

但至少要对品牌化推进组织的成员举办过的活动当中涉及的基础知识了如指掌，比如品牌、品牌化的含义以及本公司的品牌基础。

但是刚上任的品牌领导者对于自家品牌的认知与普通员工水平相当，因此需要采取一些措施赢得他们的共鸣。

想一想你都有什么办法可以激起他们的干劲？你可以面向品牌领导者举办培训会、工作坊、学习会、沙龙、线上会议、交流会、认证会（发证书）等。注意在举办活动的时候要充分考虑如何展示品牌个性。

品牌领导者的作用

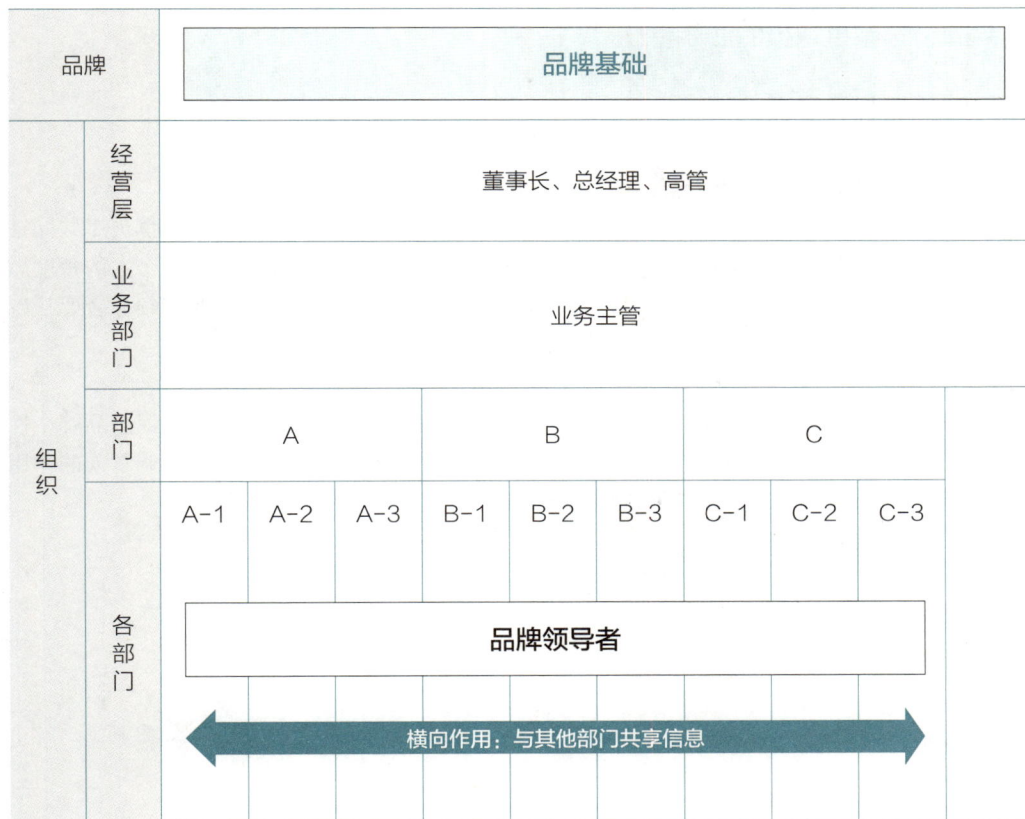

品牌		品牌基础								
组织	经营层	董事长、总经理、高管								
	业务部门	业务主管								
	部门	A			B			C		
	各部门	A-1	A-2	A-3	B-1	B-2	B-3	C-1	C-2	C-3

品牌领导者

◄──── 横向作用：与其他部门共享信息 ────►

[实 践 篇]

█ 品牌领导者是积极的变革者

如何培养品牌领导者

1. 员工岗位和职务的分配要多样化

品牌不是营销活动（广告、营销、公关、人员推销等）堆出来的，而是全体员工共同搭建起来的。我们要思考的是每个岗位怎样做才能体现品牌特点，而不是站在每个人的角度思考。比如总务、财会、管理、营业、开发、生产、物流、广告、营销……品牌领导者要从以上各种职务中选拔品牌领导者。

2. 团队意识

品牌领导者本身就是一支队伍。他们在所属岗位内部充当着教练的角色，促进品牌个性的发扬，而同时又要与其他领导者保持沟通，此时他们在整个公司内部发挥着调解人的作用（纵向作用）。品牌领导者率先体现出来的团队精神将成为品牌化的内驱力。

3. 适合品牌领导者的类型

以下条件并非绝对条件，但可供大家作为品牌领导者选拔时的参考。

- 常常给出积极反应。
- 喜欢做有趣的事情，想要改变现状。
- 喜欢表现自己。
- 喜欢学习。
- 认真。
- 总是很认真。
- 在公司内部有很多认识的人。
- 在公司内部的关键人物当中有熟人。

4. 提供安全感

心理学上有一个概念叫作安全感（psychological safety）。一个人有安全感就是说他在一个环境中能够自如地表达自己的想法和观点。在品牌化过程中为受众提供安全感也是很重要的。灵感诞生于不受束缚的大脑，因此不要为品牌的个性活动设立标准答案。

5. 自由、快乐、兴奋

品牌领导者不应该增加与品牌相关的业务负担。品牌领导者应该以品牌为轴心挖掘各岗位内部员工的潜能，并尽可能地拓展他们的发展空间，若品牌领导者成了威严的品牌化发言人，则会本末倒置。不论是品牌化者还是被管理的员工都应该自由、快乐、兴奋地工作。

[**实 践 篇**] ▸ 想一想，你的公司谁适合做品牌领导者？

列举你能想到的品牌领导者候选人。
如果某岗位仍未出现合适的候选人，那么跳过即可。

岗位	候选人姓名

品 牌 管 理

43

答 ....

首先
要让受众理解你的品
牌含义并建立共识。

Theory

[理 论 篇]

▎在自己的工作中思考品牌基础

品牌培训、工作坊的目的是培养无可替代的品牌能人,也就是培养在品牌个性的基础上思考和行动的人才。

为此,公司内部的每一名员工都需要:
- 牢记品牌基础。
- 能够解释品牌个性。
- 在自己的工作岗位上思考品牌个性。

品牌培训、工作坊的受众是全体员工,只用一次即将全体员工培训完毕是有些难度的,因此可以分批次完成。比如:

- 以经营者、关键人物(管理层)为对象。
- 以品牌领导者为对象。

● 以基础岗位员工为对象。

▎推进品牌领导者培训活动的方法

品牌领导者是对内品牌化的关键人物，因此要保证培训切实有效。

为了使品牌领导者学习相关的知识并加强其举办活动的意识，尽可能地定期举办培训会。除了公司内部的会议室，还可以借助宾馆等地以集体住宿的形式举办培训。如果是国际性的组织，比如在国外有分公司、分店或办公室的公司，那么可以召集全部品牌领导者到国内共同培训。既可以是面对面的交流会议，也可以考虑线上会议。

同时注意培训会也要体现品牌个性。

品牌领导者培训会的主要内容

1. 分小组
每组 5 人以内。

2. 破冰
首先进行自我介绍（所属部门、名字、兴趣爱好、最近的趣事、钻研的事情等），然后确定各小组的名称，并决定当天的小组领导者。

3. 重申、共享举行培训会的目的

4. 回顾品牌化的基础知识

5. 回顾品牌基础
若公司已经确立了愿景、使命、价值等品牌基础元素，则安排大家一起背诵，以免在需要的时候想不起来。

6. 讨论何谓品牌个性活动
讨论内容包括全公司以及各岗位、职位层面的品牌个性活动的举办方式。毕竟不同岗位、职位适合的品牌个性活动各不相同。

7. 各小组就讨论内容进行发言
各小组组长就当天讨论内容进行发言。

8. 分享品牌个性活动示例
各岗位、职位的领导者共享成功事例、失败示例。

9. 各岗位领导者思考培训的方式

各品牌领导者将目光转向自己下属的岗位，思考怎样给自己下属岗位的员工举办培训会。

10. 聚会

增加各领导者的交流机会，提高领导者的团队合作能力。

品牌培训、工作坊

经营者、关键人物（管理层）培训

关键人物和管理层是现场的领导者、推进者。
如果领导者本身还没有理解品牌，那么又何谈
让员工与之产生共鸣？

品牌领导者培训

品牌领导者是对内品牌化的关键人物。
在岗位内部担任运动员和教练的角色。
领导者在整个公司中起到协调活动的作用。

各岗位的工作坊

各岗位的员工是品牌个性活动的实践者。
具体应该做什么？

[实践篇]

培训主题：品牌个性到底是什么？

品牌领导者培训项目示例：两天一夜的集体住宿培训活动

	项目	实行者、活动内容等
第一天	集合、分小组（打乱职位）	每组 3 人至 5 人
	开场	主持人
	小组成员会议	自我介绍（所属、钻研的事情等）/ 确定小组名称和小组当天的领导者
	与品牌相关的基础知识	文本、幻灯片、板书等形式的讲义
	与公司的品牌化相关的内容	自家公司品牌化的简要讲义
	午饭	分小组共同进餐
	背诵品牌基础	背诵关键词（愿景、使命、价值等）
	解释品牌	思考自家品牌的意义、个性活动
	10 年后的新闻报道	想象 10 年后社会上会有的评价
	小组发表讨论结果	发表小组整体讨论下来的结果
	个人总结	总结今天的感想、看法和建议
	闭幕	主持人
	聚会	全员开心地聚在一起
第二天	集合、分小组（相同的岗位为一组）	分组方式异于第一天，按照岗位分组
	第二天	主持人
	复习昨天的内容	回顾前一天的重点
	小组成员会议	自我介绍（所属、钻研的事情等）/ 决定小组名称和小组当天的领导者
	职位与品牌	思考每个职位适合的个性活动
	发言	发表整体的讨论内容
	岗位工作坊培训	所属职位的工作坊如何举办培训
	个人总结	总结今天的感想、看法和建议
	闭幕	授予品牌领导者证书
	解散	解散

[**实 践 篇**] ⁞⊳

想一想，怎样在你的公司推进品牌领导者培训会？

重点	想法
采用什么方式？ （培训场地、线上等）	
每次培训共计多少人？ （如果组织规模较大那么可以分批次举办）	
都有哪些职位（岗位）的员工与会？	
怎样在公司内部推进品牌领导者培训？ • 组织上的程序 • 选择品牌领导者 • 通知方式	
品牌领导者培训的具体项目都有什么？	

品 牌 管 理

44

答

设计一幅
传播设计图吧。

Theory

[理论篇]

▍何谓宣传（传播）活动

对外传播的方法有很多。市场营销领域将其称为宣传活动或传播活动。但宣传活动并不仅是广告。

宣传活动范围

广告、促销、公关和人员推销是营销渠道的有效组合，即营销组合。

1. 广告

比如大众广告，例如电视、报纸、杂志和广播等。此外还有互联网广告、户外广告、交通广告等。互联网广告包括点击计费广告和横幅广告等。

2. 促销

促销方法有分发宣传册、传单，推出广告赠品，以及开展面向消费者的促销活动、分销活动等。

3. 公关（Public Relations）

广泛开展能够与公众（公共、大众）建立良好关系的活动。最常见的是免费的宣传活动，比如向大众媒体和互联网媒体提供公司特色新闻。此外还可以与媒体合作并要求其播放广告（该类型的广告是收费的）。投资者关系（IR）提供面向投资者的信息。

4. 人员推销

员工（销售人员）直接与客户沟通。

该问题对于平时没有接触过人员推销的人来说也许会有很多不解。比如该类型的促销方式都有什么渠道？内容一般是什么？花销大概是多少？此外，将具体业务委托给广告公司之后，对方给出很多方案但却令人眼花缭乱。

- 难得换一次标志，何不为此做一条广告？
- 没有知名度就没有发言权，可以制作电视广告。
- 报纸广告可以引起全社会的注意。
- 不妨试一试网络传播，然后你的公司将成为一时的社会热点。
- 还可以以组合公关活动的形式宣传。
  ……

以上方法对于品牌的宣传来说都是有价值的，可是组织的预算是有限的。但并非人人都是专家，因此顾不上所有问题是情有可原的。以下要点可以作为大家判断的基准。

1. 面向谁

即宣传对象。面向普通大众和顾客的宣传方式必然是不同的（不论是商业对商业还是商业对消费者领域的公司都是如此）。大众广告的优点是受众广泛，其缺点是不能为每个客户提供详细的信息。首先，你需要明确品牌宣传的对象是谁，然后确定宣传的内容和方式。

2. 为什么

即宣传目的。你是想通过宣传提高知名度，还是想让对方感兴趣，或者是想要提高顾客的忠诚度？目的不同方法自然也不同。

3. 内容、方法、时间、预算

确定宣传的对象与目的之后，自然就会找到最合适的传播活动。

品牌宣传的结构
基于品牌基础、保持一致性

品牌	品牌基础	• 品牌愿景、品牌使命、品牌价值 • 品牌宣言 • 品牌个性 • 视觉识别 ……

对象		对内项目	对外项目	
			商业对消费者的企业	商业对商业的企业
对策	话题广泛 ↑ ↓ 话题有限、详细	• 内部环境 （空间、设备、备品、展示物品） • 公司内部海报 • 面向员工的活动 （项目启动仪式、纪念日、宴会、聚会……） • 品牌电影（视频网站、动画……） …… • 内联网 • 公司内部期刊 • 品牌手册 • 愿景手册 • 品牌培训会、工作坊 • 分岗位召开会议 ……	• 大众广告 电视、报纸、杂志、广播 • 互联网广告 （横幅广告、点击计费广告、社交媒体……） • 交通广告、户外广告（OOH） • 公关 • 专用应用程序 • 活动 • 促销活动 • 车辆 • 制服 …… • 主页 • 公司简介、目录 • 研讨会 • 产品指南 • 封装 • 传单 • 邮件推送 • 店铺、销售人员、服务 • 公司大楼、办公室 • 公司员工	• 大众广告 业界报刊 • 互联网广告 （横幅广告、点击计费广告、社交媒体软件……） • 公关 • 专用应用程序 • 展览、业界活动 • 宣传活动 • 车辆 • 制服 …… • 主页 • 公司简介、目录 • 行业研讨会 • 产品指南 • 封装 • 传单 • 邮件推送 • 公司大楼、办公室 • 销售人员 • 公司员工 ……

宣传项目概要

		认知	兴趣、关注	掌握信息、理解	比较、使用的意向	决定、签约	使用、利用	满意、推荐
受众认知	商业对消费者的企业	了解产品、服务	• 看起来很有趣 • 有用	• 想深入了解 • 家人怎样看待本品牌?	• 想要与其他公司的产品做对比 • 是否保修? • 营业人员是否可信?	• 选用这家公司的产品、服务 • 签约 • 负责人是否可靠?	• 对产品和服务感到很满意 • 产品、服务出现了问题 • 想要联系负责人	• 对产品、服务感到很满意 • 对负责人感到满意 • 想推荐给亲朋好友
	商业对商业的企业	了解产品、服务	• 感兴趣 • 感觉不错	• 想进一步查询 • 具体的优点是什么?	• 相较于其他公司产品有优势 • 企业是否可靠	• 选用这家公司的产品、服务 • 与这家公司签约 • 这家公司的体制是否存在问题?	• 正在使用该产品、服务 • 感到满意 • 有问题想问负责人	• 产品、服务有效 • 对负责人感到很满意 • 想介绍给其他部门和关联公司
受众类型		冷淡潜在顾客		中度潜在顾客	热情潜在顾客	初级消费者	顾客	忠诚顾客
受众行为	商业对消费者的企业	• 通过电视、报纸、杂志等了解该企业 • 听别人介绍 • 从网络、社交媒体软件了解企业 • 从同行、顾客听说该企业	• 通过看电视、报纸对该企业感兴趣 • 因为企业口碑好，在社交软件了解该企业 • 在实体店看过实物	• 在网上收集信息 • 收集资料 • 直接联系 • 去实体店 • 向家人征求意见	• 比较信息 • 检查网络上的评价 • 去实体店 • 咨询负责人	• 购买 • 签订合同 • 咨询 • 确认保修体制、售后系统	• 使用 • 在网上写评论	• 感到满意并继续使用 • 也使用其他服务 • 介绍给熟人
	商业对商业的企业	• 通过电视、报纸和杂志上了解到的 • 从业界报纸、杂志得知 • 从网上、社交媒体得知 • 听熟人说的 • 从同行、业务伙伴那里听说的	• 对内容感兴趣所以想深入了解	• 在网上收集信息 • 预估引进后的效果 • 与销售代表沟通 • 去实体店或该企业的事务所	• 参加负责人的说明会 • 听取相关的讲解 • 与上司和同事交流	• 签约 • 确认维护体制、售后体制	• 使用 • 咨询负责人	• 感到满意并继续使用 • 其他部门和关联企业也在使用
鼓励受众行动的活动方针	商业对消费者的企业	• 促进对商品、产品的认知 • 促进企业的品牌影响力	• 使对方感兴趣，赢得关注 • 企业信赖诉求	• 通过每个促销渠道提供优势 • 企业可靠性、安心感诉求	• 传达产品和服务的具体优势 • 业务处理体制的安全感诉求	• 表达谢意 • 表明对方选择自己是正确选择 • 表明今后的体制	• 消除顾客的不满 • 与顾客保持适度的沟通	• 提高顾客的满意度 开展能够与顾客建立信任关系的活动
	商业对商业的企业	• 促进受众对产品、服务、系统的认知 • 企业信赖性诉求	• 效果、功能诉求 • 企业信赖性诉求	• 向对象企业提供详细的信息 • 企业信赖性诉求	• 直接表明具体效果、功能 • 减轻对方在公司内部办理手续的负担 • 企业信赖性诉求	• 表达谢意 • 向对方介绍长期的支持体制	• 及时应对对方的不满之处、需要改善之处 • 与顾客保持顺畅的沟通	

左侧：大众 ↕ 个人

实际项目

A: 促进认知项目

B-1: 活跃话题项目 | B-2: 活跃话题项目

C: 区域沟通项目

E: 促进消费者购买使用的项目（以商业对消费者领域的企业中的潜在顾客为对象）

F: 感恩项目（以商业对消费者领域的企业的初级顾客为对象）

G: 信任关系项目（以商业对消费者领域的企业顾客、忠诚顾客为对象）

D: 挖掘潜在顾客项目

H: 商业对商业领域的潜在企业（以商业对商业领域的企业中的潜在顾客为对象）

I: 演示说明会（以热情潜在顾客企业为对象）

J: 欢迎项目（以初级消费者企业为对象）

K: 企业信任关系项目（以顾客、忠诚顾客为对象）

L: 网络项目（以全部受众为对象）

[**实 践 篇**]　　　　公开全部宣传活动

企业对外传播的活动都有什么呢？下表列举了不同项目对应的活动方案。以下方案不仅适用于品牌化，还可以用来促进顾客购买使用本公司的产品或服务、加强企业与顾客之间的关系。请注意下表仅为大致的方案，在实施之前还需要制定详细的企划书。

	项目名称	策略	受众	
			商业对消费者的企业	商业对商业的企业
A	认知促进项目	• 广告（电视、报纸、杂志、广播、内联网、交通广告）	○	○
B-1	主题激活项目（面向潜在顾客）	• 广告（业界报刊、互联网）	○	○
B-2	主题激活项目（面向现有顾客）	• 主题促销活动、主题宣传活动和广告宣传活动	○	○
C	区域沟通项目	• 当地报纸、地区合作活动	○	○
D	潜在顾客挖掘项目（面向潜在顾客）	• 活动（展销会、演讲、研讨会等） • 广告宣传活动	○	
E	旨在促进消费者使用和购买的推广项目（热情潜在顾客）	• 能够亲身体验店铺、体验现场的活动 • 主题广告宣传活动	○	
F	感恩项目（以初级消费者为对象）	• 面向新顾客举办感谢活动，或写感谢信、分发纪念品	○	
G	增进关系项目（面向已有顾客及忠诚顾客）	• 主题活动（可以为之取名为"某某聚会"等）、限定体验活动、信件、请求推荐	○	
H	挖掘商业对商业领域企业中的潜在顾客项目（面向潜在顾客）	• 活动（展销会、演讲、研讨会、展览等） • 促销活动		○
I	演示项目（面向热情潜在顾客企业）	• 面向预期度较高的潜在顾客举办演示说明会		○
J	欢迎项目（面向初级消费者企业）	• 为新签约企业举办答谢活动、工具		○
K	企业关系项目（面向顾客、忠诚顾客公司）	• 主题活动、主题庆典 • 请求对方将自己推荐给其他部门及关联企业		○
L	网络项目（面向全体受众）	• 网络广告、邮件广告、主页 • 社交软件 • 视频平台……	○	○

[**实 践 篇**] 　　　　　　检查广告宣传活动现状

结合商业对商业、商业对消费者领域的企业特征在以下表格中做好标记。

◎：做得很成功　　　　○：做得一般　　　　△：做得不太好　　　　×：没有做过

	项目名称	策略	◎○△ ×
A	认知促进项目	• 广告（电视、报纸、杂志、广播、内联网、交通广告）	
B-1	主题激活项目（面向潜在顾客）	• 广告（业界报刊、互联网）	
B-2	主题激活项目（面向现有顾客）	• 主题促销活动、主题宣传活动和广告宣传活动	
C	区域沟通项目	• 当地报纸、地区合作活动	
D	潜在顾客挖掘项目（面向潜在顾客）	• 活动（展销会、演讲、研讨会等） • 广告宣传活动	
E	旨在促进消费者使用和购买的推广项目（热情潜在顾客）	• 能够亲身体验店铺、体验现场的活动 • 主题广告宣传活动	
F	感恩项目（以初级消费者为对象）	• 面向新顾客举办感谢活动，或写感谢信、分发纪念品	
G	增进关系项目（面向已有顾客及忠诚顾客）	• 主题活动（可以为之取名为"某某聚会"等）、限定体验活动、信件、请求推荐	
H	挖掘商业对商业领域企业中的潜在顾客项目（面向潜在顾客）	• 活动（展销会、演讲、研讨会、展览等） • 促销活动	
I	演示项目（面向热情潜在顾客企业）	• 面向预期度较高的潜在顾客举办演示说明会	
J	欢迎项目（面向初级消费者企业）	• 为新签约企业举办答谢活动、工具	
K	企业关系项目（面向顾客、忠诚顾客公司）	• 主题活动、主题清点 • 请求对方将自己推荐给其他部门及关联企业	
L	网络项目（面向全体受众）	• 网络广告、邮件广告、主页 • 社交软件 • 视频平台……	

主 题
明确传达方式

问 如何培养品牌？

答 制订一个中长期品牌化计划。

品牌不是一天建立起来的。品牌化要有一个中长期的目标。中长期计划一般可以以十年为期限，在该计划中需要明确对员工进行内部品牌化以及对外进行品牌化时的具体方法。

问 何谓视觉识别（Visual Identity）？

答 即彰显品牌个性的展示方式。

截至目前，我们已经讨论了品牌愿景等目标形象，也讨论了品牌个性、世界观、形象等要素。本模块的主题即"凸显品牌个性的展示方法"无疑要在以上要素的基础上进行讨论。

问 何谓语言识别（Verbal Identity）？

答 即彰显品牌个性的表达方式。

语言识别即彰显品牌个性的表达方式。语言识别的基础是品牌愿景等概念中所树立的目标形象、品牌个性、世界观和形象。

问 何谓品牌传播指南？

答 即保护品牌个性的说明书。

品牌需要对其内部及外界表达其个性。品牌传播指南就是发挥该作用的一本规则手册。

问 如何将品牌基础（品牌概念等）渗透给内部员工？

答 通过切实有效的对内品牌化手段促使员工将其内化。

品牌化能否成功在于公司内部的每一个员工。对内品牌化通过培养员工站在品牌基础上思考的习惯，进而促进品牌的内化。

一个有能力的商业人具备把握问题、发现问题并解决问题的能力。在此基础上再加一个能力，即判断自己的品牌在遇到问题时该怎样解决的能力，则这个人就会成为一个无法替代的品牌能人。

问 品牌手册具体指什么？

答 即让对方理解我们的品牌的工具。

要想让全体员工理解品牌化的基础知识，就一定要制定一个品牌手册。品牌手册最重要的作用是让员工对品牌愿景、品牌使命、品牌价值产生共鸣，如果员工认为其中的内容很有趣便会跃跃欲试。点燃员工内心的火焰是品牌手册最重要的作用。

问 怎样才能使品牌化顺利地进行下去？

答 在各部门设置品牌领导者。

要想使品牌基础根植于公司内部，光靠品牌化推进组织及相关负责人举办活动是不够的。还需要在公司中设置品牌领导者（品牌大使）。品牌领导者发挥以下两种作用。

（1）纵向作用

以品牌基础作为导向，在自己所在的岗位内部开展品牌个性宣传活动，成为员工动力的源泉。此时，品牌领导者相当于球队的教练，同时也是一名运动员。

（2）横向作用

与其他品牌领导者携手并肩，牵头举办品牌个性活动成功示例与失败示例的分享会。此时品牌领导者相当于协调人。

问 如何规划品牌培训、工作坊的具体工作？

答 首先要让受众理解你的品牌含义并建立共识。

品牌培训、工作坊的目的是培养无可替代的品牌能人，也就是培养在品牌个性的基础上思考和行动的人才。品牌培训、工作坊的受众是全体员工，一次培训完所有员工的难度较大，因此可以分批次完成培训。例如，以经营者、关键人物（管理层）为对象；以品牌领导者为对象；以不同岗位员工为对象。

问 如何进行对外传播？

答 设计一幅传播设计图吧。

对外传播的方法有很多。市场营销领域将其称为宣传活动或传播活动。广告、促销、公关和人员推销是营销渠道的有效组合。在品牌传播过程中制定的传播策略需要考虑三个问题，即向谁传播？为什么要传播？什么时候、将什么内容、按照怎样的方式传播？

专栏 ④

企业形象识别（CI）建设与品牌化有何不同？

株式会社英特品牌日本
公司创意执行官
松尾任人

何谓企业形象识别（CI）？

　　说到企业形象识别（Corporate Identity），一定有很多人会想到公司的标志和标识。的确，在英语中，"企业形象识别变更"就意味着"标志和标识的改变"。但如果就这样简单地将这些设计和工作指导方针定义为品牌，那么只能说明你对企业形象识别的理解浮于表面，对两者的了解落后于时代。

　　许多应用企业形象识别系统的企业在引进企业形象识别时，会讨论企业的目标、与其他竞争对手的差异性、能如何为社会和顾客提供价值，在此基础上确定采取什么样的工作方针、创造什么样的企业文化，并且制作出能够代表企业形象的标识。

　　在日本知名企业开始引进企业形象识别的 20 世纪 70—80 年代，企业形象识别的实际应用基本上也会经历上述过程。从具体化企业价值及形象，以便提高竞争力、市场优势乃至社会价值这方面来说，企业形象识别建设和品牌化是相同的。

　　今天我们在说到品牌化的时候，其对象往往不仅限于名称、标志、标识等可以注册成为商标的知识产权，一般还包括颜色、字体、图形、照片、动画等各种各样的品牌资产。同时，零售店及线上的体验和交互，也更多地被当作品牌化的一部分去讨论。大家可以将品牌化理解为大众是在哪里接触和感受品牌，这个答案绝不仅限于标志和标识，没有人会仅凭这些就加深对某个品牌的理解甚至爱上它。

　　以前的企业形象识别和今天的品牌化有何不同？我认为品牌化的内涵可以说是与时俱进的。

品牌化的变迁

20 世纪 80 年代，企业形象识别大热，日本昭和时期，街头巷尾的招牌都是手写的汉字公司名。当时，运用现代图形且颜色鲜艳的标识是前卫和美观的象征，率先使用标识的企业也被看作进步且优秀的。

那时候日常印刷多为单色或双色，只有品牌的标识和标志是彩色印刷，用的是特别调色的墨水，更是可以给人留下特别印象。

在这个时期，企业形象识别象征的是给予社会新价值的品牌，能够给大众带来期待。

而现在，人们所获得的所有信息都是全彩的。手机和电脑自不必说，就连大街上的招牌和广告牌、数字标牌、商品目录和传单几乎都加入了色彩鲜艳的照片和插图，占据了大幅画面和版面。

我记得桌面出版（DTP）和大型全彩打印机是从 20 世纪 90 年代中期开始普及的。这时人们开始在电脑上进行设计，运用多种颜色，丰富的照片、图像和字体，在屏幕上反复试错修改。因此，从卡片大小的宣传品到街上的广告牌，都逐渐可以看到标识和标志的出现，给画面带来色彩和质感。

也正是从这个时候开始，品牌化就在不断引入新的表现形式，各个品牌争相通过特有的表现风格来宣传自己的商品或服务的特点。盖璞（GAP）进军日本正好也是在这个时候，他们把酷酷的模特穿着牛仔裤的照片大量运用在巨大的广告牌和门店内横幅上，而这种宣传方式在当时还很新奇。

进入 21 世纪，随着搜索引擎的普及，企业纷纷开发了自己的主页，数字时代拉开帷幕。从此，品牌化所需要考虑的对象，在标识、标志、文字、照片、颜色的基础上，又增加了动画、交互、画面中的按钮和图标，等等。品牌指导方针从此也进入了存入只读储存器（ROM）或通过专用网站在线提供的时期。

另外，与数字相对的物理空间也是在这个时候成为最前线的品牌表达元素。2003 年，普拉达旗舰店（Prada Epicenter）在东京南青山开业，随后表参道就逐渐演变成为各大品牌建筑林立的橱窗。同年，日本第一家苹果店在银座开业。第一次到店里时，我觉得仿佛只看到了一个展厅，但现在我已经能够理解其中深意了。他们创造了一个集展示、销售、服务、活动研讨会为一体的，能够与线上服务无缝对接的品牌体验场所，也是一个高品质的顾客娱乐场所。

2010 年以后的浪潮是个人化。

随着智能手机的迅速普及，品牌网站不断朝着更适配于手机的方向优化，反应更加敏锐的面板设计和更适用于纵向滚动显示的颜色与照片运用成为前卫品牌的证明。而原本在个人电脑时代深入人心的网站常用侧面导航和新闻列表，看起来则像是上个时代遗留下的古老产物。

标识和标志也随之变为了更适应小屏幕的单色简单设计（平面设计）。汽车和科技等行业品牌接连采用这样的设计，以至于采用渐变色的标志都显得有些过时。

照片墙（Instagram）和优兔网（YouTube）等社交媒体中可以上传视觉和动画等丰富的素材，因此也逐渐成为品牌化的对象。

虽然社交媒体上的回复、传播和评价不可控性很强，但是也带给了企业更多看到和分析大众反馈的机会。越来越多的企业开始在这些平台打造口碑，或者说是在公关宣传的过程中引入品牌视角，推进与顾客在社区的共创，加深顾客与品牌活动的联系。

对零售和服务品牌来说，提升顾客体验感的主战场出现了从网站转移到应用程序的趋势，品牌单向输出的模式逐渐被替代，品牌更加关心的是如何提高与顾客之间的联结感。

从这个趋势可以看出，一向以企业为主体的宣传、广告、营销活动正在发生变化，其核心正逐渐演变成为加深品牌和每个顾客之间的羁绊。

品牌化需要进化

如上所述，品牌化的主题和对象总是在变化的。交流方法和创意表达手段的变化自不必说，总是能有品牌在第一时间把握时代旋律，找到符合时代背景的推广方式，并引领其他品牌。商场如战场，各大品牌要想从同类产品中脱颖而出，就必须不断接受新事物。这同样导致了品牌引进的东西会很快过时，失去个性。如果在品牌化工作中，不能敏锐地捕捉到周围环境的变化并立即做出改变，就无法实现提高企业竞争力、市场优势乃至社会价值这个最终目的。

"我们建立了企业形象。我们制定了指导方针。我们按照指导方针进行管理。"这种说法现在看来已经有些老掉牙了，也正因如此，我们才不能将 CI 与品牌化画等号。

专 栏 ⑤

品牌认同感培训
如何培养"无可替代的品牌能人"

丰富多样的员工培训

员工进入企业后，会有很多在不同时期接受培训的机会。

按职位划分：

新员工、青年员工、骨干员工、管理人员（初级、中级、高级）、董事、经营者等培训。

按工作／部门划分：

人事、总务、经理、销售、营销、开发、采购、服务、经营企划等培训。

在这些培训中，员工会学习到相应职位和部门所需的能力与技能。对于企业来说，培训的目的是提高员工能力并进一步提高员工的工作动力；对于员工来说，这是提升自己职业生涯，坚定工作自豪感的良机。

英语中有一个词叫作"engagement"，意思是"契约""约定"，但在企业中则是指"公司和员工之间的信赖关系"。从人才培养的角度来看，员工对公司认同感越强，对公司的贡献热情就越高。

我刚刚列举的培训不论是对公司还是对员工来说，都是能够有效培养"商业能人"的方式。

如何培养品牌员工

你可以尝试在这些培训中加入品牌元素，实际上也有企业这样做，他们将自己的品牌基础（特别是品牌愿景、品牌使命、品牌价值等）作为判断标准，培养员工习惯，让他们不断思考自己的思维方式、解决问题的方向和行动方法等。

此类品牌内化培训被称为"品牌认同感培训"。这种培训可以让员工在面对问题时，不仅想到最常用的"解决方法（A）"，还会将公司的"品牌基础（B）"作为核心来考虑，最终得出一个 A × B，具有品牌特色的方法。

"商业能人"

×

"品牌（基础）"

=

无可替代的品牌员工

不同职位的品牌培训

	主题（示例）	品牌	思考品牌个性
新入职员工	• 公司概要 • 员工守则 / 公司内部规定		何谓个性 何谓个性员工
青年员工	• 问题的发现与解决 • 理性思考		对品牌基础的理解
骨干员工	• 解决课题 • 提出方案的能力、组织能力		具体的品牌个性活动
初级管理层	• 管理能力 • 目标管理	品牌基础 • 品牌愿景 • 品牌使命 • 品牌价值	品牌个性活动的作用
中间管理层	• 组织管理 • 组织目标管理		讨论组织层面的品牌个性活动
高级管理层	• 企业整体经营 • 业务方案		制定品牌个性业务方案
董事	• 策划经营方案 • 企业管理		制订品牌个性经营计划
经营者	• 整体经营战略 • 经营理念 • 培养继承人		品牌经营 检视品牌

285

不同职业、不同部门的品牌培训

	主题（示例）➡	品牌 ➡	思考品牌个性
经营企划	• 环境分析 • 策划经营方案		个性经营方案
人事	• 人才录用 • 人才培养 / 人才配置		个性人才的录用 与培养
总务	• 完善公司内部环境、劳动 环境 • 合规		个性环境、个性 工作方式 符合品牌个性的 规定
财会	• 财会、财务	**品牌基础** • **品牌愿景** • **品牌使命** • **品牌价值**	何谓品牌价值
市场营销	• 市场营销战略 • 业务方案		个性市场营销活 动
广告、宣传	• 沟通战略		个性传播活动
研发	• 新产品的研发 • 新技术的开发		个性产品的研发 个性技术的开发
服务	• 顾客管理 • 售后服务 • 保养、维修		向顾客提供符合 品牌个性的反馈
……	……		……

专栏 6

品牌与知识产权

Toreru公司首席运营官（COO）、
品牌知识产权代理人

土野史隆

相信有很多人会在进行品牌化或开展公司业务时，被提醒过要注意知识产权。但大多数人对此都只有一些模糊的概念，并不清楚具体应该如何去"注意"。其中连知识产权到底是什么都不清楚的也不在少数。

在这个专栏中，我们将会通过问答的形式，从品牌化的角度出发聊一聊知识产权。

问题1：什么是知识产权？
回答：

具体来说，知识产权包括发明、设计、品牌、著作等。

知识产权是没有实物形态的资产（无形财产），也就是说，这些财产虽然是经过苦心造诣而成，却无法在物理上被占有。它不同于我们家里的家具、时钟等"物品"或房屋、土地等"不动产"，我们无法将其从物理上划定为自己的所有物。因此，为了确认自己投入心血制作而成的知识产权属于自己，我们需要获得占有它的权利，这也就是所谓的"知识产权"。

知识产权包括专利权、实用新案权、外观设计专利、商标权和著作权等，其保护范围各有不同，详情如下图所示。

典型的知识产权

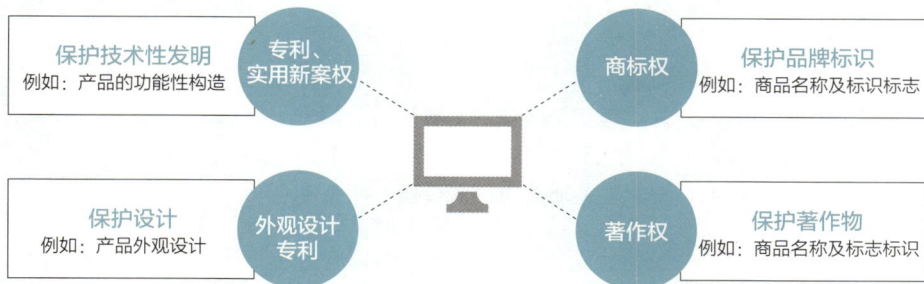

保护技术性发明
例如：产品的功能性构造

专利、实用新案权

商标权

保护品牌标识
例如：商品名称及标识标志

保护设计
例如：产品外观设计

外观设计专利

著作权

保护著作物
例如：商品名称及标志标识

问题 2：为什么说知识产权在品牌化中很重要？

回答：

总体来说有两个原因。

第一，因为"品牌"本身就是一种"知识产权"。正如问题 1 回答中所提到的那样，知识产权（品牌）是没有实物形态的资产（无形资产）。所以要想将其作为自己的财产全盘掌控，就需要法律的保护。也就是说，为了保护我们通过品牌化所建立的品牌，避免他人的模仿或毁损，就必然要取得品牌的占有权，也就是知识产权。

第二，因为"知识产权"也是一种"品牌传播手段"。在品牌化过程中，品牌会通过企业的外在形象或活动方式（品牌触点）传达给消费者。换句话说，这里的"外在形象"与"活动方式"就是"品牌要素"和"品牌体验"。具体来讲，就是商品名称、标志标识、包装设计、颜色、动画形象等品牌特征符号（品牌要素），或"与客人打招呼时要说您好而不是欢迎光临""在电脑上编辑到一半的邮件可以在手机上继续操作"等良好体验（品牌体验）。

品牌特质就是通过这些品牌要素和品牌体验传达给消费者的。

品牌传播过程

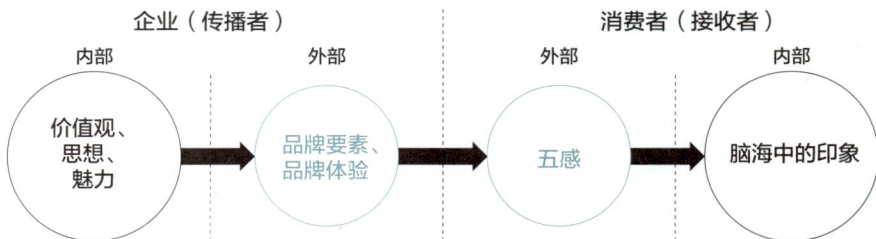

其实在这些"品牌要素"和"品牌体验"中，也常常包含着"知识产权"。

比如，商品名称及标志标识都属于"商标"。商品包装及网站设计属于"外观设计专利"。刚刚举例的"在电脑上编辑到一半的邮件可以在手机上继续操作"这种体验如果可以通过电脑系统实现，那么也许就会成为一个专利。

品牌传播过程（知识产权版）

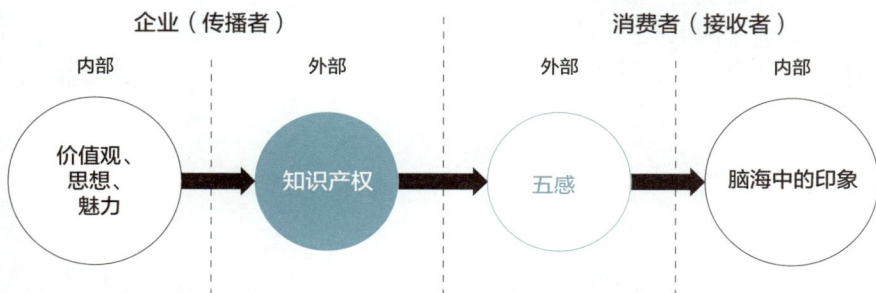

企业（传播者）　　　　　　　　消费者（接收者）

内部　　　　　外部　　　　　外部　　　　　内部

价值观、思想、魅力　→　知识产权　→　五感　→　脑海中的印象

所以在品牌化的过程中，知识产权也可以被看作品牌的传播手段。

这里我要再次强调"知识产权是无形资产"这个概念。这意味着如果不完全把控知识产权，就会导致部分品牌传播手段无法使用，从而阻碍品牌化活动，甚至可能造成其他公司模仿、品牌被稀释等后果。很明显，一旦发生上述情况，就非常不利于企业创建自己的品牌。

相反地，如果能在品牌化中合理使用知识产权，就能达到事半功倍的效果。因为这不仅能够让你独占品牌传播手段，防止他人模仿品牌特征，还可以将品牌的实体——商标权利化，作为自己的财产。

问题 3：在品牌化的什么阶段应该留意知识产权问题?

回答：

在确定品牌概念并设计品牌传播手段以便广泛宣传品牌特点的时候，要特别注意知识产权问题。

具体来说，就是在进行以下设计时。

1. 商标

- 品牌名称
- 商品、服务名称
- 标识标记、符号标记、图标
- 功能名称
- 概念名称
- 活动名称
- 广告语
- 动画形象

2. 外观设计

- 产品设计

- 包装设计
- 界面（UI）设计
- 建筑、装修设计

3. 专利

- 产品功能性构造
- 产品化学性构造（例如：药物成分）
- 产品的高效生产方法
- 信息技术（IT）系统中的程序处理方法

为什么是在以上时间节点呢？因为品牌传播手段中潜藏着以下风险。

1. 使用品牌传播手段时侵害其他公司知识产权的风险。

2. 其他公司使用自身品牌传播手段的风险。

在产品推广过程中设计品牌传播手段时，肯定要以使用不会产生风险为前提。但只有进行知识产权调查，才能确保这个前提成立。不然的话，很有可能在制订品牌化计划时，使用了构成侵权的品牌传播手段而不自知。也就是说，如果不对知识产权多加留意，就很有可能让你费心费力准备的品牌化计划化为泡影。

若是在确定品牌传播手段后才发现可能存在侵权问题，则只能重新进行设计，让进行到一半的品牌化工作直接倒退好几步。曾经越是努力，推广计划越是完美，白白浪费的时间和牵扯的人就会越多。如果在这个时候宣布要从头再来，会带给周围的人很大困扰，也会让自己失去信用。

此外，即使你没有侵权，但如果没有为自己的品牌传播手段申请知识产权，那么也会导致其他公司的复制模仿。而品牌传播手段最重要的便是独特性，这是创造独特品牌的前提，一旦与其他公司重复，就会导致自身独特性被削弱，自然也无从谈起形成牢固的品牌印象。

问题 4：保护知识产权的价格是多少？
回答：

申请知识产权的费用根据实际情况差异很大，我无法在这里一一说明。不过作为参考，我可以简单介绍一下在日本申请知识产权的大致费用区间（仅供参考，实际费用请以单独咨询结果为准）。

在日本申请一项知识产权的费用

权利种类	费用区间
专利	50 万 ~100 万日元（折合人民币 2.5 万 ~4.9 万元）
外观设计专利	15 万 ~25 万日元（折合人民币 7 400~12 000 元）
商标权	5 万 ~20 万日元（折合人民币 2 500~9 900 元）

如果是在其他国家申请知识产权，那么还需要完成相应国家不同的申请手续，费用也与日本有所不同。关于其他各国的知识产权申请费用我便不在此——介绍，不过一般来说都是要高于日本的。

问题 5：这些钱花得值吗？
回答：

当我们认真去进行品牌化时，在知识产权上的花销就会体现出它的意义。

品牌化的外在表现就是长期维持具有一致性的外在形象和活动方式。我们在形成对一个人的印象时，会留意对方的哪些特征呢？他常有的表情，他说的话，他穿的衣服，他在做什么，等等，我们是通过他的外在形象和活动方式形成对他的印象的。

企业和商品也一样。我们只能通过外在形象和活动方式对它们进行判断。而且就像我在问题 2 中回答的那样，企业和商品的外在形象与活动方式往往就是知识产权。如果将知识产权比作一个人，那么他们的对应关系应该如下图所示。

将知识产权比作人

脸：商标
衣服：外观设计
语言：著作物
工具：专利

知识产权就是能让这些外在形象和活动方式持续下去的一种权利。如果没有知识产权，那么外在形象和活动方式便难以延续，这也意味着品牌的推广计划无法持续。越是付出大量金钱和精力去认真推进品牌化工作，就越会因为计划不顺利而蒙受巨大损失。为了避免产生这种损失，对知识产权的投资是很有意义的。

同样的问题还可以有另一种角度。我们做品牌化，也可以看作是在提高品牌的外在形象和活动方式的价值。就像我们能感受到好莱坞明星的服装和举动的价值一样，企业和商品一旦被品牌化，自身的外在形象和活动方式就会有价值上的提高。价值越高，代表它们使用权的知识产权价值自然也就越高。因此，对品牌化的投入可以使其对应的知识产权价值更高，投资回报率也更高。

问题 6：如何利用知识产权让品牌化更有效？

回答：

在你所创造的无形的知识财富中，要优先为与品牌特征挂钩的部分申请知识产权。

首先是关于商标，要着重注意以下两点。

1. 品牌名称、标识等象征品牌的设计一定要注册商标。

2. 对于形成"品牌特殊体验"的功能、业务、活动等，要设计特有商标并进行注册。

其次是关于外观设计和专利，最有效的就是为与品牌特殊体验相关联的设计和功能申请知识产权。

一般来说，在人们申请知识产权时，出发点都是具有竞争性的，例如独占某个方便的功能或者独占某些大家常用的话语。但这些想法其实偏离了我们对品牌特性的追求，而是让自己陷入了一个"比较的世界"，企图与别人在便利性上一争高下。在这个世界中，即便你已经取得了某项专利，可一旦有人创造了功能上更有优越性的专利，那你的优势便荡然无存了。

所以，希望各位真心想要做好品牌化工作的读者们，能够从品牌个性出发，灵活应用知识产权。在这种思维模式下，创造出品牌特殊体验并将其持续提供给消费者才是第一位的，想必你也是为此才打开了这本书。所以，请合理使用知识产权，让品牌特殊体验得以长久存续，成为一种财产吧！我们要追求的不是比其他公司更优越，而是区别于其他公司的差异性，如果你能向前一步，离开那个"比较的世界"，踏入"品牌 × 知识产权"的大门，就是我写这篇文章最大的荣幸。

第 八 章
策 划 个 性 活 动

策划品牌个性活动的
要点

本章要点

问　何谓品牌个性活动？

问　怎样在业务中推进品牌个性活动？

本章演练

演练▸想一想，什么活动可以体现品牌的个性？又有什么活动无法体现品牌个性？

演练▸站在品牌概念的基础上审视自己的日常工作，想一想如何才能将其打造为品牌个性活动呢？

本 章 要 领

第 八 章 主 题
策划个性活动

步骤	做什么	怎样做	
1	学习基础知识	• 学习与品牌、品牌化相关的基础知识	准备
2	创造最佳时机	• 营造可以开始品牌化的氛围、寻找伙伴	
3	创建组织	• 打造推进品牌化活动的组织	
4	分析环境	• 宏观环境（政治、经济、社会、技术）分析 • 微观环境（业界、竞合、顾客）分析 • 内部环境分析 • 了解外部环境中存在的机会与威胁、自身的优势及劣势	
5	思考前进方向	• 使用态势分析法（SWOT）分析外部环境和内部环境中的机会与威胁、自身的优势及劣势 • 品牌主张清单（企业主张） • 讨论品牌追求的状态 • 构思未来发展方向	浓缩
6	打造品牌基础	• 打造品牌基础（品牌概念） 　• 品牌愿景、品牌使命、品牌价值 　• 品牌个性 　• 品牌宣言 　…… • 整理企业和组织的理念体系	
7	明确传达方式	• 决定品牌的展示方式和表达方式 • 品牌传播指南 • 策划对内宣传活动 • 策划对外传播计划	扩散
▶ 8	策划个性活动	• 思考能够展现品牌个性的具体活动	
9	推出品牌	• 开展能够提高人们对品牌的期待感的活动	
10	活用成果	• 定期检查各类活动	检验

品 牌 管 理

45

答 ....

即基于品牌基础（品
牌概念）的活动。

Theory

[理 论 篇]

▎ 用结果判断品牌

　　根据第七章的第 42 个和第 43 个模块的内容可知，在塑造品牌的过程中，品牌个性活动发挥着根本的作用。而品牌个性的判断依据则是品牌基础。

　　自不待言，不同企业的情况各不相同，但每个企业都应该存在特定的根基以便支撑品牌的建立。

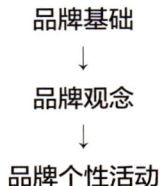

品牌基础

↓

品牌观念

↓

品牌个性活动

　　除了员工之外，一切与品牌有接触的人（利益相关者）都对品牌概念一无所知。他们是通过结果判断品牌的。

大家通过各种方式接触品牌，比如观看广告、参加活动、去实体店、与负责人交谈、购买产品、体验服务、咨询、听领导层发言、浏览网上的评论……不论哪种方式，每个触点中都不能没有公司员工的存在。

如果某个岗位中的某名员工做了一件损害品牌的事情，那么其影响将会波及其他部门，最终牵连整个公司。

不论广告打得多响亮，如果实际展开的活动与之相悖，那么人们自然会认为你的广告是谎言。相反，如果有人举办了令人满意的活动，那么整个公司将会受到好评。

▍包装与内容

让我们来打个比方。

假设你想在出差回家的路上买一些纪念品。商店里摆满了看起来非常美味的点心，于是你兴致勃勃地购买了一份外观高档、给人感觉很好吃的点心。你已经迫不及待地想要回家跟全家人一起品尝美食了。毕竟包装（包装纸）看起来很高档，怎么会不令人感到期待呢？

终于到了揭晓答案的这一刻。结果味道确实还不错，只不过没有你想象中那么好吃，相对于你的预期来说，只能说是平凡无奇的点心罢了。

我向别人讲解品牌化的时候常常谈起这个例子。

在为爱知东邦大学塑造品牌的过程中，我也强调了这个故事。

包装（包装纸）是品牌的展示方式，即品牌化中的视觉识别。

用心做设计，产品的外观自然会很吸引人。但若金玉其外败絮其中，则会使顾客的期待落空。对于品牌化来说真正重要的是展现品牌个性的活动。

就我的大学而言，如果我们通过改变视觉识别改变了大学的展示方式，就要随之改变我们的内容，使之符合品牌概念。比如课程内容、教学方式、对待学生的方式、与毕业生的沟通方式、支持学生的制度、设施和设备、研究、社区贡献等。否则就是搬起石头砸自己的脚，因为期待值越高，失望的程度也越高。

品牌的个性化活动是品牌化的制胜法宝。

包装与内容

- 视觉识别
= 展示方式

- 个性活动（内容）

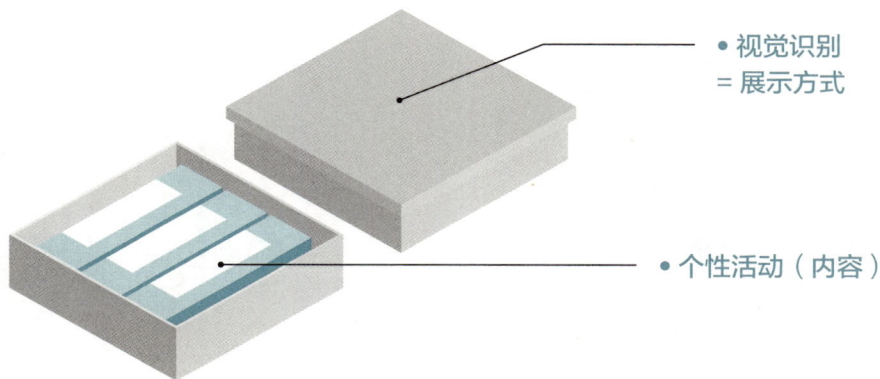

顾客的期待与现实的关系

消费者应对研究、消费者服务研究的第一人佐藤知恭老师对顾客期待与现实的关系进行了如下解释。可以将之作为品牌化的参考。

期待	≪	现实	▶	感动
期待	<	现实	▶	喜悦
期待	＝	现实	▶	满足
期待	>	现实	▶	不满
期待	≫	现实	▶	受害者意识

（《插画版　顾客忠诚度管理》
笔者参考日本经济新闻社制成该图）

[实 践 篇]

▎个性活动的正解并不唯一

构思个性活动需考虑以下几点

1. 以品牌基础为判断基准

判断个性活动是否合适的核心依据是品牌基础，包括品牌愿景、品牌使命、品牌价值、品牌个性、品牌宣言等。

2. 盘点自己及所属部门的工作

站在全新的角度看待你的工作或所属部门的工作，从中寻找能够体现品牌个性的亮点。

3. 判断活动是否符合品牌基础

你可以自己判断或者与团队讨论以上工作是否符合品牌基础。只要以品牌为核心进行思考，就会看到品牌今后改进和改革的方向。

思考的时候可以问自己或他人"该活动是否符合品牌概念、品牌宣言"等。

4. 工作分类

请判断以上你筛选出的工作属于哪种类别？

A. 需要叫停的工作

B. 需要改正的工作

C. 需要更加重视的工作

D. 需要开始的工作

	水平	是否符合品牌基础
A	需要叫停的工作	不符合
B	需要改正的工作	符合，但是必须修改
C	需要更加重视的工作	可以使品牌形象更加特定
D	需要开始的工作	现在还没有开始做，不过为了塑造品牌需要开始做

演练

[实 践 篇]

想一想，什么活动可以体现品牌个性？
又有什么活动无法体现品牌个性？

在这里，我们可以根据自己的品牌愿景，站在公司的角度自由思考。只需想法就行了。

	水平	是否符合品牌基础
A	需要叫停的工作	不符合
B	需要改正的工作	符合，但是必须修改
C	需要更加重视的工作	可以使品牌形象更加特定
D	需要开始的工作	现在还没有开始做，不过为了塑造品牌需要开始做

品 牌 管 理

46

问 ....

怎样
在业务中推进
品牌个性活动?

答 ....

将以往的工作
放在品牌这条轴线上
重新审视一遍。

T heory

［理 论 篇］

▌ 为以往的工作增添色彩

企业中有各种部门、职位和业务。比如总务、会计、人力资源、管理、研发、采购、制造、生产、销售、广告、国际和关联公司等。

品牌个性活动的内容因部门而异。每一个职位都有各自的分工,他们因此要完成各自的工作内容,拥有各自的权力和责任,并在此基础上执行日常任务。在明确了这一点的基础上再考虑如何让自己日常的工作体现品牌特色。

"要将品牌个性活动添加到日常工作中吗?"如果你这样想就大错特错了,正确的答案是为日常工作增添品牌特色。

比如,如何改变你与客户商谈时的表达方式?怎样修改你的演示文稿?

再比如,如果你是公司总务,应该如何处理公司各方面的事务呢?

如果你是财务部的职员,追求的是数据的精确,此时又该怎样理解品牌个性活动呢?

如果你是公司的人事部的职员,该怎样制定适合品牌的人力资源政策呢?

如果你负责品牌个性产品开发,制定流通政策,策划促销活动,那么应该站在什么视角看待品牌个性呢？

不同职位的员工给出的答案一定是不同的，并且现阶段你可能无法判断自己的答案是否正确。

虽然你一个人能做的工作是有限的，但是如果你的做法能够扩展到整个部门，甚至扩展到整个办公室和整个公司，那么事情会变得怎么样呢？想必整个社会对公司的认知将会发生变化，你的公司在顾客和业务伙伴当中的声誉也会随之变化。

▎用品牌解决问题

如果你站在整个品牌的视角看待自己或团队的常规工作，那么将会看到不一样的风景。

毫无疑问，大家为了改善业务、提升效率、创新改革已经做过很多努力，并且也收获了相应的成果。

从现在起，不妨换一个思路，即想办法用品牌解决问题。或者说，以品牌为轴心探索解决问题的方向。

规模和行业相同的公司面临的课题也是相同的，而这些课题的解决方案也大同小异。

但是，如果我们从品牌的角度来看待公司面临的课题那么会怎么样呢？

我们将会得出独特的解决方案，因为品牌是独一无二的。

"当前所有的公司都大同小异，但我们公司有所不同。因为我们公司的前进方向是由品牌决定的。"这才是正确的思维方式。

我在第一章第 2 个模块强调过品牌在于细节。每一个员工参与的品牌个性活动构成了所有触点。而顾客在触点中感受到的品牌形象就这样储存在了他们的脑海中。

最开始想要以品牌为中心重新审视你的工作可能有点儿困难，但一旦你转换视角就会感受到其中的乐趣。

品牌个性活动

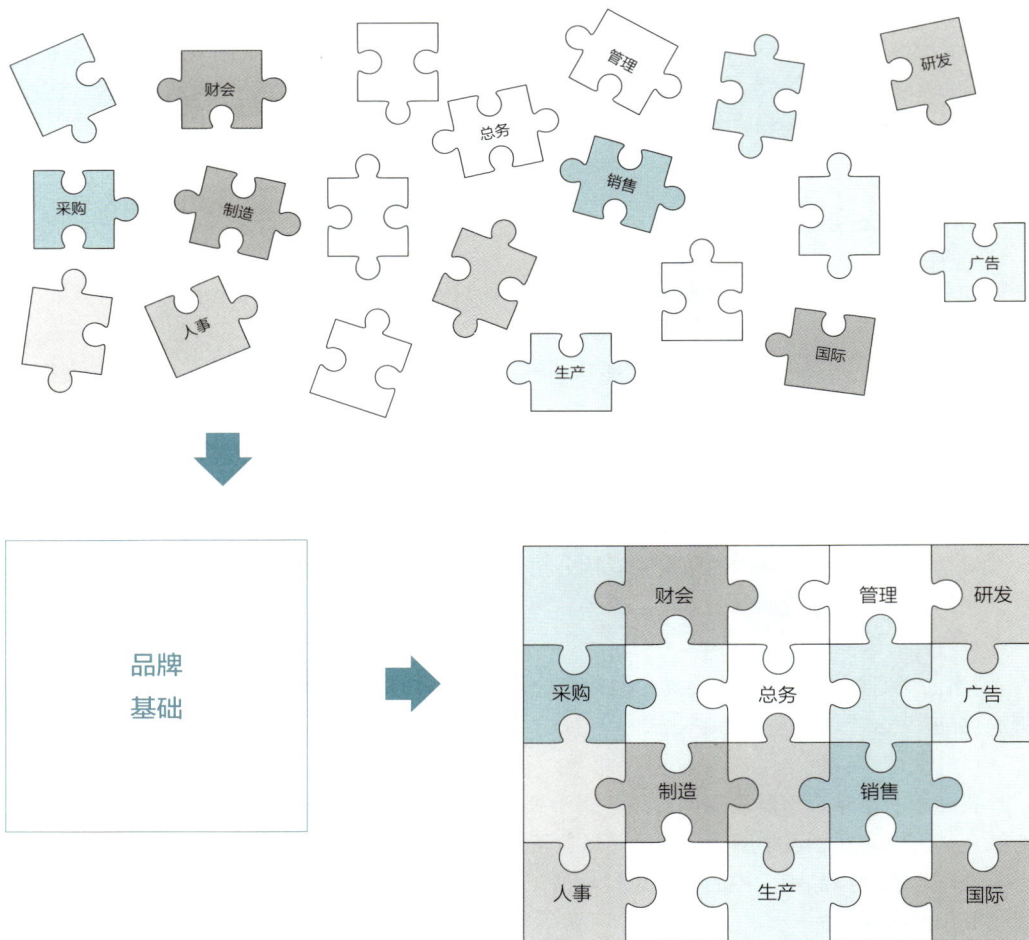

品牌
基础

[实践篇] 灵感

迷茫时则返回品牌的原点

寻找品牌个性活动的方法

第 45 个模块的"灵感"和"演练"要求你从整个公司的角度考虑品牌个性活动，本模块你要尝试将自己的日常工作美化为能够体现品牌个性的活动。

首先创建一个如下所示的表格。

然后写下你目前所有的工作内容。思考如何结合品牌基础将你的工作打造为品牌个性活动。尽量制定能够明确体现品牌特色的方案。

最后你还要制定一些新的品牌特色活动以及需要摒弃的活动。

	业务	现在的内容	➡ 品牌基础	➡ 品牌个性活动 （具有品牌特色的活动）
普通业务		• • •		• • • • 需要摒弃的活动
新业务				

案例：爱知东邦大学招生宣传科

品牌基础

- 品牌愿景：
  "21 世纪的寺子屋"
- 品牌使命：
  培养每个学生掌握自己的智慧武器。
- 品牌个性：
  我们是充满活力的、休闲的、活泼的、自由的大学，同时认可学生，是学生的好伙伴。
- 品牌宣言：
  为每一个学生打造独特的未来。

爱知东邦大学的品牌个性活动
招生宣传科科长 M 老师的创意

- 我们工作的本质不是吸引高中生、高中教师和家长，而是作为高中生人生的岔路口的引路人。
  M 老师站在品牌愿景（即为每一个学生打造独特的未来）的角度看待自己的工作之后得出了以上结论。

- 为此，招生宣传科举办的大学介绍活动以及面向高中生的宣传讲解活动、校园开放日等所有活动都谈到了一个话题，即"在大学里面学到的知识对你的人生来说有什么意义"。

- 校园开放日的目的即回应每个高中生的烦恼和想法。这不是普通的大学宣传讲解，而是一个可以与每一个人交流的平台。

- 此外，宣传科还开发了新的项目，第一个是前往本地的每所高中举办"个人品牌化"讲座，为当地高中生展示我们的工作方式。讲座内容与大学宣传讲解毫不相关。

- 第二个新项目是引进新的入学考试制度，即"意向表达式入学考试"。
  高中生在入学考试的面试过程中展示自己现在的生活方式和将来在大学的学习方式。

演练 ［实 践 篇］

站在品牌概念的基础上审视自己的日常工作，想一想如何才能将其打造为品牌个性活动呢？
（用你之前决定的品牌基础作为思考的依据。）

品牌基础

	业务	现在的内容	▶ 品牌个性活动 （具有品牌特色的活动）
普通业务		・ ・ ・	・ ・ ・ ・需要摒弃的活动
新业务			

品牌个性活动实例

在原食品工业株式会社

品牌标识		
经营理念		我们为您提供的是"心意""心动"与"美味"。 我们秉持着以人为本、勇于挑战的精神,通过创造引人注目、独具匠心的美味以及令人心潮澎湃、无限向往的美味,为人与人之间的感情奉献自己的力量
品牌宣言		**心意、心动、美味**
业务活动	肉类调味料	肉类调味料包括黄金口味调料、烧烤酱汁等商品,用独特的酱汁挖掘肉类菜品的新风味
	火锅用调味料	火锅用调味料包括寿喜烧调味液、泡菜锅原材料等商品。挖掘火锅更多的可能性,让火锅成为每天都能吃到的家常饭
	蔬菜类调味料	蔬菜类调味料包括腌菜等原材料产品。用酱汁使蔬菜成为饭桌上的常客

(以上表格参考该公司主页制成)

大和房屋集团

品牌符号	Daiwa House ®　大和ハウスグループ　　　永远相连的心		
经营愿景	—心心相连— 作为"人、街区、生活的价值共创集团"，我们将与客户一起创造、应用并提升新的价值，力争实现人人都有着充实富裕的精神世界的社会。与此同时，重视每一位客户的情感纽带，与之成为能永远分享喜悦的好伙伴，培养相互间永恒的信任		
基本态度	共创共生		
业务活动	人、街区、生活的价值共创集团		
	住房建筑领域	商务领域	生活领域
	业务领域包括独栋别墅、按栋出售的住宅、住宅、与租赁住宅相关的建造、运营、管理、租赁。 负责住宅的一切事务，为生活、环境、社会创造更美好的未来	作为客户的业务合作伙伴，我们提供与时俱进的选择方案，涉及领域包括商业和物流设施、医疗和护理设施及城市开发等。 我们坚持为业务增长提供支持，为提高生产力和振兴当地经济做出贡献	力争让包括年轻人和老人等所有年龄阶段的人们都能享受到舒适的生活环境。为此我们通过与居民生活相关的业务，比如经营酒店、家居中心、健身俱乐部和有偿养老院等业务丰富居民的生活

（以上表格参照该公司主页制成）

爱知东邦大学

品牌标识	**愛知東邦大学** AICHI TOHO UNIVERSITY		
品牌宣言	为每一个学生打造独特的未来		
信条	为实现宣言而要坚持的信条		
	面向学生的信条	面向地区的信条	面向伙伴的信条
	1. 每一块石头都可以成为宝石 2. 站在不同的角度看待学生并挖掘学生的潜能 3. 提供成长机会	1. 地区即教室 2. 一所广受爱戴的、值得信赖的大学 3. 共创未来的伙伴	1. 挑战与创造 2. 独特的贡献 3. 被学生尊重的、生活中的朋友
具体活动	● 课题型课堂 ● 参加商业计划竞赛 ● 教育恳谈会 （定期与担保人面谈） ● 线上学生表彰大会 ● 入职集体住宿 ● 个人品牌化讲座 ● 意向表达式入学考试	● 与当地托儿所、幼儿园、小学合作 ● 与当地公司联合研究 ● 与爱知县以外地方政府的合作 ● 学生经营的旅馆 ● 地区智慧平台活动	● 教职员工同一团队 ● 全体教职员工的信条 ● 跨学院的合作活动

"个人品牌讲座"：面向中京地区高中生的巡回讲座，主题为"个人品牌"。

"意向表达式入学考试"：一种入学考试形式。申请人入学后展示今后想要举办的活动，并说明他们读大学的目标。在此之前，必须事先到教师研究室访问以及确认教学大纲等。

主 题
策划个性活动

问 何谓品牌个性活动?

答 即基于品牌基础（品牌概念）的活动。

在塑造品牌的过程中，品牌个性活动发挥着最根本的作用。而品牌个性的判断依据则是品牌基础。一切与品牌有接触的人（利益相关者）都对品牌概念一无所知。他们是通过结果判断品牌的。如果某个岗位中的某名员工做了一件损害品牌的事情，那么其影响将会波及其他部门，最终牵连整个公司。

相反，如果有人举办了令人满意的活动，那么整个公司将会受到好评。

问 怎样在业务中推进品牌个性活动?

答 将以往的工作放在品牌这条轴线上重新审视一遍。

企业中有各种部门、职位和业务。品牌个性活动的内容因部门而异。个人及部门应该在品牌的基础上思考如何为日常工作添加品牌特色，或可以开展哪些新的业务彰显品牌特色。每个人、每个部门开展的活动才是打造品牌的根本力量。

专栏 ⑦

有关健康经营品牌化的建议

促进员工对企业理念产生共鸣，加强企业理念与员工健康之间的关系

2018 年日本通过了《工作方式改革关联法》，由此一来我们有了更多的机会重新审视我们的工作方式。此外，随着远程办公的日益发展，越来越多的人开始对工作的意义和健康的生活产生怀疑。

如今有很多研究都证实了以下观点，即对企业理念产生共鸣的员工身心更加健康。企业理念即本书前文所指的品牌理念。当然，其中包括品牌愿景、品牌使命和品牌价值。

该观点的意思是如果员工能将品牌理念内化，那么他们的身心将会更加健康，并且进一步为企业经营带来正面影响。

"健康管理"是我们生活中耳熟能详的一个词语，但是何谓"健康经营品牌化"？

一桥下大学工商管理研究生院教授阿久津聪教授为"健康经营管理品牌"定义如下：

> "企业要关注员工的健康，从而促进企业的经营。因此，企业需要站在企业经营的角度看待员工的健康管理，在品牌化的框架中实施战略性的管理活动。"
>
> （《Cept》2021 年 1 月 15 日，第 14 卷）

由以上观点可知，健康经营不是由一个部门负责的工作，比如人力资源部、总务处等，而要站在整个企业的角度将其视为品牌化的一个环节。

原因如下。

工作方式改革要求禁止加班、限制加班、促进带薪休假、确保员工休息时间等。政府之所以会制定相关政策就是因为以上问题确实一直被人们所忽视。

可是，工作价值和生存价值的问题应该如何解决呢？

这是与企业文化相关的问题，因此单凭一个部门的力量不足以解决以上两个问

题。对于正在进行企业品牌化的公司来说，工作价值和生存价值对于企业以及员工来说都是尤为重要的主题。

生存价值型幸福感关乎身心健康

工作价值与生存价值之间有什么关系？

事实上，阿久津教授也发表了与此相关的研究成果。据该教授与任职于密歇根大学的北山忍教授、京都大学的内田由纪子教授、加州大学洛杉矶分校的斯蒂文·科尔（Steven W. Cole）教授共同的研究成果可知，员工若对公司感到自豪，并且与公司产生共鸣，同时具备正确的自我认知，则会降低自身中长期的健康风险。

（《Cept》2021年1月15日第14卷）

人类的幸福感包括由快乐和满足感引发的快乐型幸福，以及通过辛苦和努力获得的生存价值型幸福。

上述研究对比了以上两种幸福感，得出结论，认为后者能够为免疫功能带来良性影响，也就是说可以预防慢性炎症。

生存价值型幸福感可以抑制"应对逆境的保守转录（CTRA反应）"/基因表达指数。人们在感到压力时体内与炎症相关的基因表达增多，而该反应能够降低此类基因表达。

还有一个术语叫作"工作投入度"，它可以表示员工心理健康的程度。

对此阿久津教授说道：

> "工作投入度是产业心理学和经营组织理论中的概念，也是'工作需求—资源'理论模型的核心概念。工作投入度包括三个维度，即活力、奉献和专注。活力是指个体具有充沛的精力和良好的心理韧性；奉献是指个体具有强烈的意义感、饱满的工作热情以及强烈的自豪感；专注表现为个体全神贯注于自己的工作。工作投入高的人会为自己的工作感到自豪（工作价值），并向其中投入大量精力的同时又能获得动力。"
>
> （《品牌战略与营销信息媒体 CCL.》2021.1.15 日经商务出版社顾问、"当今时代的工作投入度需求——听品牌研究大师怎样说"）

工作投入度实际上与经营理念和品牌理念等公司的理念息息相关。

研究表明，经营理念（品牌理念）的内部渗透与员工的工作投入度、职场的凝聚力和学习的积极性、创造力呈正相关（小林、江口、安藤、川上、TOMH研究会/2014）。

综上所述：

企业理念（经营理念、品牌理念）的内部渗透

→员工对理念产生共鸣

→工作投入度变高

→产生工作价值、感到自豪、有活力

→生存价值型幸福感提高

→身心健康

研究认为，企业的目标是使员工的工作投入度形成螺旋上升的循环状态。对此，阿久津教授进行了如下说明。

> "员工对企业品牌理念产生共鸣可以提高员工的工作投入度，由此提高公司的绩效，得到外界的认可，再反过来增强员工对企业品牌理念的共鸣度。（后略）"
>
> （《Cept》2021 年 1 月 15 日第 14 卷）

品牌化为整个公司带来健康

研究表明品牌化最终会为企业带来利益以及提升企业的业绩。公司通过基于品牌愿景、品牌使命和品牌价值等品牌基础开展的活动将会唤醒整个公司的活力，提升自身的价值。

这种说法会让人以为好像只有公司（管理层）才能从中受益。但实际并非如此，由前文可知，品牌化有利于内部员工的身心健康。

工作方式改革尤为重要。我们要遵守缩短工作时间、带薪休假、保障休息时间和育儿假等制度。在此基础上还要考虑怎样的公司更有利于员工的身心发展。

通过促进员工对品牌产生共鸣，提高其工作投入度。员工由此一来将会收获身心的健康，并进一步对其家人和周围人的健康产生积极影响。

品牌化的视角是整个公司，只有站在这个角度才有可能为整个企业带来健康。

健康经营品牌化

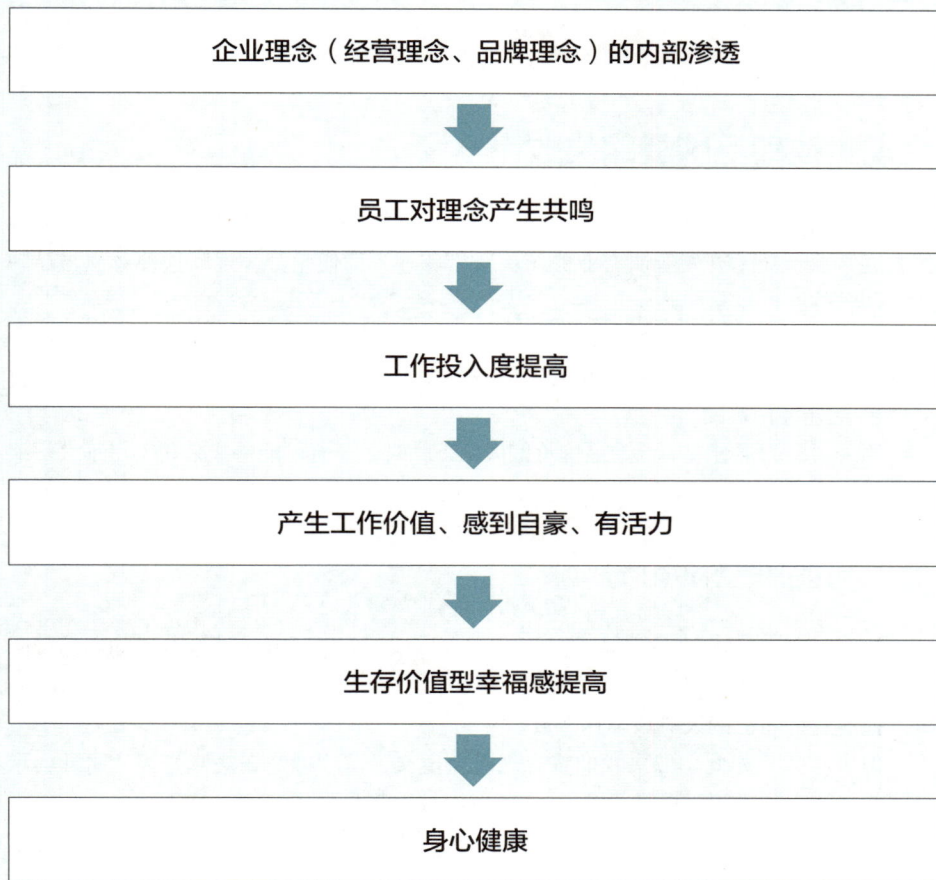

企业理念（经营理念、品牌理念）的内部渗透

员工对理念产生共鸣

工作投入度提高

产生工作价值、感到自豪、有活力

生存价值型幸福感提高

身心健康

专栏 ⑧

品牌与
合规

渥美坂井法律事务所外国法合作业务
合伙人律师
三浦悠佑

合规失败即品牌战略失败

品牌与企业的经营活动内外一体，因此，品牌绝不仅限于广告，而是与企业的销售、人事、技术开发等所有业务工作紧密相连，即便是"合规"这种看似与品牌相去甚远的业务也是如此。

比如，当某个公司发生"领导层下达质量造假命令"这种不合规现象时，就会出现部分消费者因此对公司产品失去信心从而不再购买的后果。公司员工的品牌自豪感也会因此下降。

当公司因为不合规而导致品牌价值大幅下跌时，还有可能造成公司不得不大幅缩小业务规模、转换经营方针等后果。也就是说，合规失败就代表着品牌战略的失败。

合规与品牌密不可分

"合规指的应该就是法律问题吧？听起来好像很复杂，和推动企业活动的品牌听起来好像没什么关系啊……"

抱有这种想法的人应该不在少数。

但事实并非如此。如果我们将合规重新定义，从"遵纪守法"变为"向社会承诺遵纪守法，堂堂正正推进业务"，它就可以被看作品牌理念的一部分了。

同样地，我们还可以将合规活动的内涵由"思考遵纪守法的方法"变为"将遵纪守法作为差异化要素的一种，思考如何增加商品、服务销量及粉丝数量"，这样一来，合规作为品牌化的一面就非常明显了吧。

如上述说明所示，其实合规与品牌之间的关系是密不可分的。

通过合规进一步完善品牌战略

近年来，合规行业逐渐流行起一种说法，"合规并不只是单纯的法律问题，而是关系到企业存在意义的重要问题"。

有越来越多的企业开始将合规纳入品牌战略中。例如，某些废品处理回收公司高举"干净"这面品牌理念大旗，为遵守法律法规而积极开展人力投资（通过培训、训练等提高员工能力），精准捕捉到了"愿意为妥善处理废弃物而付出更高价格的人群"的需求，从而大获成功。

合规，也就是堂堂正正推进业务很快就会像让人们生活更美好，或者为地球环境做出贡献一样，成为公司品牌战略的重要部分。

第 九 章
推 出 品 牌

怎样才能顺利地
推出品牌？

本 章 要 领

第 九 章 主 题
推出品牌

步骤	做什么	怎样做	
1	学习基础知识	• 学习与品牌、品牌化相关的基础知识	
2	创造最佳时机	• 营造可以开始品牌化的氛围、寻找伙伴	
3	创建组织	• 打造推进品牌化活动的组织	准备
4	分析环境	• 宏观环境（政治、经济、社会、技术）分析 • 微观环境（业界、竞合、顾客）分析 • 内部环境分析 • 了解外部环境中存在的机会与威胁、自身的优势及劣势	
5	思考前进方向	• 使用态势分析法（SWOT）分析外部环境和内部环境中的机会与威胁、自身的优势及劣势 • 品牌主张清单（企业主张） • 讨论品牌追求的状态 • 构思未来发展方向	

6	打造品牌基础	• 打造品牌基础（品牌概念）
		  • 品牌愿景、品牌使命、品牌价值
		  • 品牌个性
		  • 品牌宣言
		  ……
		• 整理企业和组织的理念体系
			浓缩

7	明确传达方式	• 决定品牌的展示方式和表达方式 • 品牌传播指南 • 策划对内宣传活动 • 策划对外传播计划	
8	策划个性活动	• 思考能够展现品牌个性的具体活动	扩散
▶ 9	推出品牌	• 开展能够提高人们对品牌的期待感的活动	
10	活用成果	• 定期检查各类活动	检验

品 牌 管 理

47

问

推出品牌时
应该注意什么？

答

想办法
提高人们的
期待感吧！

Theory

[理 论 篇]

▎初次亮相至关重要

终于到了推出品牌这一步。品牌的初次亮相是非常重要的。推出品牌若只是公布一个新的品牌标志或发表一些新的见解，那么未免太浪费机会。品牌要抓住这个千载难逢的机会提升自身的影响力，并提高人们的期待程度。

初次亮相的步子可以迈得大一些。有些公司甚至将其（或品牌化）视为第二次创业，因此对内对外都做足了宣传。

对于企业来说，这样的时机并不多。推出品牌不是修改一次标志就成功了，推出品牌即企业改革。

当然，公司推出品牌时要根据其规模、行业和传播对象制定合适的方法。虽然说打造品牌的目标是提高人们对品牌的期待感，但是这并不意味着举办几次活动就可以树立一个品牌。

▋ 让人们更加期待你的品牌

首先我们需要设计一个可以提高品牌期待值、品牌影响力的方案。品牌推出期相当于第七章的第 36 个模块中列举的第二个阶段。

第二个阶段：品牌传播期

即品牌的内部渗透和对外传播时期。在这个阶段，企业发布品牌宣言和目标形象。对于视觉识别有变动的公司来说，这正是一个提高期待的机会。

在遵循品牌中长期战略的基础上，我们可以参照以下内容制定该阶段的品牌传播方式，即构思"品牌传播战略之亮相篇"。

（1）和谁（传播对象）

对外

商业对消费者领域的公司：

社会、一般消费者、潜在顾客、显在顾客、忠诚顾客……

商业对商业领域的公司：

社会、行业、潜在顾客、业务合作伙伴、关联公司、显在顾客、优良顾客……

其他：

社区社会、行政

对内：经营者、高管、领导层、普通员工、合同工、临时工、兼职、关联公司……

传播对象取决于每个公司，但请确定优先级。

（2）为什么（目的）

传播的目的是与目标受众进行沟通。企业需要明确不同的受众对本公司持有怎样的期待。在一般社会和业界的范围内，受众的认知是品牌的目标。而在忠诚顾客（商业对消费者领域的企业）和优质顾客（商业对商业领域的企业）的范围内，品牌的目标是使对方更加信任自己。

不同的传播目的对应不同的传播方法和传播内容。

（3）怎样做（方法）

传播方式因受众和目的而异。如果你认为品牌传播就是将报纸上的广告词原封不动地拿给对方看就可以了，就大错特错了。

内部渗透的意义在于让员工与品牌产生共鸣，因此以通知形式下发的文书并不会达到该目的。

（4）何时（时期、期间）

即传播的时期与期间。公司所处的环境不同，其品牌传播的时限也是不同的。但一般来说，有些公司采用三年的中长期目标，有些公司设置了短期目标，大概在六个月到一年。

预热广告

品牌还可以在正式问世之前设置一段预热期。预热期可以吊足受众的胃口，具体做法是在活动开始前一点儿一点儿地散播信息，以此激发受众的好奇心。

例如：

某月某日我们将公布全新的品牌符号！

某月某日我们将再次创业！

某月某日起你将会看到全新的我们！

最好在有纪念性意义的日期公布新的品牌标志或符号，比如 4 月 1 日[①]、10 月 1 日、1 月 1 日、创业纪念日、周年庆典或对公司有特殊意义的日期。预热期要设置在品牌正式推出的前几天。这种做法既有利于内部渗透又有利于对外传播。

对外传播方法示例

- 大众广告（电视、报纸、杂志、广播、业内报刊与杂志）
- 非大众（互联网广告、交通广告、户外广告）
- 社交媒体（脸书、推特、优兔网、照片墙等）
- 促销（包括促销工具，例如小册子、手册、传单、海报等；还包括活动、纪念品、宣传车等方法）
- 公关
- 人员沟通（拜访客户、发送邮件、……）

内部渗透措施示例

- 员工会议（线下或线上）
- 部门会议、各部门巡回宣传
- 品牌亮相庆祝活动（聚会）
- 公司内部工具（海报、小册子、内部报刊、信件、邮件、……）
- 纪念品

---

① 4 月 1 日是日本新的学年、财政年度的起始日期。——译者注

品牌传播战略之亮相篇

			品牌传播期	
			预热期	品牌推出期
品牌基础				
对象	对外	社会	通过广告、公关活动唤醒人们的好奇心	通过组合广告、公关活动让人们对品牌产生期待
		潜在顾客		
		顾客	通过直接沟通引起对方的兴趣	通过直接沟通让人们对品牌产生期待
		忠诚顾客	通过直接沟通让对方感到自己是特别的顾客	通过直接沟通让顾客认为自己享受的商品是限定的，认为自己是特别的
	对内	全体员工	通过公司内部媒体唤醒员工的兴趣	通过公司内部媒体、员工聚会等活动唤醒员工心中的期待感与干劲儿
		工作岗位	通过信息共享唤醒员工的兴趣	通过各岗位的会议为员工加油鼓劲儿，让员工产生期待
		个人	向每个人传达信息，引起对方的兴趣	通过与个人的直接沟通让员工对品牌产生期待

[实践篇]

▌首次亮相要有趣，活动计划要有策略

首次亮相的七个要点

1. 宛如换上新装一般令人愉悦

我们穿上新的衣服就会感到心情有所变化。品牌刚刚推出的时候就好像企业换了新装一样。新的视觉识别相当于品牌的新装，它影响着品牌的精神世界。

2. 趁热打铁，第一步至关重要

正所谓"打铁需趁热"。

意思就是不论做什么事情，都需要在有热情的时候迈出第一步。推出品牌也需要"趁热"。

3. 注重与平常不同之处

品牌推出后，组织内部的整体氛围将会发生变化。比如，你公司的员工表达方式发生了变化，于是外部人员也会认为"最近总觉得你们有些不一样"。这种评价会让员工的心情发生变化。虽然一句话的影响并不大，但是聚少成多，最终整个公司将会发生巨大的变化。

4. 信任他并重用他

对于一直致力于品牌化筹备工作的成员来说，品牌的问世意味着他们要筹备真正的品牌活动了。你应该信任他们并且重用他们。虽然摩擦一定是不可避免的，但是品牌化不是凭一己之力即可完成的任务，因此要力争整个团队乃至整个社会的大力支持。

5. 品牌面前人人平等

判断某个活动是否符合品牌形象，其依据是品牌个性。如果有人做了一个违背品牌的决定，即便这个人是你的上司或领导，你也应该毅然决然地否决该决定。虽然这是一件很考验定力的事情，但我们要铭记一点，即品牌面前人人平等。品牌推出期对品牌来说是一个重新开始的好时机，因此一定要重视该问题。

6. 编辑故事

盘点公司以往的全部活动，判断其是否符合品牌基础。如果我们将以往的活动与品牌关联在一起，就会发现新的价值。换句话说，你需要站在品牌的基础上对以往的活动进行重新编辑，然后再将其作为内部渗透、对外传播的主题。

7. 从内部员工开始

品牌宣言会使内部员工产生紧张感。有些广告就是利用这个原理制作而成的。有些公司明确指出"品牌主题广告就是我们品牌内部渗透的方法"。

［ 实 践 篇 ］

思考品牌在即将问世的时期需要做什么？
（只是构思也可以，将你可以想到的事情全部写下来）

（1）对外

（2）对内

事例解说 | 爱知东邦大学推出品牌

在名片、传单、广告牌等各处换上新的品牌符号

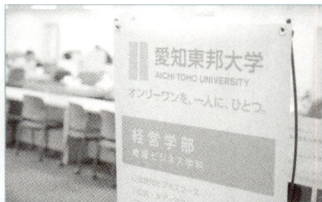

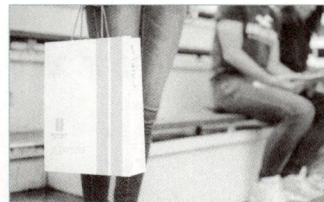

品 牌 管 理

48

答 ....

一定要
先明确自己的
想法。

[理论篇]

Theory

▌ 创意广告要符合品牌形象

我们要格外注意对外传播的内容与方法，毕竟品牌的成功建立耗费了大量精力。尤其要关注覆盖度广、诉求度高的广告，比如大众广告和互联网广告等。

媒介选择、媒体购买（与媒体协商后购买一定的广告时间或空间）和广告创意是专业的广告公司（广告制作公司）的业务领域。但是即使有专业公司的帮忙，企业也不应该放手不管（相关内容在第三章的第 18 个模块中也提到过）。

有些企业在委托广告公司（广告制作公司）的时候会说："你们是广告专家嘛，按照你们的想法自由制作就行了。"遇到这种广告主（客户）是最麻烦的。

"自由制作"的范围太宽泛了。广告公司会以自己对品牌的理解进行广告创意，然后为对方提供多种方案。关键是这些方案真的符合客户的品牌理念吗？不论质量多么高的广告，只要它不能体现品牌的个性就会被淘汰。

一条不适合品牌个性的创意广告一旦发布出去就会造成很大影响，比如给品牌形象造成负面影响，还会造成广告费用的浪费（媒介费、制作费）。因此在广告发布之前一定要向广告公司指明品牌基础。

▎简报内容

　　企业决定与广告公司或广告制作公司合作之后，首先需要以简要报告的形式向对方说明合作主旨。

　　广告创意领域的简报被称为创意简报（简报是"简要报告"的意思，在广告领域用来表示"解释广告的目的"）。

示例：需要向专业公司报告的内容

1. 品牌传播的整体内容

　　（1）传播对象
　　明确沟通对象，比如社会公众、公司的顾客和忠诚顾客。

　　（2）目的
　　明确传播的目的。推出品牌阶段的传播目的是获得大众认知，但是品牌面向不同受众制定的认知目标也是不同的。比如旨在促使对方进一步理解品牌、旨在让对方进一步与品牌产生共鸣等。再如面向忠诚顾客制定的目标不仅是获得认知，而是让对方依恋自己的产品。

　　（3）期间
　　即明确从什么时候开始到什么时候结束。

　　（4）预算

　　（5）体系
　　明确品牌化推进组织的体系，确认负责人。

2. 与创意相关的内容

　　（1）品牌基础
- 品牌愿景、品牌使命、品牌价值
- 品牌个性
- 基调与调性（如果品牌确立了该元素）
- 品牌宣言
- 世界观和形象

（2）品牌传播指南（或视觉识别指南）

- 如何使用标识（符号标记）
- 颜色
- 字体
- 设计要素等

3. 提案请求内容

如果企业将全部传播活动交给广告公司，就要向对方说明以下所有情况。但实际上，你也可以将不同的活动内容委托给不同的公司。

（1）传播策略的整体想法

- 传播对象
- 传播目的
- 期间

（2）媒介计划

- 电视、报纸、杂志、广播、互联网广告、交通广告、户外广告、……
- 社交媒体（脸书、推特、优兔网、照片墙等）
- 其他媒介

（3）公关计划

（4）促销计划

- 促销活动、促销工具（小册子、传单等）
- 促销产品

（5）创意内容

- 创意目标
- 创意作品

（6）预算

（7）品牌化推进体制

需求的传达在很大的程度上影响着广告创意作品

明确传达己方需求

所有作品传达的世界观是一致的。
品牌会在人们心中储存价值。

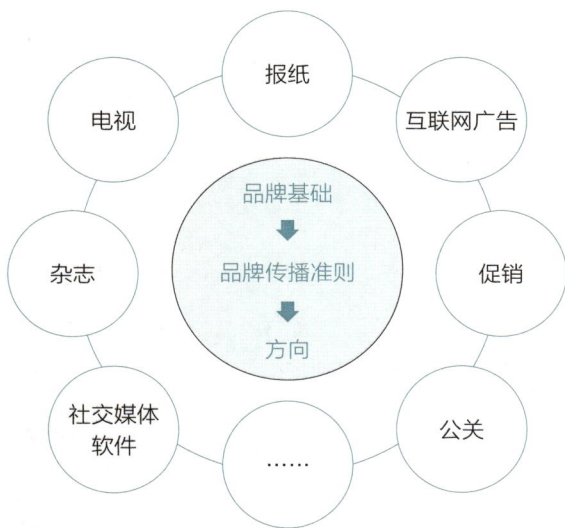

电视　报纸　互联网广告

品牌基础
⬇
品牌传播准则
⬇
方向

杂志　社交媒体软件　……　公关　促销

没有明确传达己方需求

创意作品的世界观不一致。
品牌不能在人们心中储存价值。

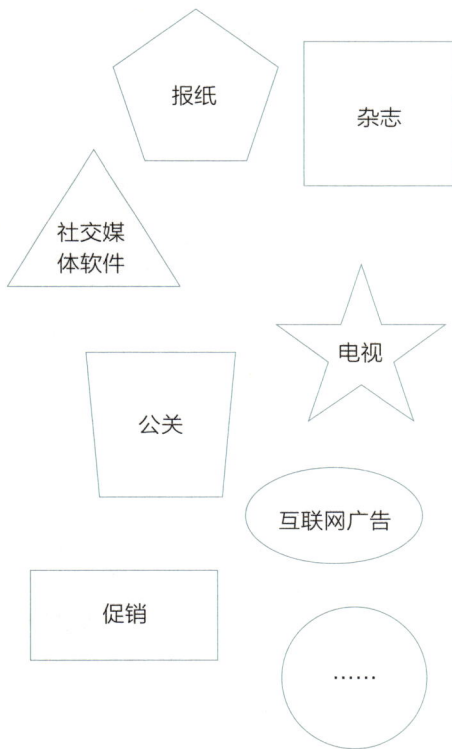

报纸　杂志

社交媒体软件

公关　电视

互联网广告

促销　……

[实践篇]

▌判断广告创意是否符合品牌个性的要点

示例：广告创意的检查项目

评估宣传品的要点。

1. 方式

①有没有确定品牌传播的目标受众？
②是否符合传播目的？
③传播媒介的类型、规模和时间是否合适？

2. 创意作品的内容

①标识（符号）的使用方式是否符合品牌传播指南（视觉识别指南）的要求？
• 位置、尺寸、颜色等
②品牌颜色是否正确？
③字体是否正确？
④是否符合基调（如果基调已经确定）？
⑤品牌元素是否正确（如果品牌元素已经确定）？
⑥品牌宣言的位置是否正确（如果品牌宣言已经确定）？
⑦是否符合品牌宣言（如果品牌宣言已经确定）？

3. 品牌化推进组织的体制

①明确日常联系的负责人。
②明确创意广告事务的负责人。

[实践篇] ▷ 请制定一份广告创意作品检查表。

企业需要在选择广告创意作品方案之前制定一份检查表，示例如下。

媒介类型：写下不同媒介类型，比如广告（电视、报纸、杂志、互联网、交通广告、户外广告、社交媒体广告、……）、促销工具（小册子、传单、海报、……）。

媒介种类

		内容	判断		
			是	不是	选择"不是"的理由
方法	1	有没有确定品牌传播的目标受众？			
	2	是否符合传播目的？			
	3	传播媒介的类型、规模和时间是否合适？			
创意作品	1	标识（符号）的使用方式是否符合品牌传播指南（视觉识别指南）的要求？ • 位置、尺寸、颜色等			
	2	品牌颜色是否正确？			
	3	字体是否正确？			
	4	是否符合基调（如果基调已经确定）？			
	5	品牌元素是否正确（如果品牌元素已经确定）？			
	6	品牌宣言的位置是否正确（如果品牌宣言已经确定）？			
	7	是否符合品牌宣言（如果品牌宣言已经确定）？			
推进体制	1	是否有日常联系的负责人？			
	2	是否有创意广告事务的负责人？			
	3	负责人在需要的时候会到场吗？			
	若没有	是否有员工负责有关广告创意的沟通工作？			

品 牌 管 理

49

答 ....

广告要根据不同的
目的战略性地
进行策划。

[理论篇]

Theory

▌广告的作用

广告在品牌化的过程中发挥着巨大的作用。比如电视、报纸、杂志等大众媒体上发布的广告会使品牌想传达的信息变得家喻户晓，互联网广告还可以向目标受众精准投放。

因此有很多人都误认为品牌化就是广告宣传。前文内容已经否定了该错误观点。广告属于品牌化的一部分。

广告发挥着诸多作用。比如根据第七章的第 44 个模块内容可知，广告可以提高受众的认知、理解、兴趣、关注度、购买欲、使用欲、忠诚度等。简单来说，广告的作用是走进人们的内心，进而促使其心理产生改变。

广告的影响力非同小可，品牌形象也受其影响。因此广告的投放需要经过慎重的考虑。如果品牌选择不符合自身个性的广告内容和投放媒介，就会对自身形象造成严重的负面影响。

广告费用属于经费还是投资

广告主要分为以下两类。

促销型广告

此类广告的目的在于促进人们对产品和服务的认知，使对方感兴趣，提高对方的关注度和购买欲、使用欲。

品牌形象型广告

此类广告的目的并非直接提高人们的购买欲和使用欲，而是传达品牌形象并促使对方与品牌产生共鸣。

促销型广告在短时间内对于提高顾客的关注度是非常有效的。然而，品牌形象型广告从长期来看有利于品牌形象的树立。

某知名企业的市场营销主管认为："广告是经费，同时也是一种投资。"也就是说，旨在提高消费者购买欲的促销型广告相当于经费，而旨在提高企业形象的广告相当于投资。

另外，日本有一家名为"株式会社泰姆咨（TEMS）"的广告战略咨询公司，其公司董事长鹰野义昭先生认为："促销型广告即流量型广告，而品牌形象型广告属于储蓄型广告。"

企业需要根据不同的传播目的选用不同的广告方案。在竞争激烈的环境当中，促销型广告将会大展身手。此类广告可以通过宣传产品和服务的竞争优势、选用著名艺人做品牌的代言人等方法在观众心中留下深刻的印象。但是，一定要注意广告是否符合品牌个性。

另外，品牌形象型广告传达的是品牌的世界观，因此制定此类广告时需要深思熟虑，这也是广告创意工作的一大关注点。

广告要符合品牌个性

如果你的品牌针对不同产品和服务制定了很多促销型广告和品牌形象型广告，那么最好保证所有广告都符合品牌个性。品牌基础是固定的，因此只要保证广告符合品牌基础，即使产品和服务种类繁杂，广告展现的品牌形象也一定不会出现分歧，即可保证人们产生的品牌联想具有一致性。否则，每一条广告都会使观众从零开始认识品牌，这样并不会给品牌带来任何正面影响，只是造成经费的浪费。

一条合适的广告会为品牌的建设添砖加瓦，而一条不合适的广告将会使品牌土崩瓦解。因此一定要有目的性地、有战略性地策划广告。

促销型广告与品牌形象型广告

品牌基础对广告的影响

符合品牌基础的广告

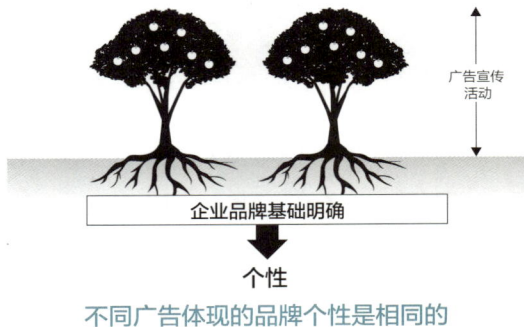

广告宣传活动

企业品牌基础明确

↓

个性

不同广告体现的品牌个性是相同的

与品牌基础关联性不大的广告

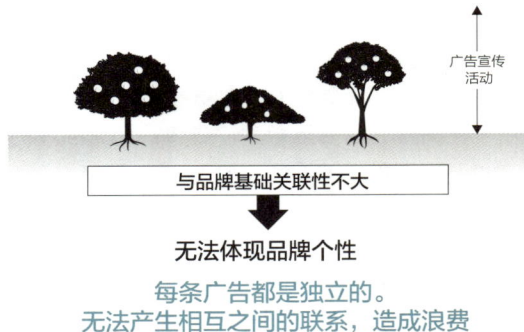

广告宣传活动

与品牌基础关联性不大

↓

无法体现品牌个性

每条广告都是独立的。
无法产生相互之间的联系，造成浪费

促销型广告

产品、服务、业务

· 认知、兴趣、关注
· 购买、使用
· 持续使用、推荐给他人

品牌基础

品牌形象型广告

品牌、企业、业务、产品、服务

· 共鸣
· 依恋
· 检验

作用不同、个性相同

［实 践 篇］

与广告公司交涉相关的一些建议

1. 不要被精彩的作品介绍迷住双眼

有时广告公司向你介绍作品时会令你觉得眼前一亮。这种时刻反而更需要引起你的警惕。企业需要冷静地思考该广告方案是否符合品牌的形象，是否适合目标受众。

2. 慎用给人以"强烈印象"的广告

广告公司介绍作品时会给出一些旨在给人们留下"强烈印象"的广告方案。要注意这类广告有可能违背品牌基础。因此要站在如何传播的角度选择广告方案，而不是选择能够给人留下"强烈印象"的广告。

3. 慎重选择代言人

企业可以根据自身所处环境的不同决定是否需要品牌代言人。但前提是，要明确品牌代言人存在的意义。如果草率地选用一名代言人，就可能适得其反。比如代言人的知名度和影响力得到了提升，而品牌在受众当中的认知和影响力却下降了。

4. 不要轻易比稿

不论是单独做方案汇报，还是与多个广告公司共同汇报，每一个广告公司都会倾注大量心血，付出相当的财力。如果客户采用比稿的形式决定合作对象，有的广告公司为了一举摘得桂冠，很可能会给出别具一格的方案。对于此类方案要格外注意其是否与品牌基础保持一致。

5. 控制参加汇报的人数

大规模的方案汇报往往有很多人参加。但是为了讨论实质性的话题，双方都需要控制与会人数。尽量营造一个方便大家讨论广告与品牌基础适应度的环境。

6. 问清楚术语的意思

广告从业人员的发言中常常出现一些难懂的术语或英语单词。对于不熟悉的词汇一定要当场问清楚，否则无法清晰地转达给公司的内部员工。毕竟大家对于品牌的认识不一定都是一致的。

7. 时刻铭记要互相尊重

如果你选好了广告公司，就要一直铭记它是你的合作伙伴。你们要理解并尊重彼此。尽量构建一种可以自由交流的关系。如果你尊重对方，就会信任对方。不要拿公司内部的情况当借口而随意更改广告方案。判断方案是否合格的唯一标准即是否符合品牌个性。

[**实 践 篇**]　　▶

想一想，如果让你为自己的品牌做一个海报，你会怎样做呢？

参照之前你构思的品牌愿景，按照下面的形式拟一份草稿。

（广告词）

照片

品牌宣言　　　　　　　　　　　　　　　品牌标识

品 牌 管 理

50

问

何谓
公关（PR）？

答

即与公众创造
良好关系的活动。

Theory

[理论篇]

▌ 公关的基本含义

本书的开头部分介绍了四要素营销理论（4P）的概念，四要素即产品、价格、渠道、促销（广义的促销）。

其中，促销又分为广告、促销（狭义的促销）、公关、人员推销四大类，这四类促销活动的有效组合被称为促销组合（或传播组合）。公关就是促销组合中的一个要素。

公关是公共关系（Public Relations）的简称。

日本公共关系协会（公益社团法人）的网站上有这样一段话，摘自美国公认的教科书《有效的公共关系》（*Effective Public Relations*）。这段话对公共关系的定义如下：

"公共关系是一种管理职能，它建立和维护组织与公众之间的互利互惠的关系。"

简单来说，公共关系就是企业或组织与公众维持良好关系的活动。由此可知，公关并非单方面的信息传达，而是一个范围更大的概念，它建立在组织与公众的相互关系上。

面对当今的社会问题与公众在生活中遇到的难题，品牌应该有想法并且为此做出具体行动。这就是公关活动的意义所在。

此外，还有一个术语叫作"公共宣传（Publicity）"。

英语单词"Publicity"的原意为"宣传、公开"。后来用来指企业、组织或团体通过新闻稿向大众媒体提供信息并推动媒体对其信息报道的活动。

公共宣传是公关的一部分，因为它可以通过大众媒体与公众建立良好的关系。

公共宣传基本不需要费用。媒体是否报道品牌信息不受品牌的控制，只取决于媒体的判断。

与此相对，广告是从媒体方购买的，因此可以将品牌想要传达的信息全部发布给大众。

（现在公共宣传与公关基本用作相同的意思。注意公共宣传只是公关活动的基本要素之一，两者并不完全相等。）

▌ 公共宣传与品牌

广告与公共宣传的功能区分如下。

广告：品牌在其购买的媒体空间中广泛地传播品牌信息并获得受众对品牌的认知、理解和共鸣。品牌需要支付媒体费用。

公共宣传：品牌通过媒体对其进行报道引起话题性，最终收获受众的共鸣。品牌无法决定想要传播的信息能否得到传播。基本不会产生费用。

品牌要基于品牌个性（品牌基础）制定品牌推广（传播）策略。不同的推广渠道（广告、促销、公关、人员推销）具有不同的特性，因此品牌要思考对于不同的渠道应该使用怎样的传播方法、传播什么内容以及最后想让受众产生怎样的认知。

公关不同于广告，它并非单方面地传达信息。但是品牌开展合适的公关活动，将会收获受众对品牌的共鸣。想一想你的品牌以何种方式进入公众的视线才更容易被接受呢？

日本公关战略师本田哲也提出了"战略公关"的概念。

据本田哲也所述，战略公关是企业为销售商品而创造的一个环境，在该环境下人们自然而然地对品牌产生舆论，并影响着企业的销售额（《新版 战略公关 创造环境 舆论销售》ASCII 新书）。

此外，本田哲也认为公关就是信息战略，制定该战略的背景是整个社会。公关的最终目的在于改变人们的行为（《新版 战略公关 改变行为的六个法则》发现携书）。

公关不仅是公共宣传活动，它还会改变人们的常识并为人们提供新的价值，品牌可以通过公关活动获得消费者的喜爱。

广告与公共宣传的区别

	内容
广告	• 在媒体购买广告位，登载并发布品牌信息 • 信息内容由品牌方控制 • 产生媒体费用
公共宣传	• 向媒体提供新闻稿等信息，希望媒体给予报道 • 能否报道不受品牌的控制 • 基本不会产生费用

[实 践 篇]

▌ 如何编辑新闻稿才能获得媒体的青睐

若品牌拟定的新闻稿得到媒体的认可，则品牌消息将会以新闻的形式公之于众。一次成功的公共宣传可以让品牌站在聚光灯下。而且由于媒体属于第三方机构，所以其报道的内容更具有客观性，也就更容易赢得受众的信赖。

但是并非品牌投送的所有新闻稿都会被媒体报道。媒体每天会收到海量的新闻稿，最终会选择具有价值的新闻进行报道。因此品牌需要站在媒体的角度思考如何编辑新闻稿。

公共宣传的要点

新闻稿要想满足以下全部条件并非易事。大家尽量满足以下条件即可。

1.是否具有独创性

你的品牌新闻与其他新闻相比有什么特别之处？是否具有独创性？是否有新意？如果对于以上问题你全部给出肯定回答，那么可以判断你的品牌新闻是有新闻价值的。成功的新闻稿发布后会引起读者或观众的兴趣。所以你需要判断新闻稿是否能让读者或受众感到耳目一新。

2.是否满足社会需求

你的品牌新闻对社会和大众来说有怎样的意义？是否有利于解决地区社会及企业、个人的问题？也就是说，你要判断自己的新闻稿是否能够满足社会需求。

3.是否符合当前的流行趋势

你的新闻稿是否符合当前的流行趋势？与时下的热点是否有关？会不会引起热议？信息的发布需要合适的时机。

4.是否讲述故事

新闻稿的背后是否有与品牌相关的轶事、传说、秘闻等，将会影响新闻稿的深度和广度。如果有，你的新闻稿就具备了新闻价值。因此新闻的背后要包含你的品牌故事。

5.画面是否简单易懂且夺人眼球

如果媒体登载了你的新闻稿，那么文中涉及场景、人物、物品、活动的画面是否简单易懂？能否吸引大家的注意？如果你的新闻稿是照片或视频的形式，那么一定要考虑这一点。

[实 践 篇]

找一找可以作为你的公司或部门公关的素材。
想一想，如何才能让媒体报道你们的新闻稿。

公关素材	检验				
	独创性	社会需求	流行趋势	故事	图像

小 结
第 九 章

主 题
推出品牌

向 **推出品牌时应该注意什么?**

答 想办法提高人们的期待感吧!

品牌初次亮相是非常重要的。借此机会提高人们的期待值和品牌影响力吧!推出品牌不仅是更换品牌标志或发表新观点,它更是企业进行改革的机会。为了提高人们的期待感,品牌要根据不同的传播对象、目的、方法、时长制订不同的计划。

向 **品牌对外传播需要注意什么?**

答 一定要先明确自己的想法。

即使有专业公司的帮忙,企业也不应该放手不管。企业需要提前向广告公司说明自己的品牌基础。在对方理解本公司的品牌基础的情况下,再将广告媒体计划方案制作、广告创意制作的工作委托给对方。为此,我们需要提前召开说明会,就本公司的品牌基础做简要汇报。

向 **品牌化对广告有什么要求?**

答 广告要根据不同的目的战略性地进行策划。

广告的作用是巨大的。广告分为促销型广告和品牌形象型广告,前者注重时效性,后者重在传播品牌形象。但所有广告都需要体现品牌个性。广告费用不仅是支出,由于它能够起到培育品牌的作用,因此也属于一种投资。广告的制作要符合目的,要战略性地制作广告。

向 **何谓公关(PR)?**

答 即与公众创造良好关系的活动。

公关是公共关系(Public Relations)的简称。公共关系是企业或组织与公众维持良好关系的活动。面对当今的社会问题与公众在生活中遇到的难题,品牌应该有想法并且为此做出具体行动。这就是公关活动的意义所在。

此外,还有一个术语叫作"公共宣传(Publicity)",是指企业、组织或团体通过新闻稿向大众媒体提供信息并推动媒体对其信息进行报道。公共宣传是公关的一部分。公共宣传基本不会产生费用。媒体是否报道品牌信息不受品牌的控制,只取决于媒体的判断。由于媒体属于第三方机构,所以其报道的内容更具有客观性,也更容易赢得受众的信赖。

公关是促进消费者对品牌产生共鸣的有效方法。

人才招聘 品牌化

Musubi公司
董事长

深泽了

正确理解并践行人才招聘品牌化概念，对招聘工作甚至公司整体的经营和组织都有着巨大效果。接下来，我将参考以下两本相关书籍，分 8 个要点进行相关解释。其中一本是《让"无名 × 中小企业"找到所需人才的人才招聘品牌化》（幻冬舍），也是日本国内首次将人才招聘品牌化进行理论化、体系化的书籍。另一本是《以低知名度网络"闪耀人才"的人才招聘品牌化完全版》（WAVE 出版）（在此之前没有相关的理论化、体系化书籍或论文）。

什么是人才招聘品牌化？

如果不明确定义就盲目制定战略、战术，就一定会在实践中出差错，甚至可能导致结果不满足预期。所以我们首先要明确，人才招聘品牌化的定义是"在招聘活动全过程中，加强企业强烈、正面、独特的印象"。其中，"强烈、正面、独特"这个概念由凯文·莱恩·凯勒 (Kevin Lane Keller) 提出，他曾经与戴维·阿克 (David A. Aaker) 共同完成《品牌大师：塑造成功品牌的 20 条法则》一书。

品牌的建立就是让品牌在顾客脑海中形成某种特定印象，这个概念可以延伸到招聘过程中。

此外，我们平时很容易忽略的一点是，"品牌化"的主体是企业，但"品牌"的主体其实是"顾客（本文中指应聘者）"，因为品牌存在于顾客（应聘者）的脑海中。

由此我们可以看出，"应聘者与企业实际接触的企业联合说明会、专场说明会、面试、面谈"和"通过招聘网站、公司介绍、宣传单、海报、广告等进行的招聘宣传"这两者，在建立一个"强烈、正面、独特"的企业印象过程中都不可或缺，如果缺少任何一方，就都称不上完整的人才招聘品牌化。

人才招聘品牌化的 3 个主要特征

正确理解第一部分内容后，一起来看看人才招聘品牌化的几个主要特征吧。

（1）不受行业影响

有一些行业是不受劳动者欢迎的，例如餐饮、销售、服务（酒店等）、建筑、装修等，大部分都是需要在特定场景进行工作的职业。但从追踪调查和既有成绩来看，人才招聘品牌化能够不受行业冷热门影响，实现良好效果。

（2）不受地域影响

"我们公司在小地方所以招不到人"，这一定是很多公司经营者共同的烦恼。类似这样的表述在招聘过程中也经常出现。但人才招聘品牌化迄今为止已经有过很多在非一线城市的实践经验，最终也达到了一定的效果。

（3）不受规模影响

规模包括营业额、员工人数、招聘人数等。从追踪调查和既有成绩来看，人才招聘品牌化对各种规模的企业都能起到积极作用。

短时间内解决所有招聘难题
人才招聘品牌化的 4 个效果

那么，具有以上 3 个特征的人才招聘品牌化，会对招聘起到什么效果呢？

（1）即时性

引入品牌化概念后，不论是在应届生还是有工作经验者的招聘中，都能在两三个月内感受到实际效果，最晚不超过 1 年。这些效果反过来能够证明，公司采取的品牌化战略是正确的。

（2）高质量（应聘者 / 聘用人数）

质量指的是公司文化及价值观与应聘人才的适配程度，也就是说，招聘要在明确公司所需人才类型的基础上进行。关于与公司具有高适配度人才的重要性我会在后文中做详细介绍。

（3）以弱胜强

在体育竞技中，"以弱胜强"是指实力较弱的队伍打败实力更强的队伍，而在人才招聘品牌化效果的定义中，则是指优秀人才从更具有知名度、规模更大的企业辞职，进入自己公司的情况。只要有 1 次这样的现象，就可以称得上"以弱胜强"。

（4）削减预算

当人才质量与聘用人数趋于稳定时，公司就可以从次年开始削减招聘预算。因为公司一旦招到适配度极高的理想人才，就能通过他们的介绍继续招揽更多符合要求的人才。

招聘难题逃不过以下 4 种

至此，我们已经介绍了人才招聘品牌化的定义、特征和效果。

那么这些特征和效果能够解决招聘中的哪些问题呢？追踪调查可以告诉我们。

（1）应聘人数少

很多招聘情况不理想的公司往往都面临着同样一个难题，就是应聘人数本身很少。但是通过人才招聘品牌化，可以让公司明确"应该聘用什么样的人才""如何找到这些人才"，并提前做好准备，占据主动。

（2）中途退出多

在人才招聘品牌化的观点中，应聘者之所以中途退出，并不是因为其他公司更有魅力，最重要的原因在于你所在的公司缺乏魅力。这一点要通过全盘思考自己公司的长处，并在此基础上制定招聘流程来改善。

（3）质量低（应聘者 / 聘用人数）

对于这一点，可以尝试在明确本公司所需人才的基础上，主动向目标群体发送信息。这样一来，就能够改善应聘者的整体质量，相应地，聘用人员的质量也会有所提升。本身应聘人数较多的企业，应聘者对公司的理解就会更深入，也有利于招聘效率的提升。

（4）签约率低

应聘者的整体质量改善，自然也会提升最终的签约率。此外，还可以在招聘流程中增加一些让应聘者理解并与本公司文化产生共鸣的设计，以便提高签约率。

人才招聘品牌化对经营的中长期效果

如上文所述，人才招聘品牌化的效果并不仅限于短期，还会对组织产生中长期效果，具体模式如下。

①与公司理念相同的人才进入公司

↓

②公司理念进一步渗透

↓

③活跃人才增加

↓

④在营业额及利润中体现

①→②对活跃人才产生的效果，在我们之前的调查结果中体现得很明显。而②→③则是在国内外的各种调查分析中被明确指出有统计上的相关性。可以说，人才招聘品牌化可以让公司内形成上述模式。而实际上，有个别实行人才招聘品牌化的企业，已经通过源源不断地招聘理想人才，在短时间内实现了上市。

人才招聘品牌化的推进要点

要想达到上述的短期和中长期效果，首先要制定正确的战略和战术，并严格遵照实行。具体实行过程有 21 条法则，在我文章开头提到的书中有详细介绍，此处只节选要点。

首先，在制定战略中最重要的是构建"招聘概念（招聘口号）"，强调本公司的优势，其中也包含公司理念和价值观。同时，还要注意明确需要什么样的人才，理想的聘用对象等。通过这些设计，达到以下结果。

①明确"向谁"传达"本公司的哪些特点"。
②通过①使信息具有独创性。
③通过①使设计具有独创性。
④相较于其他公司更加夺人眼球，从而确保应聘者的数量和质量。

此外，要以"招聘概念（招聘口号）"为核心，制定具体的战术（招聘流程），让整个招聘过程具有一致性，有效形成本公司"强烈、正面、独特"的印象。这也是我们能达到前述理想效果的根源所在。

基于人才招聘品牌化的组织构建的
现在与未来

根据我们在 2020 年发表的调查研究，员工入职时的公司理念认同度和现在的公司理念认同度在统计学上呈现强相关关系（0.644，N=540，$P > 0.1$），再通过线性回归分析可以得出，两者之间存在因果关系（标准化系数 β=0.510，R^2=0.643，调整后 R^2=0.601）。此外，员工入职时的公司理念认同度对他们现在的工作动力也有较大影响，两者之间存在因果关系（标准化系数 β=0.170，R^2，调整后 R^2 不变）。

员工入职时的公司理念认同度与"对公司喜爱度"（0.417）、"对副业、自由职业的兴趣度"（0.249）、"对副业、自由职业的目的意识"（0.262）、"对副业、自由职业的成功印象"（0.330）等均存在相关关系。

可以说这些统计结果也反映了新冠疫情和工作方式改革所带来的时代潮流变化。

2021 年，我们又以线上办公的商务人士为对象，调查了他们入职时的公司理念认同度和现在的公司理念认同度之间的关系，结果显示两者之间存在高度因果关系（标准化系数 β=0.71，R^2=0.510，调整后 R^2=0.505，N=500，$P > 0.01$）。同时，两者还分别与"对公司喜爱度""工作动力提升""团队能力强化""自身与公司的生产力""活跃印象"之间存在因果关系。

通过以上调查我们可以得出结论，入职时的公司理念认同度会长期影响之后的认同度，同时还在培养公司活跃人才、提高公司团队能力和生产力上具有重要作用。

通过这些调查研究，可以说人才招聘品牌化是公司组织能力提高的重要基点，而组织能力则会直接影响公司的营业额和利润。更进一步说，在今后的组织构建过程中，为了让组织进一步成长，我们还需要考虑到那些正在从事副业或者要离开公司成为自由职业者的人才（或者吸引其他自由职业者）。以公司理念为中心，让具有相同理念的员工、临时工、自由职业者聚集到一起并发挥他们的长处，创建一个同心聚力的公司组织在未来将会非常重要。

注意以下几点
才能享受人才招聘品牌化效果

只有正确理解、构建、实践人才招聘品牌化战略，才能得到本文中所述成效。

人才招聘品牌化这个概念自 2018 年首次提出开始至今，在谷歌检索的结果数量已经达到约 1000 万条，正逐渐成为世界范围内被广泛认可的概念。也正是因为如此，有很多企业会对这个概念做出不同的解释和说明，并用以宣传自己公司的服务。我在这里想提醒大家，正是因为这个概念逐渐普及，才更不应该自以为专家，按照自己的理解去发挥创造，我更推荐大家在理解本文所述基本内容的基础上，去制定自己的战略和战术。

迄今为止，品牌化大致可以分为企业和业务（商品）两种理论。而本文中所介绍的"人才招聘"角度，对公司组织来说是一个很有效的战略，也能够提高品牌化的实际效果。

第 十 章
活用成果

提高品牌价值的
要点

本 章 要 领

第十章主题
活用成果

步骤	做什么	怎样做	
1	学习基础知识	• 学习与品牌、品牌化相关的基础知识	
2	创造最佳时机	• 营造可以开始品牌化的氛围、寻找伙伴	
3	创建组织	• 打造推进品牌化活动的组织	准备
4	分析环境	• 宏观环境（政治、经济、社会、技术）分析 • 微观环境（业界、竞合、顾客）分析 • 内部环境分析 • 了解外部环境中存在的机会与威胁、自身的优势及劣势	
5	思考前进方向	• 使用态势分析法（SWOT）分析外部环境和内部环境中的机会与威胁、自身的优势及劣势 • 品牌主张清单（企业主张） • 讨论品牌追求的状态 • 构思未来发展方向	
6	打造品牌基础	• 打造品牌基础（品牌概念） 　• 品牌愿景、品牌使命、品牌价值 　• 品牌个性 　• 品牌宣言 　…… • 整理企业和组织的理念体系	浓缩
7	明确传达方式	• 决定品牌的展示方式和表达方式 • 品牌传播指南 • 策划对内宣传活动 • 策划对外传播计划	
8	策划个性活动	• 思考能够展现品牌个性的具体活动	扩散
9	推出品牌	• 开展能够提高人们对品牌的期待感的活动	
▶ 10	活用成果	• 定期检查各类活动	检验

T[理论篇]
heory

▍无形价值的评估

想必大家都对品牌价值这个词语有所耳闻。苹果公司的品牌价值位居世界第一，而日本最具有价值的品牌是丰田公司。我们听到此类表达只是会觉得这些公司价值连城，其实品牌价值的计算过程是十分复杂的。

简单来说，品牌价值就是将品牌的无形价值换算成具体数额的结果。也就是说，品牌的价值存在于人的脑海之中，为了让人们清晰地感知到这个无形的价值，需要将其换算成金额。

品牌价值的计算方法有很多。其中，英特品牌公司的品牌价值估算方法最有名，该方法于 2010 年由国际标准化组织（ISO）正式颁布，并将其命名为《品牌价值评估》（ISO10668）国际标准。

比如，可口可乐的品牌价值为 574.88 亿美元 [①]（2021 年 10 月公布）。可口可乐的特色在

---

① 约合人民币不到 4000 亿元。——译者注

于其品牌名称、红色、瓶身、标志、美国、清爽感……这是可口可乐在人们心中储存的无形资产，也就是它的价值。

如果可口可乐没有"可口可乐、红色、瓶身、标志、美国、清爽感……"这些标签，那么其产品又与其他饮料公司有何差别？它还会像以前一样受欢迎吗？答案一定是否定的。

经营与品牌价值

以下关于品牌价值的内容是以英特品牌公司的示例进行说明的。

1988 年，英国一家名为兰克·霍维斯·麦道戈尔（Rank Hovis McDougall，RHM）的食品公司遭到恶意收购。该公司拥有悠久的历史，尽管每款产品都受人喜爱，但其品牌价值却很低。因此，该公司管理层与英特品牌理论了一番。该公司认为英特品牌公司在评估价值时只计算工厂的生产设备和设施等有形资产是不全面的，该公司提议无形资产也应该算作品牌价值的一部分。后来，从财务和市场营销的角度导出品牌整体价值的计算方法就诞生了。该方法于诞生的第二年即受到伦敦证券交易所的认可，后来这种思维方式在品牌化、市场营销领域变得越来越重要。

英特品牌每年以全球企业为对象制定"全球最佳品牌榜（Best Global Brands）"，同时以日本企业为对象制作"日本最有价值品牌榜（Best Japan Brands）"。目前，全球最有品牌价值的是苹果，其价值为 4082.51 亿美元[①]（2021 年）。

其中排名靠前的日本企业有以下几家。丰田排第 7 名，本田排第 25 名，索尼排第 41 名，日产排第 59 名，任天堂排第 70 名，佳能排第 79 名，松下排第 88 名（2021 年）。

目前，决定企业价值的因素已经从有形资产转向无形资产，其中无形资产占 80%，有形资产占 20%。品牌价值是无形资产的一个要素。随着品牌价值越来越受到人们的关注，越来越多的公司将品牌价值作为管理指标之一。

注：为了完成本模块"何谓品牌价值"的内容，笔者特别采访了"英特品牌日本"的品牌价值评估顾问，文中的部分内容出自该采访。此外笔者还引用了该公司官网的报道即"品牌渠道刊登报道（划时代的解决方案：距离无形资产的价值被认可已经过去 30 年，回顾品牌价值评估的历史）"。部分内容引自《品牌化的 7 个原则》（修订版）。此外还参考了与该公司相关的报道资料（2021 年 2 月 25 日、2021 年 10 月 21 日）。

[①] 约合 2.7 兆人民币。——译者注

英特品牌公司的品牌价值评估

"全球最有价值品牌榜 2021"（2021 年 10 月 21 日发布）

	全球品牌	品牌价值金额
1	苹果（Apple）	4082.51 亿美元
2	亚马逊（Amazon）	2492.49 亿美元
3	微软（Microsoft）	2101.91 亿美元
4	谷歌（Google）	1968.11 亿美元
5	三星（Samsung）	746.35 亿美元
6	可口可乐（Coca-cola）	574.88 亿美元
7	丰田（TOYOTA）	541.07 亿美元
8	梅赛德斯－奔驰（Mercedes-Benz）	508.66 亿美元
9	麦当劳（McDonald's）	458.65 亿美元
10	迪士尼（Disney）	441.83 亿美元

"日本最有价值品牌榜 2021"（2021 年 2 月 25 日发布）

	日本品牌	品牌价值金额
1	丰田（TOYOTA）	515.95 亿美元
2	本田（HONDA）	216.94 亿美元
3	索尼（SONY）	120.1 亿美元
4	日产	105.53 亿美元
5	佳能（Canon）	80.57 亿美元
6	优衣库（UNIQLO）	80.23 亿美元
7	都科摩（NTT DOCOMO）	76.41 亿美元
8	任天堂	72.96 亿美元
9	松下（Panasonic）	58.44 亿美元
10	株式会社三菱日联金融集团（MUFG）	53.24 亿美元

※ 全球品牌是指海外销售额占比超过 30% 的品牌。

※NTT DOCOMO 的海外销售额占比低于 30%。

※ 优衣库和 MUFG 之所以没有被纳入"全球最有价值品牌榜"，是因为它们在欧洲的影响力不符合评估条件（即评估标准）。

［实 践 篇］

▌品牌价值评估方法

英特品牌公司的价值评估方法主要由以下三个部分组成。由于评估方法较为专业，所以本文只对相关内容做简要说明。

［详细内容请参照该公司官网或参考《品牌化的 7 个原则》(修订版)］

1. 财务分析

品牌不仅要获得大众的好感，还要获得收益，这是最基本的前提。所以品牌评估最基本的就是财务分析，即推算品牌业务从现在到将来的经济收益。

2. 品牌作用力分析

经过财务分析计算出的经济收益中有一部分是品牌的无形价值带来的收益，而品牌作用力分析就是分析的数据依据即此类收益。该步骤使用的数据建立在英特品牌公司长达 20 年的财务分析报告的基础上。

具体来说，就是将各行业当中品牌对消费者购买行为的影响程度指数化（即品牌作用指数）。举个例子，让我们来对比一下香水与工业原材料。香水的价值在很大的程度上被品牌名、产品形象等因素所影响。而与此相对，铁和石材等工业原材料的价值并不会受到品牌形象的影响，功能价值对工业原材料消费者购买行为的决定性更大一些。也就是说，品牌的无形价值因行业而异。

3. 品牌强度分析

财务分析导出经济收益，品牌作用力分析导出品牌作用指数，由此即可估算品牌收益。但我们要知道即使是同一个行业当中类似的品牌，其品牌的强度也是完全不同的。

品牌强度分析通过对十个关键因素的评估得出结论。每项满分为 10 分，共计 100 分。英特品牌公司根据其独特的计算方法将得分转化成折扣率（品牌强度分析得分越高，则折扣率越低；分数越低折扣率越高）。

最后将第（1）步与第（2）步计算得出的品牌收益乘以第（3）步得出的折扣率，最终得到的就是品牌价值。

品牌强度评价模型十要素

公司内部因素（Internal Factors）

领导力（Leadership）
- 目标（Direction）
- 凝聚力（Alignment）
- 共鸣程度（Empathy）
- 机敏程度（Agility）

公司外部因素（External Factors）

参与性（Engagement）
- 独创性（Distinctiveness）
- 一致性（Coherence）
- 参与度（Participation）

相关性（Relevance）
- 影响力（Presence）
- 信誉度（Trust）
- 吸引力（Affinity）

以上十个因素是测量品牌强度时的考察重点。品牌价值不能单凭认知度估算，还要对品牌内部及外部进行全方位的考量。

实际在评估品牌价值的时候互联网也会派上用场。比如利用互联网进行财务数据分析、行业内品牌作用力分析、品牌强度分析，并导出品牌价值的数额。另外，还可以利用互联网估算企业内不同业务领域的品牌价值，这还有利于分析企业的资产组合状态。

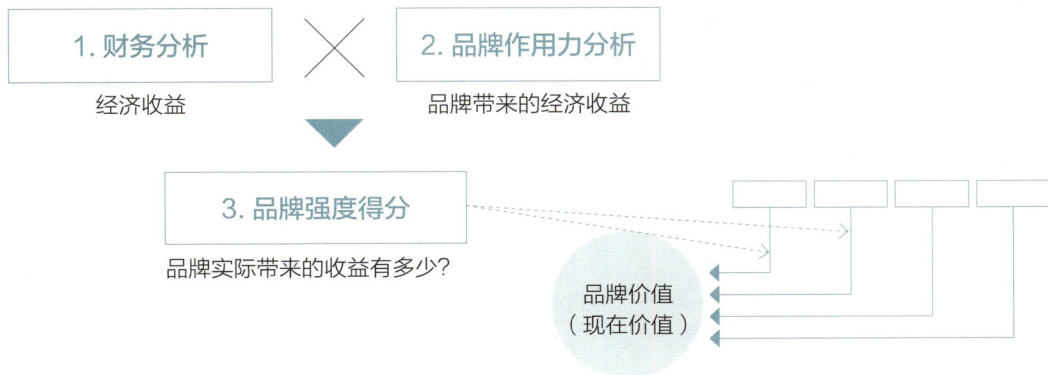

[实 践 篇]　　　　　　　算一算你的品牌强度是多少？

利用英特品牌的品牌强度评估模型中的十个要素初步判断你的品牌强度（每项满分 10 分）。初步判断不需要很专业的数据，凭你的主观想法判断即可。

与竞争公司相比："非常差"（1~2 分）、"稍差"（3~4 分）、"差不多"（5 分）、"较好"（6~7 分）、"非常好"（8~10 分）。

要素		内容	分数	
			本公司	竞争公司
内部因素	领导力 — 目标	是否有明确的品牌目标以及实现该目标的方法、文化和价值观？		
	凝聚力	整个组织是否朝着同一个方向前进，并尽其所能地实现品牌目标？全部业务是否都在为品牌目标做努力？		
	共鸣程度	整个组织是否积极地听取顾客、利益相关者的反馈？是否具备预测其需求、满足其需求的能力？		
	机敏程度	整个组织是否具有应对商业机会及挑战的能力？是否能够迅速地满足大家的期待并超出大家的预期？		
外部因素	参与性 — 独创性	是否能够为顾客提供特殊的品牌体验？是否能够给显在顾客和潜在顾客留下深刻的印象？		
	一致性	顾客在品牌体验的所有触点中感受到的品牌故事、品牌世界观是否具有一致性？		
	参与度	能否让顾客和合作伙伴体验到参与感？能否促进他们与品牌互动和协作？		
	相关性 — 影响力	包括显在顾客和潜在顾客在内的一切利益相关者是否对你的品牌赞不绝口？你的品牌是否成为消费者心中第一个想到的品牌？		
	信誉度	是否能够回应顾客的高度期待？是否能够真诚地、贴心地为顾客提供商品和服务？		
	吸引力	品牌提供的功能价值和情感价值是否能够吸引顾客？		

品牌管理

52

T heory

[理论篇]

▌品牌力不等于认知度

一般认为品牌力的判断依据有认知度、美誉度和推荐度等，这些要素确实很重要。据上一个模块中的内容可知，品牌价值的评估依据不仅包括以上因素。此外，我们还需要从很多角度判断品牌的价值。品牌力也同理，若想提高品牌力，则必须从多个方面入手。

特别需要注意的是品牌认知度。

认知度高并不等于品牌力高。品牌并非凭借对外传播的活动建立起来的，因此不论品牌在外界的认知度升高还是降低都没必要引起我们的关注。

当然，认知度升高一定是有好处的，但是最重要的还是品牌个性是否得到了传播。

品牌可以利用电视等媒体广告提高认知度（参考第 370 页）。但是，即便认知度因此提高，但一旦广告不再播放，认知度就会立即下降，这样反而会使品牌留下一个违背其个性的形象。那就本末倒置了。

▌如何评估品牌力

总体来看，品牌力要从以下两个方向判断。

一、检查品牌形象

我们在品牌化开始之前需要进行一系列调查（参考专栏3），依据调查结果判断几年之后的品牌形象。调查间隔时间自行决定，例如每年或每隔几年进行一次。这相当于为品牌定期做健康检查。

调查项目

1. 认知、理解、使用经验（面向顾客）
- 品牌认知、品牌认知途径、品牌宣言认知
- 品牌理解程度
- 品牌使用体验

2. 品牌参与度（面向员工）
- 品牌宣言认知
- 品牌理解程度
- 灵活使用对内品牌化工具的程度
- 有没有举办品牌个性活动的经验

3. 品牌现有活动形象（顾客和员工）
4. 该行业的目标活动形象（顾客和员工）
5. 品牌形象（顾客和员工）（设置与品牌个性相关的词语的选项）
6. 满意度（顾客和员工）
7. 美誉度（顾客和员工）
8. 推荐度（顾客和员工）

二、检查品牌强度

可以将上述品牌强度分析中使用的"品牌强度评估模型十要素"作为品牌力判断的依据。每隔几年判断一次即可。这就相当于为品牌做一次更为细致的体检。

内部因素
- 目标、凝聚力、共鸣程度、机敏程度

外部因素
- 独创性、一致性、参与度、影响力、信誉度、吸引力

只凭定量调查是无法估算品牌强度的。调查内部因素的方法有很多，比如采访关键人物，分析公司整体的经营计划等。外部因素的调查也同理，只做定量调查是不够的，还要对客户进行小组访谈、深度访谈等定性调查，此外，还要调查品牌的网上口碑和媒体评论。

同时改善以上十个影响品牌强度的因素是不现实的。首先从最基本的内部因素看起，毕竟内部因素影响着品牌的存亡。比如你要判断品牌基础是否得到了整个公司的理解，以及品牌基础是否适应瞬息万变的社会环境。

改善外部因素要抓重点。特别要关注品牌的独创性和一致性。因为前者是使品牌差异化的因素，而后者则决定了顾客在每个触点中体验到的品牌形象是否一致。

定期为品牌"体检"

品牌 定期健康体检 品牌形象	品牌 内部检查 品牌强度
1. 认知、理解、使用经验（面向顾客） 2. 品牌参与度（面向员工） 3. 品牌现有活动形象（顾客和员工） 4. 该行业的目标活动形象（顾客和员工） 5. 品牌形象（顾客和员工） 6. 满意度（顾客和员工） 7. 美誉度（顾客和员工） 8. 推荐度（顾客和员工）	内部因素 ● 目标、凝聚力、共鸣程度、机敏程度 外部因素 ● 独创性、一致性、参与度、影响力、信誉度、吸引力

　　注：电视广告涉及一个指标即总收视率（Gross Rating Point，GRP）。GRP 与广告认知度、CM 认知度和产品认知度之间存在着一定的关系，GRP 对应的百分比等于产品认知度的百分比。在两个节目衔接的空档或穿插在一个节目当中的广告以"1%GRP=……日元"的形式出售（"……"处的数额被称为单位百分比的广告成本），广告主从广播公司购买一定的 GRP 以便赢得其产品知名度。广告成本因地区和广播公司而异，但市区的广播公司一般为数万日元 [1]。

---

① 1 万日元约合不到 500 元人民币（截至 2022 年 7 月 26 日）。——译者注

[实 践 篇]

将品牌力作为经营目标

提高品牌力的要点

1. 将品牌力当作经营指标

品牌化就是经营战略。因此我们需要为品牌化活动建立一个运营系统，该系统负责定期测量品牌各因素、发现问题、寻找挑战和机会……有些公司直接将品牌价值作为关键绩效指标（Key Performance Indicator，KPI）。除了品牌价值以外，还可以将品牌形象相关指标、品牌强度评估模型十要素等当作品牌的经营指标。

2. 借助经营层的力量

经营层的领导能力对品牌化来说是非常重要的。不论是对品牌内部员工还是外部人员来说，经营层都应该是体现品牌个性的存在。品牌强度评估模型的内部因素若没有经营层的力量是不可能实现的。

3. 站在持续的、长期的视角看待问题

品牌化的效果不会立竿见影。因此我们要站在持续的、长期的视角看问题。初始阶段公司内部员工的士气是高涨的，而随着时间的推移激情就会褪去。有些品牌化的案例就是因此而半途而废的。请驻足思考一下怎样做才不会让你的公司的品牌化成为"曾经的一阵热潮"呢？

4. 随机应变

创业理念、企业理念是恒久成立的，但品牌基础是有时间限制的。品牌要根据社会环境、顾客需求、竞争对手的环境和自身环境的变化对品牌基础进行相应地调整。有些品牌会根据环境的变化而一点儿一点儿地改变品牌基础的相关要素。

5. 品牌的"体检"结果要共享给全公司

品牌形象的调查结果展示了内部员工和外部人员心中对品牌的认知情况，公布调查结果有利于员工了解品牌在公司目前发展的状况进而调整前进的方向。在本阶段，我们不需要过度关注公司的问题，而要思考如何发挥自身优势。虽然清除品牌发展过程中的障碍很重要，但是如何最大化地利用优势更重要。

要注意品牌强度分析结果包含公司的经营状况，分析的对象也比较多，而且是定性分析，所以在公布的时候要考虑周全一些。

演练

[实 践 篇] ⠶⠶ 如果你想让公司做品牌经营，你会怎样做呢？

1. 怎样才能使公司的经营者认识到品牌经营的重要性？请尽量多想一些方法。

（例如：直接向总经理解释，组织经营层参加专家研讨会，在董事会会议上演讲……）

2. 怎样才能使公司员工认识到品牌经营的重要性？请尽量多想一些方法。

（例如：公布健康检查结果，利用公司内部报刊发布系列报道，让品牌领导者宣传……）

※ 沿着品牌基础规定的方向经营品牌即品牌经营。

品 牌 管 理

53

答 ....
定期判断
"近品牌"活动
与"远品牌"活动。

T h e o r y

[理论篇]

▌"近品牌"活动与"远品牌"活动

我们将符合品牌个性的活动称为"近品牌（On brand）"活动，将不符合品牌个性的活动称为"远品牌（Off brand）"活动。

实际上，判断品牌活动是否符合品牌个性是很难的。每个岗位、职位、业务的工作内容都是不同的，因此品牌个性活动并没有标准答案。特别是在品牌化的最初阶段，很多员工甚至还没有充分理解品牌基础，又何谈以此作为依据判断品牌活动是否符合标准呢？

根据第七章的第 40 个模块可知，如果公司的每个岗位、每名员工都为品牌个性活动献计献策，同时将自己的想法付诸行动，并在行动中不断改善个性化活动，那么整个公司就会朝着品牌形象不断前进。特别是员工人数较少的中小型企业，相较于大型企业来说，其品牌个性活动的传播速度更快。

在判断活动是"近品牌"还是"远品牌"时，我们要根据品牌愿景、品牌使命、品牌价值和品牌宣言等标准逐一讨论每个活动。在品牌个性已经得到员工充分理解的公司，在检视个性化活动的时候都会以品牌个性为基础进行判断。

- 那个活动是我们品牌的风格吗?
- 这个活动哪一点体现了我们的品牌个性?
- 如何使该活动变得更像我们品牌的活动?
- 这个活动可能比较适合其他公司,但是不符合我们的品牌个性。
- 这个活动符合品牌宣言(口号)吗?

此类公司会制订充分的计划,比如中长期管理计划、短期管理计划、相关业务计划、部门计划等,并在此基础上制订个人业务计划和活动计划。整个公司的每一个计划都有品牌个性的影子,这才是品牌经营的理想状态。

某制造商的一位经理说道:"我们讨论的时候会把品牌平台放到讨论的中心位置。"

对于涉及销售、开发或生产等领域的系列活动,有的企业并不会单独判断某个领域的活动,而是从整体上判断该活动是否符合品牌个性,检查所有领域的活动是否具有一致性。这也是一种方法。

在制订及实施计划的时候,首先要判断该计划是"近品牌"还是"远品牌"活动。养成这样的习惯是非常重要的。

▎"近品牌"是解决问题的依据

当你的公司面临社会重大事件或与公司相关的大事件、可持续发展目标等社会问题时是怎样做决策的呢?

品牌个性就是最好的参考依据。

(相对于日本来说的)国外的某企业曾经遭遇社会秩序混乱的时期,该企业表示:"我们站在原点,牢记品牌愿景。打铁还需自身硬,因此我们首先加强了自身的实力。"于是在这种情况下维持了公司的经营。

此外,当日本发生重大灾难时,也有许多公司立即成立了专门的部门,继续根据品牌个性开展品牌活动。

每一个企业都有责任解决社会问题。但是,同时我们也要思考如何利用品牌个性活动解决问题,这样不仅可以明确活动的方向,还可以利用该类活动提高品牌力。

"近品牌"与"远品牌"

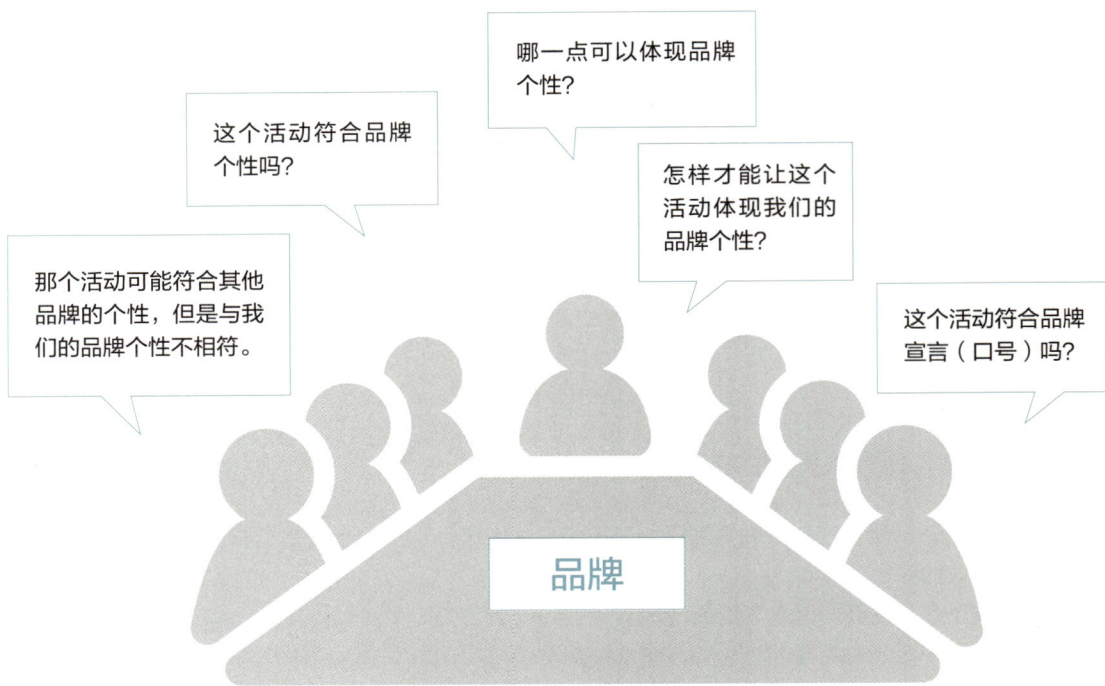

[实 践 篇]

"近品牌"是反复打磨出来的

如何讨论宣传品是否符合品牌个性

品牌触点直接关系到利益相关者的品牌体验。特别是视觉识别一类的宣传品在很大的程度上影响着品牌的整体形象，比如广告、促销工具（公司简介、目录、传单等）、展览、实体店、展厅等。

1. 收集宣传品

收集视觉识别作品的实物或照片。不要遗漏公司的办事处、分公司和海外基地独立制作的宣传品。

2. 视觉审核

第七章的第 37 个模块对视觉审核的必要性和做法进行了详解。企业需要依照品牌传播指南（或视觉识别指南）判断视觉识别元素属于"近品牌"还是"远品牌"元素。因为即使品牌在开始管理的最初阶段已经得到了全员的理解，但是随着时间的推移，员工对品牌的理解难免也会出现偏差。该步骤需要设计师或相关专家（最好是指南策划负责人）的参与。此外，若想讨论得更加深入，则最好邀请实际负责制作视觉识别元素的合作公司参与讨论。

3. 概括"近品牌"和"远品牌"的倾向及原因

在判断"近品牌"和"远品牌"元素的过程中就会发现两类元素的倾向。虽然视觉识别表达的基调、照片的使用方式是否符合品牌个性的判断方法是定性分析法，但是我们可以总结"近品牌"和"远品牌"元素各自的倾向。此外，标识、颜色、字体和图形元素等在指南中有明确的规定，所以是比较容易归类的。

4. 结论共享

最终的讨论结果需要公开。总结讨论结果并与内部利益相关者和外部合作伙伴（广告公司、制作公司和设计公司）共享。因为他们是你在品牌化过程中共同奋战的团队成员。

5. 定期、长期举办该会议

"近品牌 / 远品牌会议"需要定期地、持续地召开，只有这样才能打造符合品牌个性的宣传品。

[实 践 篇]

假设你的企业在开始品牌化之后想要召开"近品牌／远品牌宣传品评估会议"，请完成以下表格。

前提		品牌基础、其他决定品牌个性的要素
判断依据		品牌传播指南（视觉识别指南）
主持人		
与会人员	本公司	
	关联公司	
评估对象		• 广告（电视、报纸、杂志、互联网、交通、户外、……） • 主页、社交媒体 • 促销工具（小册子、传单、海报、……） • 活动、展览、纪念品、…… • 其他宣传品

宣传品	品牌个性		评价
	近	远	

品 牌 管 理

54

问 ....

如何保证
品牌化持续进行?

答 ....

成立一个发挥集线器
（Hub）作用的品牌化
组织。

T［理论篇］
heory

▌ 品牌化不是一时的广告宣传活动

在前言中，我写道："不要管理品牌，而要用品牌做管理。"跟随本书的步伐，相信你已经确立了品牌基础，并理解了品牌经营（即在品牌基础上经营品牌）的含义。

在品牌化的初始阶段，整个公司的气氛是很活跃的，因此还没有出现阻力。但是有可能过了一段时日，员工的热情逐渐褪去，品牌化便会戛然而止。原因在于组织内部员工发生变化，导致整个组织对品牌的认识发生变化，品牌化意识降低。比如新员工入职，或老员工被新员工代替，人事变动、经营团队的更替等。

品牌化推进委员的想法

"因为人事变动，我要去其他部门。真不知道品牌化今后会发展得怎么样。"

"目前为止我们取得了一些进展。但是组织发生了变化，真不知道今后该怎么办？"

"最开始大家都对品牌化充满热情，现在热情褪去了，大家不如从前用心了。"

领导品牌化的经营者的想法

"我们这批经营团队处于最前沿时，品牌化进行得很顺利，但是如果经营团队出现变化该怎么办呢？"

"品牌化必须深入组织的每一个角落。现在还远远达不到这个程度。"

"我希望那些大力推进品牌化的成员今后能够积极地参与到公司的经营活动当中。"

以上内容是我在做品牌顾问的时候亲耳听到的发言。那些近距离接触品牌化的成员非常关注品牌的寿命。

品牌化不是一时的营销活动。与其说在短暂的高潮中高呼品牌化万岁（如果品牌化在短时间内即得到响应，那么组织成员便认为品牌化取得了进展），不如一步一个脚印地坚持下去，这才是最重要的。

品牌不是一天就能搭建好的。

▍保证品牌化顺利进行的组织

负责品牌化的组织类型有很多种，每个企业根据自身的情况自行设置。比如有的企业会设置品牌科、品牌化科（部）、企业品牌科（部）等名字中带有"品牌"二字的组织。有些企业在宣传科（部）、广告部等与传播相关的部门中设置了品牌管理组织。还有些企业为了推动品牌经营，将品牌化组织直接与经营部门挂钩。我们可以推断此类企业将品牌化看得与企业经营同样重要。

有一些积极推动品牌化的企业中还特别设置了"首席品牌官（Chief Branding Officer，CBO）"。首席品牌官掌握品牌化的全部权力并对品牌化的一切事务负责。首席品牌官不仅是经营团队的成员，还要负责推动品牌化活动，同时还要负责检测品牌个性活动。在经营层的会议中，首席品牌官会站在品牌化的角度提出一些与品牌相关的话题，比如"那个方案是否适合我们的品牌？""按照我们的品牌个性来说，应该做什么呢？"

最理想的是建立一个以首席品牌官为中心的品牌化组织，该组织类似于一个集线器（Hub）[1]。

品牌化组织的作用

- 无论组织内部发生何种变化都可以保证品牌个性不会发生任何变化。
- 站在品牌个性的角度参与公司经营部门和其他各部门的活动。
- 积累和分享品牌个性活动。
- 对外传播品牌个性。
- 分辨视觉识别中的"近品牌"要素和"远品牌"要素。
- 判断品牌活动是"近品牌"活动还是"远品牌"活动。
- 策划品牌个性活动方案。

---

[1] Hub 是一个集线器，在以 Hub 为中心设备时，即使网络中某条线路产生了故障，也不影响其他线路的工作。——译者注

- 根据社会环境的变化不断改善品牌。

"集线器"式品牌化组织

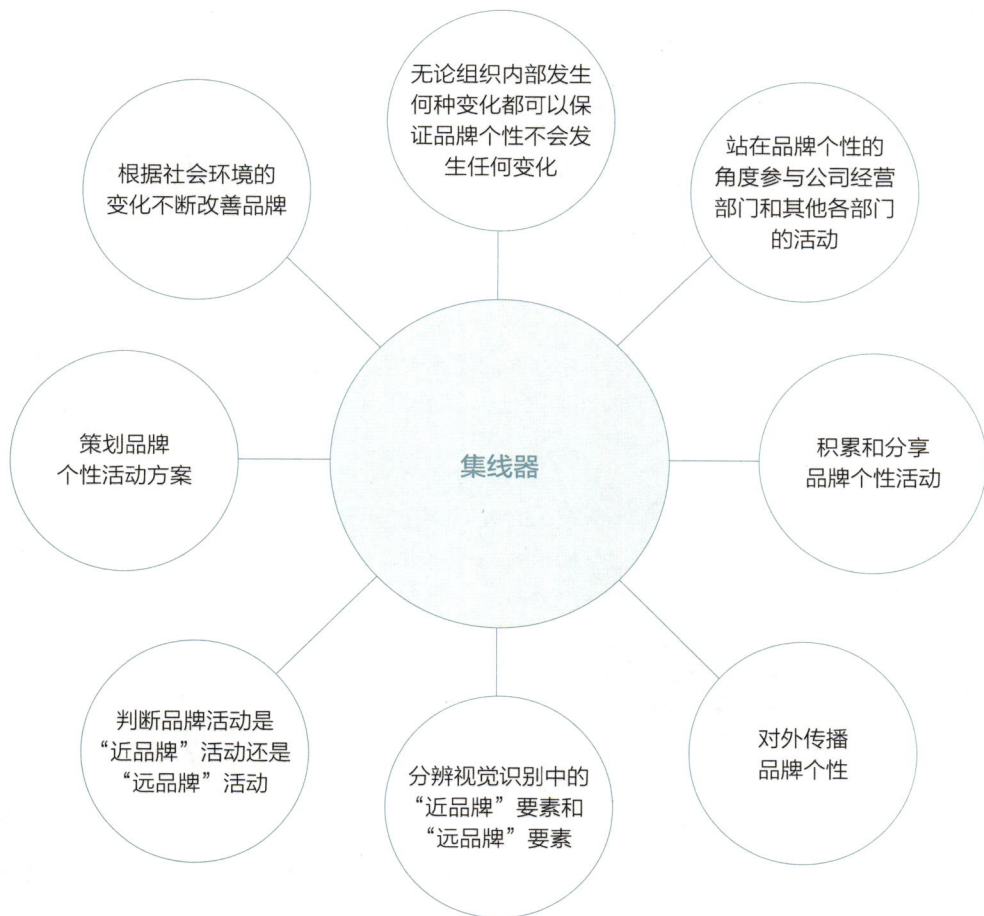

- 根据社会环境的变化不断改善品牌
- 无论组织内部发生何种变化都可以保证品牌个性不会发生任何变化
- 站在品牌个性的角度参与公司经营部门和其他各部门的活动
- 策划品牌个性活动方案
- 集线器
- 积累和分享品牌个性活动
- 判断品牌活动是"近品牌"活动还是"远品牌"活动
- 分辨视觉识别中的"近品牌"要素和"远品牌"要素
- 对外传播品牌个性

[实 践 篇]

▌如果你是首席品牌官

首席品牌官的必备素养

以下是成为首席品牌官的参考条件。想要达到全部的标准并不容易，以下内容仅供大家作参考。

1. 有想法

对于公司和品牌的目标形象持有明确的想法。有足够的想象力构思品牌未来的大致前进方向。

2. 有格局

不仅要站在自己的业务或工作岗位上看问题，还要俯瞰整个公司或组织，能够做到客观思考。只有这样才能发现公司或组织需要解决的问题。

3. 有热忱

热爱自己的公司或组织。但是对其中存在的问题有明确的认识，同时能够列举很多优点和喜欢之处（这一点是品牌首席官的共通之处）。尤其是那些将公司的历史和故事视为一种骄傲的人。

4. 既执着又灵活

对自己的信念和目标非常执着，但是做事情的方法很灵活，喜欢思考怎样做才能离目标更近一步。从来不在时机未成熟的时候勉强开始做一件事情。

5. 喜欢聊天

擅长收集信息，能够清楚地表达自己的想法。简单来说就是擅长聊天。有目标，所以向别人表达的时候总是充满热情。

6. 可以撰写企划书、提案书

不论写作水平如何，只要会写企划书，就可以将想法传达给其他人。很多例子表明品牌化的成功即源于一份企划书。

7. 喜欢快乐的事情

工作的时候看起来很开心。在品牌化过程中不仅有快乐的事情，而且品牌化也是一次畅想未来的机会。因此在这个过程中，怡然自得的心态对公司来说是不可或缺的。

8. 人脉广

无论在公司里面还是公司外面都有熟人可以一起讨论问题。特别是在公司内部的人脉很广。

9. 求知欲强，知识面广

不仅了解与市场营销相关的知识和最新的发展趋势，还给人一种见识很广的感觉。知识面很广，除了工作以外还通晓很多方面的知识。

10. 树立个人品牌

不仅在公司内部有一定的影响力，而且在公司外的影响力也很大。首先树立个人品牌，让人称赞"这就是某某的风格""不愧是某某做的事情"。这样在推动品牌化的时候会让人更加信服。

[**实 践 篇**]　▸▸　如果由你负责品牌经营，你会怎样做呢?

请将你的想法写下来。无论是宏大的还是微小的、眼前的还是未来的，只要是你能想到的事情就全部记下来。因为将来每一个想法都有可能落实。

作为本公司的首席品牌官，我有以下想法。

年　　　　月

姓名：

品 牌 管 理

55

问

员工如何按照
自己的方式
推进品牌化?

答

企业做品牌化的同时
需要员工做个人的
品牌化。

T heory

[**理论篇**]

▌ 企业品牌理念与个人的价值观

　　到目前为止，本书讨论了以企业和组织为对象的品牌化活动。根据前文内容可知，企业要想树立一个品牌，首先要确立品牌基础，之后员工再按照该品牌基础开展个性化活动。

　　那么，企业当中的每一个成员应该怎样做呢?

　　研究表明，企业品牌与员工的个人价值观之间有很大关系。对于该问题，一桥大学研究生院经营管理研究科的阿久津聪教授表示:

　　　　"研究表明，员工的个人价值观与企业品牌理念保持一致，不仅有利于员工的身心健康，还可以提高品牌价值。"

　　　　　　　　　　　　　　　　　　　（爱知东邦大学地区创造研究所研讨会 2021 年 2 月 13 日）

　　如果公司的员工认同品牌的价值观，在此基础上坚持自己的价值观，那么他们在工作中便会感到身心愉悦，公司的业绩自然也会上升。这难道不就是双赢吗?

近年来，越来越多的人开始关注企业品牌理念与员工价值观之间的相关性。
不仅是企业品牌，员工的个人价值观即个人品牌也受到了大家的关注。
一个人的个性就是他的个人品牌。

企业品牌与个人品牌

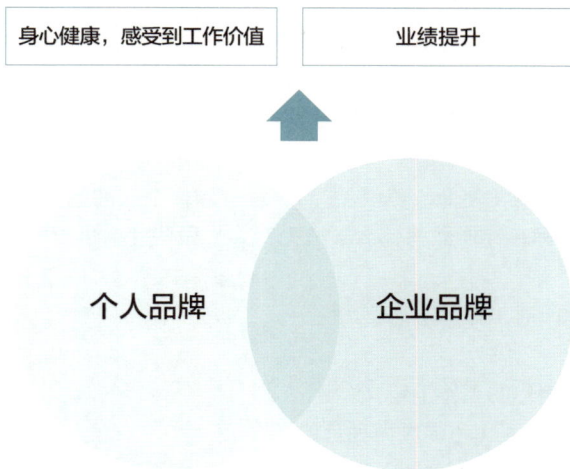

| 身心健康，感受到工作价值 | 业绩提升 |

个人品牌　企业品牌

▌如何将个人个性与品牌个性融为一体

如果将企业的品牌个性当作你自己的想法会怎样呢？
如果我们用自己的价值观解释企业品牌个性就会有新发现。
怎样才能让一个人的个性与品牌个性保持一致呢？以下方法供大家参考。

第一步：探索自己的个性

我们可以通过很多方法探索自己的个性。你还记得企业是如何确立品牌个性的吗？我们可以参照企业品牌化的方式确立自己的个人品牌个性。

1.探索内心→你的情感价值、价值观

- 回忆过往的经历（制作"个人史"图形或者表格，回忆人生的几个重要节点，思考当时你的情感变化）。
  你的思维方式的根源在哪里？
- 用几个关键词概括你的价值观（可以利用价值观测试工具）。
- 调查你在朋友、熟人、伙伴心中的形象。

2. 探索技能→你的功能价值

- 寻找自己擅长的事情以及令自己感到骄傲的能力。

3. 愿望→你的愿景、使命等

- 列举短期、中长期目标。比如想做的事情、想成为怎样的人、你的愿望。

4. 拟定宣言（口号）

- 用一句话概括你的个性。
- 用一句话概括你的愿景、使命。

5. 制作品牌海报

- 里面要包括个人宣言，还可以用照片、插画等元素。

第二步：寻找既符合自己个性又符合品牌个性的活动

1. 解释企业品牌

- 将（企业）品牌愿景（使命、价值）、品牌宣言和你个人的愿景、使命和宣言放在一起思考，为了实现这些目标，你能做些什么事情呢？你想做些什么事情呢？

2. 制定工作宣言

- 用一句话表达你面对工作的心态。

3. 制定工作使命

- 结合工作宣言，为你的工作下定义。

"我的工作不是 A，而是 B（提供何种价值）。"

（注：A 是具体的工作内容，体现其功能价值。B 体现工作的情感价值，并且符合你制定的工作宣言）

4. 将自己的个性应用在实际工作中

- 结合你的工作使命，重新审视你负责的业务领域，构思具体的活动内容并将其付诸实践。

员工个性等于个人品牌化

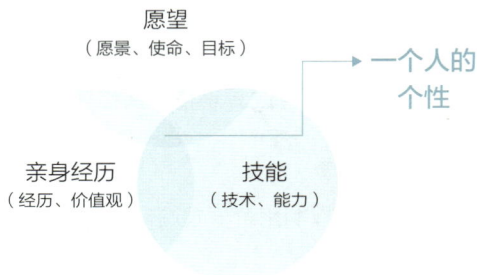

愿望
（愿景、使命、目标）

→ 一个人的
个性

亲身经历
（经历、价值观）

技能
（技术、能力）

灵感

[实践篇]

既要符合企业个性又要符合本人个性

将企业品牌与个人品牌融为一体

个人品牌化 × 企业品牌化

			组织的起点、契机		打造品牌基础
个人品牌化 企业品牌化			创业理念、企业理念、历史、故事、经营层的思想和精神、企业基因（DNA）		
			企业品牌化		
			品牌基础（品牌平台） • 愿景（品牌概念）、使命、价值、个性、品牌宣言		
个人经历	愿望		什么工作能够体现你的个性?		对内品牌化
• 对你来说最重要的东西是什么? • 你有什么开心的事情? • 你不喜欢做什么事情? • 你想成为怎样的人? →寻找个人价值观的根源 • 找到你的价值观	• 愿景（你想成为什么样的人） • 使命（你想做什么事情） • 目标	你的个性是什么?	**工作宣言** • 职务宣言（口号） • 以企业品牌概念为前提 **工作使命** • 工作意义 • 不仅要包括功能价值还要包括情感价值，比如你的工作对于整个组织乃至社会有什么意义? 对顾客又有什么意义? 从这个角度为你的工作下定义。	业务范围、职务	工作的状态 活动的方式
个人价值观	技能				
	• 擅长的事情 • 具备的能力				
	个人宣言/个人海报 • 你的宣言 • 口号、座右铭、广告词				
← 本人个性 →			← 本人个性活动 →		

事例：上条宪二

	组织的起点、契机	
个人品牌化	东邦学院 "培养真正值得信赖的、能够承担实际工作的人才""认真"	打造 品牌 基础
企业品牌化	企业品牌化	
	为每一个学生打造独特的未来。	

个人经历	你的个性是什么？	愿望	工作宣言 / 工作使命	什么工作能够体现你的个性？				对内品牌化

个人经历		愿望		什么工作能够体现你的个性？		

个人经历

	你的个性是什么？	愿望	工作宣言	什么工作能够体现你的个性？		
		• 做一个真诚的人 • 用自己的知识提供价值 • 共同成长 • 为别人提供新的想法 • 想成为一个智慧的、幽默的、友好的人	**工作宣言** 寻找 1% 的可能性并将之变成 100% 的现实。 **工作使命** 我的工作不是向学生传授知识，而是挖掘学生的可能性，并最大限度地利用爱知东邦大学的个性，通过品牌化将其打造为先进的院校。	业务范围、职务		工作的状态 活动的方式
个人价值观		技能		教育	讲义型课堂	与所有学生对话
					演练型课堂	策划方案、团队竞稿
		• 研究者 • 品牌化实践者 • 兼有理论知识和实践经验			课题型课堂	校外商业计划竞赛
					……	
				研究	品牌研究	品牌经营启发
兼容并蓄 追求自由						所属学会理事
		个人宣言				健康经营品牌化
		将每一个模糊的想法变成现实				研究相关书籍出版
				校务	地区创造研究所	地区智慧基地
					品牌推进委员会	推动学院品牌化
					产学合作委员会	地区企业品牌化
					……	

← 本人个性 →	← 本人个性活动 →

演练

[实践篇] ▶ 尝试打造自己的个人品牌吧！

步骤		内容与方法	结果
1	探索内心	• 制作"个人史"图形或者表格，回到最初的起点 • 寻找自己思维方式的根源 • 用关键词描述自己的价值观	
2	探索技能	• 列举擅长的事情、令自己自豪的事情以及被他人认可的事情	
3	探索愿望	• 想做的事情（使命） 　你想要成为什么样的人？列举你的目标（愿景） • 短期、中长期	
4	制作个人宣言	• 用一句话表达你的价值观、愿景、使命	
5	制作个人品牌海报	• 海报内容包括个人宣言、姓名、照片、插画等元素	

事例
如何将企业品牌与个人品牌融合？
以笔者为例。

第一步：探索自己的个性

我们可以通过很多方法探索自己的个性。你还记得企业是如何确立品牌个性的吗？我们可以参照企业品牌化的方式确立自己的个人品牌个性。

1. 探索内心

- 秉持"兼容并蓄、追求自由"的价值观。

（略）

2. 探索技能

- 策划总体传播计划。
- 既是品牌研究者又是品牌顾问，同时也是实践者。
- 兼有理论知识与实践经验。
- 能够将复杂的内容以简单易懂的方式传达给他人。

3. 愿望

- 想要用自己的知识提供价值。
- 想为别人提供新的想法。
- 想做一个智慧的、幽默的、友好的人。
- 为爱知东邦大学做品牌化，将该校打造为一所先进的院校。
- 让每个人都学会做品牌化。
- 成为品牌化传教士。

4. 拟定宣言（口号）

- 将每一个模糊的想法变成现实。
- 品牌化领导者。

5. 制作品牌海报

第二步：寻找既符合自己个性又符合品牌个性的活动

1. 解释企业品牌

品牌愿景：21 世纪的寺子屋。

品牌使命：培养每个学生掌握自己的智慧武器。

品牌价值：

功能价值→每名教师指导的学生人数较少，可以提供密集的教育。

情感价值→有人情味儿，人们可以分享喜怒哀乐。成长显著。关注度高，安心感强。

品牌宣言（概念主题句）：为每一个学生打造独特的未来。

以个人品牌为基准对企业品牌下定义。

- 爱知东邦大学旨在成为"21世纪的寺子屋"。大学的使命是教师真诚地对待每一名学生，并培养学生最大化地发挥各自的个性。
- 以我过往的经验来看，我最在意的事情是是否认可多样化的价值观。东邦大学的宣传语是"为每一个学生打造独特的未来"，该校最大程度地发挥每一个学生的优势和个性。这与我的个人价值观是一致的。
- 我需要思考基于我自己的价值观为东邦大学实现"为每一个学生打造独特的未来"的愿景。

2. 制定工作宣言

我的工作宣言：寻找1%的可能性并将之变成100%的现实。

3. 制定工作使命

"我的工作不是A，而是B（提供何种价值）。"

"我的工作不是向学生传授知识，而是挖掘学生的可能性，并最大限度地利用爱知东邦大学的个性，通过品牌化将其打造为先进的院校。"

4. 将自己的个性应用在实际工作中

笔者的个人宣言

将每一个模糊的想法变成现实。

品牌化领导者（Branding Leader）
上条宪二

工作宣言
（依据大学的品牌概念：为每一个学生打造独特的未来）

寻找 1% 的可能性并将之变成 100% 的现实。

大学的品牌宣言		为每一个学生打造独特的未来
经营学院教授职务		我的个性工作
教育	讲义型课堂	与所有的学生对话
	演练型课堂	团队比稿、制订并实施企划方案
	课题型课堂	参加校外商业竞赛
	……	
研究	品牌研究	品牌经营启发
		所属学会理事
		健康经营品牌化
		研究相关书籍出版
校务	地区创造研究所	打造地区明星企业
	产学合作委员会	地区企业品牌化
	品牌推进委员会	大学品牌化前沿
社会贡献	学会	建立品牌经营学会
		打造品牌经营企业
	研讨会、演讲	企业演讲、工作坊

工作宣言
寻找 1% 的可能性并将之变成 100% 的现实。

工作使命
我的工作不是向学生传授知识，而是挖掘学生的可能性，并最大限度地利用爱知东邦大学的个性，通过品牌化将其打造为先进的院校。

主 题
活用成果

ⓘ **何谓品牌价值?**

🅐 即品牌积累的无形价值。

品牌价值就是将品牌的无形价值换算成金额。也就是说,品牌的价值存在于人的脑海之中,为了让人们清晰地感知到这个无形的价值,需要将品牌换算成金额。英特品牌公司的品牌价值估算方法最有名,该方法于 2010 年由国际标准化组织(ISO)正式颁布,并将其命名为《品牌价值评估》(ISO10668)国际标准。现在越来越多的企业将品牌价值视为公司的经营指标之一。

ⓘ **如何提升品牌力?**

🅐 定期为品牌"体检"。

要想了解一个品牌的品牌力,要对品牌形象和品牌强度进行分析。前者分析的是品牌在人们心中的认知情况;后者分析的是品牌本身的实力。还有的企业使用英特品牌公司"品牌强度评估模型十要素"判断品牌力。定期为品牌做"健康体检",也就是定期分析品牌形象与品牌强度。这样可以确定品牌的现状。

ⓘ **怎样判断品牌活动是否符合品牌个性?**

🅐 定期判断"近品牌"活动与"远品牌"活动。

我们将符合品牌个性的活动称为"近品牌(On brand)"活动,将不符合品牌个性的活动称为"远品牌(Off brand)"活动。

判断一个活动是"近品牌"还是"远品牌"要以品牌基础为依据,比如品牌愿景、品牌使命、品牌价值、品牌宣言等。逐一检查每一个活动是否符合品牌基础。

最理想的状态就是经营计划当中能够体现品牌个性,这样即达到了"品牌经营"的要求。在制订及实施计划的时候,首先要判断该计划是"近品牌"还是"远品牌"。养成这样的习惯是非常重要的。此外,当你的公司面临社会重大事件或与公司相关的大事件时,也要以"近品牌"基准进行决策。

问 如何保证品牌化持续进行？

答 成立一个发挥集线器（Hub）作用的品牌化组织。

品牌化不是一时的广告宣传活动。品牌化不是去管理品牌，而是用品牌做管理。为此要成立一个组织保证品牌化能够长久地维持下去。成立一个以首席品牌官（Chief Brand Officer，CBO。承担与品牌化相关的一切责任，拥有一切相关的权力。）为中心的品牌化推进组织。

问 员工如何按照自己的方式推进品牌化？

答 企业做品牌化的同时需要员工做个人的品牌化。

企业品牌与员工的个人价值观之间有很大关系。研究表明，员工的个人价值观与企业品牌理念保持一致，不仅有利于员工的身心健康，还可以提高品牌价值。在企业品牌化受到关注的同时，员工的个人价值观即个人品牌也受到了大家的关注。个人品牌就是一个人的个性。要将企业品牌个性与个人品牌放在一起思考。

企业品牌化实践

十大宝典　引领品牌经理走出迷茫

原车企品牌经理
齐藤嘉昭

　　我曾经在一家汽车生产商担任过 4 年品牌经理一职，积累了大量宝贵的企业品牌化实践经验。但这个过程我并非一帆风顺，而是伴随着无数次的试错，我也曾经多次陷入看不到未来的迷茫状态中。我将自己在实践中受到的教训和得到的启发按照品牌打造的过程整理成了企业品牌化实践十大宝典，希望能够给面临相同难题的品牌从业者带去一些思路。

┃ 底层思考逻辑（企业品牌化内核）

1. 切莫陷入灯下黑思维

　　将公司内部不成文的默契转化为文字。
　　没有公司文化底蕴的品牌理念绝无魅力可言。
　　内无行动，外无传播。

　　每个公司的品牌特性都是以公司内部文化为核心的。
　　品牌化的第一步，就是要直面公司的问题，明确公司优劣势所在，并用自己的语言坦率地表达出来。从中我们自然能够发现关于公司文化的描述，这恰恰就是品牌化的核心——品牌特色。

2. 橘生淮北则为枳

　　独立思考，独立决策。
　　品牌化在教科书里没有标准答案。
　　在品牌化进程中要切忌拿来主义。

　　要想按照第一条宝典找到品牌特色，需要一定的时间。但这个过程不容忽略。另外，最终判断得出企业品牌特色的也只能是内部员工。所以，即使品牌化教科书上写满了成功案例，我们也绝不能生搬硬套，直接模仿。必要时，我们可以寻求咨询公司或广告代理商的帮助，但前提是你要认识到，他们都无法取代你们做出最终决策。

3. 千金不换发展史

发展史是每个企业独一无二的财富。

不论创业长短，企业总有来路。

在我们寻找品牌特色的过程中，需要认真回顾公司历史，包括公司创始人的愿景是什么，公司前辈们克服过怎样的困难，等等。即使是初创企业，也一定有着自身独特的创业理念，这是可以将自己的公司区别于其他公司的重要财富。回顾企业发展史，就是挖掘这笔财富的过程。

‖ 讨论推进方式（内部品牌打造实践）

1. 广泛讨论，集中决策

让尽可能多的员工参与讨论，让尽可能少的员工做出决策。

讲述品牌的人多，为此担责的人少。

挖掘企业品牌特色，需要带动尽可能多的公司员工进行漫长的讨论。我们需要建立一种机制，让大家从全局出发，客观地去讨论公司在市场上的定位、目标客户群体等话题，让所有人齐聚一堂，实现具有建设性的交流。之后我们又会面临一个新的问题，如何决策？唯一的答案是让品牌负责人和公司高层等能够承担起相应责任的少数人去决策，因为多数人的决策就代表着责任的模糊。但即使没有直接参与决策，只要大多数员工经历了讨论的过程，且最终结论是基于讨论而得出的，那就能让所有人都有参与感，也都更能接受最终的结果。

2. 不惧冲突，锤炼结果

不管大家的意见冲突如何激烈，都要讨论到所有人能够接受为止。

妥协得到的答案无法长期适用。

作为品牌化的直接负责人，在面对激烈的意见冲突时可以选择坚持自我，或者直接妥协以便推进后续工作。但这两种选择都会让你与正确答案失之交臂，让品牌化进程以失败告终。要保持耐心，等待公司内部讨论逐渐平息。要知道品牌打造是企业的十年之计，是长期战略。这个担子既然落在你身上，你就要做好充足的心理准备，将其与短期的营销活动区分开来，耐心地等待内部讨论的最终结果。

Ⅲ 语言运用技巧（品牌逻辑与构造）

1. 简洁明了

品牌需要逻辑。

品牌需要落实到语言文字的表达。

只有经过层层筛选后依然无法割舍的才是品牌。

选择合适的语言表达是个苦差事。品牌负责人要经过慎重且严密地反复思考，最终决定要保留的那一两个关键词，才是我们要寻找的品牌特色。但凡有 3 个以上关键词出现，就显得不够聚焦。在选择关键词时，要将眼光放得更长远，考虑到 10 年以后这些词是否还适用。切忌揣摩高层喜好或盲目追赶时髦。

"这真的是我们公司的特色吗？""它们与公司的优势或目标在逻辑上是否一致？"只有反复琢磨这些问题，才能让品牌打造在公司产品或服务上实现具体化。

2. 双语思维

如果品牌特色用日语表达没有问题，就试着将它翻译成英语。

不要试图仅仅用流行的日式英语敷衍了事，要确保能用正确的日语进行阐释。

语言需要打磨，打磨到让英语母语者和非母语者都能马上心领神会。

当我们将品牌看作一种逻辑去思考表达方式时，将其翻译成英语能够让我们事半功倍。日语母语者在进行日语表达时可能会因为过于熟悉而不假思索，导致逻辑模糊不清。另外，还要注意对片假名和英语外来语的使用，避免对片假名表达出的炫酷感的盲目追求，导致品牌内涵无法用日语解释说明。

同时，当我们以国际化视角来看待品牌时，英语作为世界通用语，是怎么也绕不开的一个坎儿。对于英语母语者来说，由于国家和文化不同，很可能对我们的表达产生误解，更不用说占据世界绝大多数人口的非英语母语者了。这个问题不是用简单词汇表达就能轻易解决的。

3. 放眼世界

无论企业规模大小，都要具有国际化思维。

要明确认识到，你的所有表达和形象都能瞬间抵达世界所有角落。

要做好心理准备，这些信息会让你的公司在无意中找到伙伴，或者树立敌人。

即使你的公司没有打算拓展海外市场，你也需要用全球化的思维打造品牌。因为你的所有表达和形象都能通过互联网，瞬间抵达世界所有角落，你无法预测这些信息传播出去的影响。它可能会让你找到伙伴，也可能影响某个人的一生，甚至可能会产生文化和宗教上的争议。

Ⅳ 长期稳定发展（企业品牌生根与发展）

1. 一以贯之

不论名声大小，不问地位高低，不受流行左右，坚持你的品牌理念。

在所有的企业活动中贯彻你的品牌理念。

只要与品牌理念相悖，再好的产品和设计都不能采用。

将商务活动与品牌打造同步化。

没有落实到行动上的一切言论都是画饼。

绝无例外，否则品牌形象将就此瓦解。

品牌只会站在坚守者的一边。

找到合适的标语并非企业品牌化的终点，而是起点。只有在商务活动中贯彻相应理念，这个品牌才是有意义的。从产品策划、人才聘用到投资判断，从老总到临时工，在所有工作场景中，所有员工都要以品牌理念为判断核心推进业务。凡事先问一句，是否符合公司品牌理念。没有体现在产品和服务中的品牌理念就是空中楼阁，毫无意义。此外，还要注意在广泛宣传品牌理念的同一时间，推出公司产品和服务。这是企业品牌化得以成功的重要因素。

品牌化的实践需要规定和标准。品牌负责人要将品牌理念贯彻到底并确保公司全体遵照实施，不论是面对高层领导的命令，还是合作方的恳求，都不能做出妥协，否则就会被客户一眼识破。品牌负责人有义务对所有违背品牌理念的事情说"不"，不过他的武器只有品牌的理念和逻辑。

要谦逊，更要忠于品牌。

2. 久久为功

做好十年之计的准备。

冰冻三尺，非一日之寒；积土成山，非斯须之作。

品牌建设不同于短期的营销活动。

品牌与经营是内外一体的长期战略，而非短期的战术或策略。所以在进行品牌建设时，要做好奋斗十年的准备。

世界上有很多企业品牌享誉全球，但没有一个是生来就在巅峰的。动员公司全体、开展无数次讨论、找到自身特色、构建完整逻辑、开展实际运用、坚决贯彻到底，这些过程一个都不能少。只要你做好努力十年的准备，就一定会获得成功。

　　祝你好运！

专栏 ⑪

组织与个人
之间是何关系?

组织与个人的关系

最后一篇专栏,我想谈谈组织与工作在其中的个人之间有什么关系。以下内容还处在研究过程中,顶多就是一种假说,并非我基于过去经验得出的定性结论。

通过与不同企业员工进行交流,我发现不同企业之间氛围也十分迥然。有这种感觉确实理所当然,但这种企业之间的文化差异体现在各个方面,不仅有会议推进方式、发言风格、发言内容,还有会议室的陈设、宣传栏的材料、办公环境,等等。

在这里,我想试着从品牌的角度出发,对企业类型进行分类。具体来说就是按照第 390 页图片所示,将纵轴设置为体现企业品牌化的轴线,命名为"企业(品牌)理念明确度",将横轴设置为体现个人品牌化的轴线,命名为"对个人想法的尊重程度(个人特色)",并试着通过这两条轴线对企业进行定位。

类型 A:统一型
- 企业(品牌)理念明确,要求员工遵照执行。
- 组织整体性较好,但对员工个人的想法关心程度较低。

从企业品牌强化的角度来看,这种组织也许是好的。品牌控制对品牌化是有利的,同时,遵照"品牌基础(品牌愿景、品牌使命、品牌价值等)"行事也能达到强化品牌的效果。

可是将"品牌基础"如同教科书一般强加给员工,只会让他们感觉喘不过气。而具有品牌特色的活动并不唯一,且需要所有人发散思维,发挥想象力才能更加丰富。

类型 B:放任型
- 企业(品牌)理念模糊,同时企业对员工个人的想法关心程度较低。
- 员工对企业的目标缺乏关注,工作方式只看自己心意。

在这种类型的组织中，虽然也有企业理念，但是其内容过于宽泛，导致企业缺乏品牌特色，很多员工会表现出与己无关的态度。由于价值判断和行动标准都模糊不清，所以他们往往会按照自己心意或所属部门的内部规定开展工作。这样的企业对员工缺乏干涉，看似给了他们自由，但也造成了某种意义上的"放任"。不难想到，这种整体缺乏品牌力的企业在市场中的生存一定是艰难的。

对策：

首先要明确企业（品牌）理念。通过企业品牌化，确立"品牌基础"。在这个过程中，认真倾听员工意见，并将其灵活运用到品牌基础（品牌愿景、品牌使命、品牌价值等）中。此外，还可以制定一套符合品牌理念的工作手册。

类型 C：和乐型

- 企业（品牌）理念模糊，但尊重员工个人想法。
- 是氛围绝对不会太差的"好公司"，但企业的活动准则和判断标准不明确，员工行动会千差万别。

这种类型的企业往往会大力开展人才培养，设法提高员工技能和工作积极性。同时，公司内部沟通也十分顺畅，对员工来说是绝佳环境。但企业的整体方向、存在的目的等企业（品牌）理念模糊不清，可能导致精心培养的人才资源无法应用到提高品牌力的实践中。

对策：

在尊重员工个人意识和思想的同时，也要推进企业品牌化，明确企业存在的意义、要做的事情。在这样一个交流顺畅的环境中，企业品牌化的推进也会非常顺利。

类型 D：共存型

- 企业（品牌）理念明确，企业员工可以在发挥自己特点的同时按照理念行动。
- 企业品牌化与个人品牌化达到共存。

在这样的组织中，企业品牌化和员工个性化都能得到实现。正如我在专栏 7 中所述，员工对于企业（品牌）理念的认同感会直接影响他们的身心健康。这种认同无法通过机械、被动地接受既定规则产生。企业（品牌）理念能够激发每个员工的想象力，让他们能够更好地发挥创造性，这样的组织能够达到企业品牌化和个人品牌化的共存。

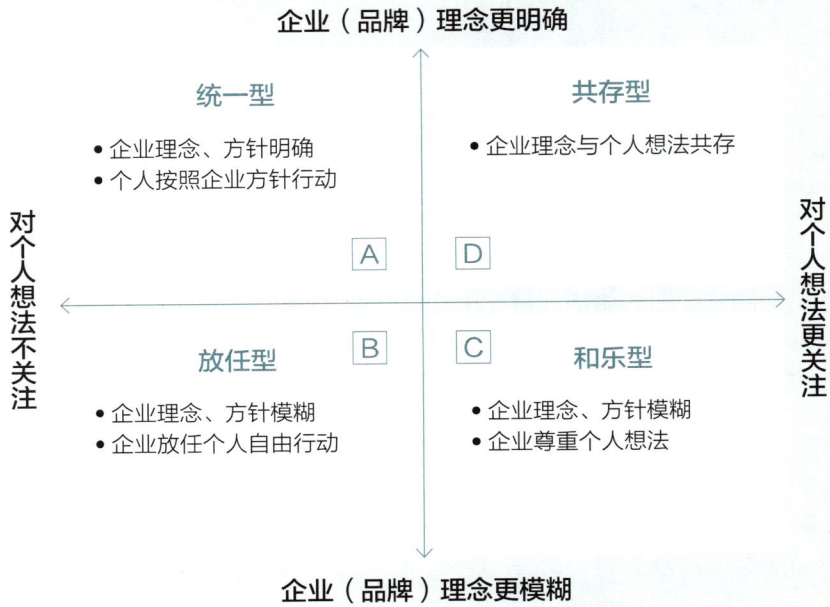

后　记

成为"第一人"

"您说的品牌化，对于我们大学来说可行吗？会起作用吗？"

"绝对没问题。只要确定理念、下定决心就会取得成效。问题在于大学内部成员能否坚持到底。"

在爱知东邦大学也就是我现在任职的大学的最终面试中，我与本校理事长讨论了将我校品牌化的问题。与其说那是一场面试，不如说是一场商谈或经营问题的讨论。当时我确信爱知东邦大学一定会在品牌化上取得成功。因为我的经验告诉我：如果一个组织有历史、有理念且领导者有决心，那么品牌化就一定会取得成功。

每一个在品牌化上取得成功的企业当中都存在着一个"第一人"。我现在还清晰地记得那些"第一人"写过的企划书、笔记以及在会议中的发言。

我大学毕业之后就进入了一家广告公司，主要负责策划传播方案。后来我进入品牌咨询公司，负责为企业打造品牌。

做品牌顾问的那段时光，每一个项目都非常有挑战性，但是我的身份一直是品牌化的旁观者。我没有以当事人的身份为自己所属的组织打造过品牌。

那次，我与本校理事长面谈之后，便下定决心想要成为本校品牌化的"第一人"。

我任教的大学位于爱知县，是一所规模很小的私立大学。1923 年，为爱知县产业打下基础的下出民义先生用自己的私人财产创办了本校（当时为高中），旨在培养新时代的人才。本校作为四年制大学的历史并不长，但却为当地输送了很多人才。

如今，少子化问题愈演愈烈，每一所大学都面临着严峻的环境。能否招满学生俨然成为大学面临的首要课题。据推断，约有四成私立大学将陷入经营困境。没有特色的大学、对学生来说没有吸引力的大学或者说"普通的大学"终将被淘汰。我的学校也不例外。

然而，我校具备的独特优势似乎可以成为生存下去的撒手锏。比如，我校创始人是名古屋产业的奠基人（这是我校的特有财富）；中京地区即将开通磁悬浮中央新干线，该地区的产业将会变得活跃起来，而我校培养的地区人才也将成为支撑该地区产业的重要力量。

虽然希望的火苗并不算大，但是只要仔细寻找一定会看到它正燃烧在远处。

从一张白纸开始

品牌化"第一人"实际需要准备的事情有很多。以我做品牌咨询接触过的客户来看，一个组织首先要理解与品牌相关的内容，还要提前准备好品牌化推进体制，同时经营层还要具有很强烈的意愿。也就是说，品牌化需要一个合适的时机。

但是，我面临的情况并非如此。我需要从一张白纸做起。

- 东邦大学里没有一个人认识我。
- 我不是当地居民。
- 我没有熟人。
- 东邦大学里没有人了解与品牌和品牌化相关的知识。
- 我对东邦大学甚至是对大学以及教育机构的事情一无所知。
- 大学不同于企业，大学里没有可以从上至下推进品牌化的组织。
- 我没有作为品牌化当事人、负责人的实战经验。

以上事项乍一看都是负面因素，可是如果站在另一个角度思考，就会发现以上内容都是我成为东邦大学品牌化"第一人"的条件。我当时想，如果我能在这种条件下为东邦大学做品牌化，那么我一定会收获一次宝贵的经验，这个案例也将成为"从零开始做品牌化"的研究素材。

后来，事情的发展在前文的事例部分有所涉及。我校教职员工、理事会团结一心，共同推动了我校品牌化的进程。我校取得了丰硕的成果，报名我校的人数增加了，录取学生总数达到了标准，学生的满意度也提升了。当然，达到这个目标需要一定的时间。

2019年，我校获得"日本品牌化奖2019"，这是该奖项设立以来第一次由大学摘得桂冠。

从流行到文化

在我的实践过程中，我发现了一个之前作为旁观者没有注意到的问题，那就是内部成员内心的变化发挥着巨大的作用。

我第一次作为品牌内部的一员，深刻地体会到了每个人的心情变化是怎样影响着整个品牌化的进程的。

品牌化不是一时的广告宣传活动。不论广告宣传做得多么精彩，如果最重要的内部成员没有理解其中的内容，那么一切宣传活动都会化为泡影。

只有内部成员发自内心地想做些什么，品牌化才会顺利起步。"品牌化听起来很有趣""我也有与品牌化相关的想法""试试看吧""我觉得自己可以为品牌化出一份力"……只有内部员工产生这样的想法才可以开始品牌化。

品牌个性活动没有标准答案，并且每一个方案是否符合品牌个性是需要时间证明的。

品牌内部的每一个成员都要探索品牌个性活动，不断试错，才会逐渐找到最接近正确答案的答案。在这个过程中，整个组织会散发青春的活力，形成奋进的风气。

只有每个人的想法和做法都符合品牌个性，整个企业或组织才会形成独特的文化。

品牌化并非一时的广告活动，企业或组织应该将之视为一种独特文化的养成过程。虽然达到这个理想的状态并不容易，但是即使你只是尝试了一番，也会有很大收获。

既符合品牌个性又符合本人个性

我在第十章中介绍了品牌个性与员工个性之间的关联性，与此相关的研究不胜枚举。兼顾企业品牌个性与员工个性并不容易。很多企业都希望员工能够理解企业品牌基础，同时又能坚持自己的价值观，以自己的风格完成品牌个性工作。但是有时员工并不了解自己的个性。

在实践过程中，品牌化推进组织的一位成员向我反映了下面这个问题。

"我最开始对品牌化一窍不通。但是在与大家共同讨论的过程中，慢慢确立了品牌概念、大学的前进方向。但是我当时并不清楚自己能做些什么。我不确定自己有没有能力将品牌概念付诸实践，也不清楚品牌的价值观与自己是否相符。我认为我们有必要先想清楚这些问题。"

后来，这位成员所属部门的每个成员都开始思考自身的价值观，并利用自己的优势推动品牌概念的落实，不断在实践中寻找解决问题的方法。他们最终找到了企业品牌与个人品牌的平衡点，在实际工作中兼顾企业品牌与个人品牌。

这种工作方式得到了一些企业的提倡和鼓励。

"整个组织需要一个目的地。公司要制定一个达到该目的地的路线。而作为公司内部的员工，他们手中也要有指南针。员工要判断自己怎样行动才能到达组织前进的目的地，同时也能达到自己的目标。如果员工在工作中可以做到将组织目的与个人价值观相融合，那么不论是员工还是公司都会感到很幸福。"（"株式会社个性指导"总部名古屋市 安藤任志社长）

与品牌化相关的书籍不胜枚举。其中有的作者以品牌咨询师的角度讨论了品牌化的理论和实践，有的作者站在实践者的角度讲述了自己进行品牌化的心路历程。每一本书都有值得我学习的知识。

作为本书的作者，我以研究者、咨询师、实践者三重身份为大家讲解了与品牌化相关的内容。因此本书汇聚了以上我所罗列书籍的精华于一身。但是，其中很多内容都是我的个人经历，相关理论与方法也是我自己总结出来的。

　　希望本书能帮助大家为公司、组织、产品和服务打造独特的品牌，同时希望读者朋友们通过阅读本书学会为自己做品牌化。

　　最后，感谢为本书提供素材的专家和老师。没有他们的帮助就不会有这本书的诞生。

　　感谢东邦学院榊直树理事长给我为本校做品牌化的机会。感谢英特品牌日本的首席执行官并木将仁先生为本书提供的宝贵建议。

　　此外，还要感谢各大公司毫无保留地为本书提供相关事例。感谢参与本书专栏写作的每一位作者。感谢日本品牌经营学会的各位同仁对我的鼓励。感谢一桥大学研究生院的阿久津聪教授、出版社的编辑以及为本书内容提供灵感的各位同志。

　　感谢大家！